《史记》选本丛书　　主编　丁德科　凌朝栋

广注史记精华

（汉）司马迁　著
　　周宇澄　选注
　　梁建邦
　　张　晶　　校

商务印书馆
2016年·北京

图书在版编目(CIP)数据

广注史记精华/(汉)司马迁著；周宇澄选注；梁建邦，张晶校.—北京：商务印书馆，2013（2016.12重印）
（《史记》选本丛书）
ISBN 978－7－100－10032－8

Ⅰ.①广… Ⅱ.①司… ②周… ③梁… ④张… Ⅲ.①中国历史－古代史－纪传体②《史记》－注释 Ⅳ.①K204.2

中国版本图书馆CIP数据核字(2013)第132622号

所有权利保留。

未经许可，不得以任何方式使用。

广注史记精华

(汉)司马迁　著
周宇澄　选注
梁建邦　校
张　晶

商　务　印　书　馆　出　版
（北京王府井大街36号　邮政编码 100710）
商　务　印　书　馆　发　行
三河市尚艺印装有限公司印刷
ISBN 978－7－100－10032－8

2013年7月第1版　　　开本 640×960　1/16
2016年12月北京第2次印刷　印张 18 1/4

定价：48.00元

中央财政支持地方高校建设资金项目
陕西省重点扶持学科渭南师范学院中国古代文学学科建设项目
陕西省哲学社会科学研究基地——秦东历史文化研究中心项目

《史记》选本丛书

顾　　问：张大可　张新科
主　　编：丁德科　凌朝栋
编委会：（按姓氏笔画排序）　丁德科　马雅琴
　　　　韦爱萍　王麦巧　王晓红　王炳社
　　　　王双喜　高军强　党大恩　党旺旺
　　　　凌朝栋　梁建邦　蔡静波

"《史记》选本丛书"序言

张岂之

西汉史学家、文学家、思想家司马迁（前145或前135—前87？）所撰纪传体作品《史记》被誉为"史家之绝唱，无韵之离骚"，揭示了《史记》的历史学和文学价值，实际上，《史记》也具有重要的思想文化价值。多元性是《史记》这部经典文献的根本属性，这促使人们可以从多个角度对《史记》及《史记》学史展开广泛而深入的研究。

中国史记研究会和陕西省司马迁研究会等研究团体及学人对《史记》进行了多方面的研究，成果丰硕;《史记》及其传播影响，也引起海外学者的重视，产生了一系列的作品。这些都是中华文明传承和弘扬中可喜可贺的现象。

在历史上，《史记》产生后，历朝历代对《史记》多有注疏、索隐、编选的工作，这些工作进一步增进了《史记》作为文化典籍的影响力。特别是《史记》选文，虽然大多从文学作品角度着手，但因为选本背后隐藏着一定的历史、文学、审美及思想文化观念，某种意义上选本不仅具有文学审美的功能，也具有思想文化的功能，更可以作为把握选文者思想观念的史料之一。《史记》及《史记》选本在历史编纂学、散文史以及思想文化史上都占有重要的地位。

司马迁故里云集着一批从事《史记》及《史记》学研究的学者和研究团队。渭南师范学院《史记》研究团队就承担着国家社科基金研究项目，成员多年来一直从事《史记》选本的调研与整理工作，并在此基础上尝试探讨《史记》一百三十篇中

II　广注史记精华

被广泛认可的文学精华、编选原则与学术价值。

近年来,《史记》选本有的已被整理,如南宋吕祖谦撰《史记详节》(完颜绍元整理,上海古籍出版社 2007 年版)、清人姚苧田编选《史记菁华录》(王兴康整理,上海古籍出版社 2007 年版),但还有相当一部分没有被整理,也不方便读者检索阅览。

渭南师范学院《史记》研究者们尝试编选"《史记》选本丛书",用以弥补这个不足,努力为《史记》研究做些扎实细致的基础工作。他们近多年兢兢业业,四处奔波,搜集和校点整理《史记》选本文献,为推动《史记》研究的深化和细化作出了贡献。

这套"《史记》选本丛书"主要包括:明代凌稚隆《史记纂》(马雅琴教授整理)、茅坤《史记抄》(王晓红副教授整理),清代王又朴《史记七篇读法》(凌朝栋教授整理)、汤谐《史记半解》(韦爱萍整理)、储欣《史记选》(凌朝栋教授整理),民国时期王有宗《分段详注评点史记菁华录》(高军强讲师与凌朝栋教授整理)、中华书局 1933 年版《史记精华》(王麦巧副教授整理)、周宇澄《广注史记精华》(梁建邦教授、张晶讲师整理)。

凌稚隆《史记纂》,编刻于明万历年间。全书分为二十四卷,从《史记》中选文一百零二篇,附《报任少卿书》一篇。此书最大的特色是:采用节选加评点的形式,掇取《史记》精华;所选篇章节奏鲜明,条理清晰,内容集中,首尾照应,与天头批注、正文批点的形式相辅相成;编选者学习、研究《史记》,知人论世,折射出不凡的见解;全书兼容并包,博览众采,资料丰富。整理底本为凌稚隆《史记纂》二十四卷,明万历己卯本。

茅坤《史记抄》共九十二卷,明万历三年自刻。编选者从《史记》中选文九十八篇进行评点。此书最大的特点是:每篇作品皆施圈点和批评；用心独到，评论扼要，且多发明。编选者的评论，代表了明代学者评价《史记》的总倾向，诸如赞赏、推崇《史记》文章的审美价值，高度评价《史记》写人的艺术价值，肯定《史记》以风神取胜的艺术风格等。整理底本为茅坤《史记抄》九十一卷，明万历乙亥本，参校北图《史记抄》九十一卷、首一卷，《四库存目丛书》影印明万历三年自刻本。

王又朴《史记七篇读法》共二卷，从《史记》中选录《项羽本纪》、《外戚世家》、《萧相国世家》、《曹相国世家》、《淮阴侯列传》、《李将军列传》，《魏其武安候列传》等七篇。此书最大的特色在于：编选者既有对阅读方法的提示，又有对所选篇目艺术风格的鉴赏；提出了"一气读"、"分段细读"的阅读技巧；深入分析了司马迁写人的高超技艺及所蕴含的深刻用意。整理底本为王又朴选评《史记读法》（又名《史记七篇读法》）诗礼堂藏版，1754年刊本，清华大学图书馆藏书。

汤谐《史记半解》，对《史记》中的六十八篇文章进行了注解。编选者深谙太史公用意，主要从叙事、人物形象刻画、细节、段落、语言等方面探讨《史记》文法笔力，为后人做了很好的导读；评析言论精辟老到，妙趣横生，引人深思，注重文脉，语言简洁明了，充满诗情画意，给读者留下深刻的印象。整理底本为汤谐《史记半解》（不分卷），清康熙慎余堂1713年刻本。

储欣《史记选》，从《史记》中选录作品五十五篇。此选本最大的特色是：所选篇目以记载秦以后历史人物为主；重视选取《史记》中的书表；编选者对于精彩部分用不同的符号加以圈点，并有大量的精彩评点。用语长短不一，恰到好处，或指出词句作用，或评点章法布局，或揭示史公深意，或探讨前后关联等；所选篇章末多有评语，盛赞史公文章精彩处，与文中评语形成照应。整理底本为储欣《史记选》六卷，乾隆癸巳（1773年）同文堂梓行刻本，每页十行，每行十五字，有原版书。

王有宗《分段详注评点史记菁华录》，完成于1924年。此版本优胜之处在于：大部分选文前均加"解题"部分，有助于读者对正文的理解；对所选篇章进行分段，便于读者较清楚地了解选文的层次；通过注释，疏通了文字注音、词义等障碍，以方便阅读。整理底本为王有宗《分段详注评点史记菁华录》六册，浙江达文印书馆1924版，有原书。

《史记精华》是中华书局1914年辑校的《史记》选本。全书共选录《史记》一百零二篇。这些篇目的取舍原则为历史性、思想性、文学性。此书收录了多家评点，侧重对人物、历史事件、文章艺术手法、思想倾向等进行详尽的评论和说明；对同一人物、历史事件的点评，则以文采、语言、思想为主要内容，尽可能为读者提供精华性的评语。中华书局《史记精华》，1914年第一版，本次整理依据1937年版，西北大学图书馆藏书影印版，参校1933年版。

周宇澄《广注史记精华》，是民国时期出版的《史记》读本中重要的一部。全书共选录《史记》本纪、表、世家、列传中三十二篇文章，分为三十四个题目。此选本最大的特点是：选取《史记》中文学色彩浓烈、偏重于人物、事件和描写精彩的篇章；对所选文章进行"划分段落，将难字注以音义，其有典故疑义者，一律注释，使读者一目了然"；注释详尽，有很强的可读性；编选者根据自己的理解进行了明晰的段落划分和断句，体现了编选者对《史记》的理解和思想观点。整理底本选用周宇澄《广注史记精华》，世界书局1943年版。

这些选本，均是影响较大、流传较广的《史记》选本，内容丰富，各具特色，具有较高的学术研究和参考价值。

在整理过程中，整理者尽可能搜集多种版本，认真选择工作底本，并主要参考中华书局1982年版点校本《史记》进行整理，包括段落划分与标点，文字出入较大者则予以注释。忠实原作、方便当代读者阅读是整理者坚持的主要原则，比如改竖排版为横排版，繁体字为简化字，便考虑到读者的阅读习惯与需要。选本评点中的总评、评注、行批、夹批等，则尽量标注在原作相应的位置，以尽可能反映底本的原貌。底本中明显的错字，则采用加"按"的形式标明。难能可贵的是，整理者在点校整理的同时，还对《史记》选本所折射的思想文化精神进行了研读，并在简介中作了扼要论述。

当然，古籍的点校整理是一项科学严谨、费时费力的工作，而且往往难以避免讹误乖错，在这方面，欢迎读者朋友在阅读中对该丛书的版本甄别以及具体点校整理工作，提出积极的合理化建议，以不断推陈出新，力臻完善。

该研究团队原本设想还要进一步选编和整理日本、韩国、美国等学者的《史记》选本，我们愿意乐观其成。希望"《史记》选本丛书"的编校整理工作为进一步系统研究司马迁的思想学术、《史记》及《史记》学作出积极贡献，为推介和弘扬中华优秀传统文化增砖添瓦。

是为序。

2013年3月于
西北大学中国思想文化研究所

前　言

《史记》是中国第一部纪传体通史，西汉史学家司马迁（约公元前 145—约前 86 年）撰，记载了上自上古传说中的黄帝时代，下至汉武帝共三千多年的历史，与后来的《汉书》、《后汉书》、《三国志》合称"前四史"。

《史记》对后世史学和文学的发展都产生了深远影响，其首创的纪传体编史方法为后来历代正史所传承，被称为二十四史之首。同时，《史记》又是一部优秀的文学著作，在中国文学史上有重要地位，被鲁迅誉为"史家之绝唱，无韵之《离骚》"，有很高的文学价值。

《广注〈史记〉精华》是周宇澄选注的《广注四史菁华录》中的一部，是民国时期出版的《史记》读本中重要的一部。

《广注四史菁华录》于中华民国三十二年由世界书局印行。共有上、中、下三册，节选录了前四史，即《史记》、《汉书》、《后汉书》和《三国志》中文学色彩浓厚，故事性较强的若干篇章，加以详尽注释，供人们阅读欣赏。其中上册选注司马迁《史记》，共 267 页；中册选注班固的《汉书》和范晔的《后汉书》，共 335 页；下册选注陈寿的《三国志》，共 442 页。

周宇澄对前四史的文学成就倍加推崇，其《广注四史菁华录·凡例》说"四史文笔，为诸史所未逮，文法之谨严，抒词之美妙，风调之婉丽，以及序事之辨而不华，质而不俚，尤非《国策》诸书所可比"，对前四史的文学成就给予了高度赞扬。

周宇澄之所以要选注前四史，其目的就是要给文学、史学研究者及"中学以上学生"提供一个研究和自修的好读本。其《广

VIII 广注史记精华

注四史菁华录·凡例》云:"廿五史中,记载详实,而具有文学价值者,首推四史,即《史记》、两《汉书》、《三国志》是也。不独研究史学者为必读之书,即研究文学者,亦当人手一编。"其选注前四史,入编文章的标准是"文章之隽永有味者,或完成一故事者"(《广注四史菁华录·凡例》),即是要选择前四史当中文学色彩浓烈,或具有一定故事性的篇章,突出篇章的文学性和可读性。其具体方法是,对所选文章进行"划分段落,将难字注以音义,其有典故疑义者,一律注释,使读者一目了然"(《广注四史菁华录·凡例》)。

《广注〈史记〉精华》一书,共选录了司马迁《史记》本纪、表(为"表序")、世家和列传中的三十二篇文章,分为三十四个题目(其"目录"中遗漏了《信陵君列传》题目),其中《季布栾布列传》被分为《季布列传》和《栾布列传》两个题目,《货殖列传》被分为《货殖列传》和《货殖列传概论》两个题目。从篇章所选注的内容多少来看,有全选的,也有节选的。选目比较注重所选篇章的思想性、故事情节、完整性和生动性。根据情况,有长有短,不一而论。

周宇澄对所选文章,根据自己的深刻理解进行了明晰的段落划分和断句。每一段开始,第一行皆空出一个字格,作为段落标志。断句时,所用的标点符号有句逗号(为小圆圈,作用相当于现代汉语的逗号、句号、问号、感叹号、分号等)、顿号、双引号、单引号、破折号、省略号和括号等七种。《广注四史菁华录·凡例》中也运用到了分号和感叹号。在分段和断句方面,和后来中华书局点校本《史记》有异有同,能体现出选注者对文章的理解。

在注解方面,《广注〈史记〉精华》一书采用了同页编号注释的方法，多对地名、人名、官职、区划名、事件、字音、字义等加以比较详尽的注释，很少对人物、历史事件、文章艺术手法、思想倾向等进行评论和说明。解释古地名和区划名称时，能注意运用当时地名进行说明。尽量避开了《史记》"三家注"所注文字，可以说，它是对《史记》"三家注"的一个很好补充。但也有一些注释，采纳了《史记》"三家注"的内容，并进行了酌情改写。从注释语言看，《广注〈史记〉精华》文白相间，明白易懂，便于读者阅读和理解。

应该说，《广注〈史记〉精华》选文精当，偏重于人物、事件和描写精彩的篇章，有很强的可读性，注释比较详尽，体现了选注者对《史记》的理解和认识，是一个很好的《史记》选注本，具有重要的阅读、研究和参考价值。

在校勘过程中，我们将繁体字改为简化字；段落完全依照《广注〈史记〉精华》；文章断句保持了原注本面貌，只是个别地方参考中华书局点校本《史记》做了调整；标点采用现代汉语标点符号，保留了原选注本中仅有的几处起解释性作用的破折号；改原注本本页编号注释为段落后编号注释；并对原选注本存在的明显的排版等错误，采用括号加按语的方式，一一指明，并进行改正。

我们希望通过对《广注〈史记〉精华》的校勘，能够为宣传和研究《史记》作出贡献，为读者提供一个学习和研究《史记》的选读本。

凡　例

一、廿五史中，记载详实，而具有文学价值者，首推四史，即《史记》、两《汉书》、《三国志》是也。不独研究史学者为必读之书，即研究文学者，亦当人手一编。

二、本编于四史中，关于文章之隽永有味者，或完成一故事者，均约其篇章，量加采入，名曰"四史菁华录"。

三、四史文笔，为诸史所未逮，文法之谨严，抒词之美妙，风调之婉丽，以及序事之辨而不华，质而不俚，尤非《国策》诸书所可比。兹复画分段落，将难字注以音义，其有典故疑义者，亦一律注释，使读者一目了然。极合中学以上学生自修之用。

四、编者对于史学，素少研究，加以才识固陋，删节容有失当，疏漏亦必不免，倘蒙海内硕学，予以指正，不胜欣幸！

目　录

秦始皇本纪……………………………………… 1
项羽本纪………………………………………… 16
汉兴以来诸侯年表序…………………………… 41
高祖功臣年表序………………………………… 44
孔子世家………………………………………… 46
梁孝王世家……………………………………… 72
陈涉世家………………………………………… 75
萧相国世家……………………………………… 82
留侯世家………………………………………… 87
伯夷列传………………………………………… 98
管晏列传………………………………………… 102
老庄申韩列传…………………………………… 106
伍子胥列传……………………………………… 111
孙子吴起列传…………………………………… 117
孟子荀卿列传…………………………………… 124
信陵君列传……………………………………… 130
廉颇蔺相如列传………………………………… 138
田单列传………………………………………… 146

屈原列传……………………………………149
聂政列传……………………………………155
吕不韦列传…………………………………158
李斯列传……………………………………161
淮阴侯列传…………………………………180
季布列传……………………………………196
栾布列传……………………………………200
冯唐列传……………………………………202
魏其武安侯列传……………………………205
李将军列传…………………………………217
西南夷列传…………………………………224
游侠列传……………………………………229
滑稽列传……………………………………235
货殖列传……………………………………240
货殖列传概论………………………………259
太史公自序…………………………………262

秦始皇本纪[1]

秦始皇帝者，秦庄襄王[2]子也。庄襄王为秦质子[3]于赵，见吕不韦姬，悦而取之，生始皇[4]。以秦昭王四十八年正月，生于邯郸[5]。及生，名为政[6]，姓赵氏[7]。年十三岁，庄襄王死，政代立为秦王。

[1] 本纪：帝王书称本纪，纪者，记也。本其事而记之，故曰"本纪"。[2] 秦庄襄王：名子楚。[3] 质：音"致"。以物抵押曰"质"。质子：以子为抵押品也。[4] 吕不韦：阳翟大贾，其姬为邯郸豪家女，善歌舞，有娠而献于子楚，生子，即始皇。[5] 邯郸：音"酣单"，赵都也，今河北邯郸县。[6] 政：本作"正"，通行本皆作"政"。[7] 秦以其先造父封赵城，故姓赵氏。

当是之时，秦地已并巴、蜀、汉中、越、宛，有郢，置南郡矣[1]。北收上郡以东，有河东、太原、上党郡[2]。东至荥阳，灭二周，置三川郡[3]。吕不韦为相，封十万户，号曰"文信侯"。招致宾客游士[4]，欲以并天下。

[1] 巴蜀汉中各地，秦皆取之，置为郡。越：秦取其地，置为黔中郡。宛：秦取其地，置为南阳郡。郢：春秋楚都也，今湖北江陵县北，秦取其地，置南郡。详见下三十六郡注。[2] 上郡、河东、太原、上党：见下三十六郡注。[3] 荥阳：今河南荥泽县境。二周：即东周、西周也。秦取其地，置三川郡。详见下三十六郡注。[4] 游士：指游说之士也。

二十六年……秦初并天下，令丞相、御史曰："异日韩王纳地，效玺，请为藩臣，已而倍约，与赵、魏合纵畔秦，故兴兵诛之，虏其王。寡人以为善，庶几息兵革。赵王使其相李牧来约盟，故归其质子。已而倍盟，反我太原[1]，故兴兵诛之，得其王。赵公子嘉乃自立为代王，故举兵击灭之。魏王始约服入秦，已而与韩、赵谋袭秦,秦兵吏诛,遂破之。荆王[2]献青阳以西,已而畔约,击我南郡[3],故发兵诛,得其王,遂定荆地。燕王昏乱,其太子丹乃阴令荆轲为贼[4],兵吏诛灭其国。齐王用后胜计,绝秦使,欲为乱,兵吏诛,虏其王,平齐地。寡人以眇眇之身,兴兵诛暴乱,赖宗庙之灵,六王咸伏其辜[5],天下大定。今名号不更[6],无以称成功,传后世。其议帝号。"丞相绾[7]、御史大夫劫[8]、廷尉斯[9]等皆曰:"昔者五帝[10]地方千里,其外侯服夷服[11]。诸侯或朝或否,天子不能制。今陛下兴义兵,诛残贼,平定天下,海内为郡县,法令由一统,自上古以来未尝有,五帝所不及。臣等谨与博士议曰:'古有天皇,有地皇,有泰皇,泰皇最贵。'臣等昧死上尊号,王为'泰皇'。命为'制',令为'诏',天子自称曰'朕'[12]。"王曰:"去'泰'著'皇',采上古'帝'位号,号曰'皇帝'。他如议。"制曰:"可[13]。"

[1] 太原:见下三十六郡注。[2] 荆王:即楚王也。[3] 南郡:见下三十六郡注。[4] 荆轲刺秦皇事详《战国策》。[5] 六王咸伏其辜:谓六国皆被灭也。十七年得韩王安,十九年得赵王迁,二十年魏王假降,二十三年虏荆王负刍,二十五年得燕王喜,二十六年得齐王建,至是六国皆灭也。[6] 更:平声,改也。[7] 绾:姓王。[8] 劫:姓冯。[9] 斯:即李斯,本书有传。[10] 五帝之说,各书不同,《史记》以黄帝、颛顼、帝喾、尧、舜为五帝。[11] 古者王畿方千里,其外方五百里曰"侯服"。如此类推,侯甸男采卫蛮夷镇藩,共为九服。服者,服事天子之言也。天皇、地皇、人皇皆星名。泰皇即人皇。泰皇最贵,肇自开辟,故有此称。[12] 朕:我也。古者君民通用之,自秦始皇,专以为天子自称。汉以后皆因之。[13] 群臣有所奏议,请尚书令奏之,下有司曰"制",天子答之曰"可"。

追尊庄襄王为太上皇。制曰:"朕闻太古有号,毋谥,中古有号，死而以行为谥。如此，则子议父，臣议君也。甚无谓，朕弗取焉。自今已来，除谥法。朕为始皇帝。后世以计数，二世，三世，至千万世，传之无穷。"

始皇推终始五德之传[1]，以为周得火德，秦代周，德从所不胜[2]。方今水德之始[3]，改年始，朝贺皆自十月朔[4]。衣服旄旌节旗，皆上黑[5]。数以六为纪[6]，符法冠皆六寸，而舆六尺，六尺为步，乘六马。更名河曰"德水"，以为水德之始。刚毅戾深，事皆决于法，刻削毋仁恩和义，然后合五德之数[7]。于是急法，久者不赦。

[1] 五行之德，盘旋往复，始终相次。[2] 秦以周为火德。能灭火者水也，故必称其所不胜于秦者。[3] 秦文公获黑龙，以为水瑞。始皇因自谓为水德。[4] 周以建子之月为正，秦以建亥之月为正，故一年始用十月百官于正月朔时而朝贺之。[5] 以水德属北方，故尚黑。[6] 水数六，故以六为名。[7] 水主阴，阴为刑杀之象，故急法刻削，以合五德之数。

丞相绾等言："诸侯初破，燕、齐、荆地远，不为置王，毋以填[1]之。请立诸子，唯上幸许。"始皇下其议于群臣，群臣皆以为便。廷尉李斯议曰："周文、武所封子弟同姓甚众，然后属疏远，相攻击如仇仇，诸侯更相诛伐，周天子弗能禁止。今海内赖陛下神灵，一统，皆为郡县，诸子功臣，以公赋税重赏赐之，甚足，易制。天下无异意，则安宁之术也。置诸侯不便。"始皇曰："天下共苦战斗不休，以有侯王。赖宗庙，天下初定，又复立国，是树兵也，而求其宁息，岂不难哉！廷尉议是。"分天下以为三十六郡[2]，郡置守、尉、监[3]。

[1] 填："镇"之借字。[2] 三十六郡者，一曰内史，今陕西中部一带。二曰三川，今河南黄河两岸各地。三曰河东，今山西南部。四曰南阳，今

河南西南部及湖北北部。五曰南郡，今湖北东部及南部。六曰九江，今江苏、安徽江北一带，及江西境内之地。七曰鄣郡，今江苏西南部，安徽东南部，及浙江西北部。八曰会稽，今江苏东南部，及浙江东部、南部。九曰颍川，今河南中部、南部。十曰砀郡，今河南东部，山东西南部，及江苏西北、安徽东北部。十一曰泗水，今江苏北部及安徽东北部。十二曰薛郡，今山东南部及江苏东北部。十三曰东郡，今河北南部及山东西北部。十四曰琅邪，今山东东南部。十五曰齐郡，今山东东部及东北部。十六曰上谷，今河北西部及中部。十七曰渔阳，今北平附近各地。十八曰古（按："古"当为"右"字之误）北平，今河北山海关至热河一带。十九曰辽西，今河北东北部，及辽宁辽河以西之地。二十曰辽东，今辽宁东南部。二十一曰代郡，今山西东北部及河北蔚县附近一带。二十二曰钜鹿，今河北西南部。二十三曰邯郸，今河南北部及河北西南之一部。二十四曰上党，今山西东南部。二十五曰太原，今山西中部一带。二十六曰云中，今山西长城外一带。二十七曰九原，今内蒙古乌喇忒旗境。二十八曰雁门，今山西西北部。二十九曰上郡，今陕西北部。三十曰陇西，今甘肃东部南。三十一曰北地，今甘肃东北部。三十二曰汉中，今陕西南部及湖北西北部。三十三曰巴郡，今四川东部。三十四曰蜀郡，今四川中部。三十五曰黔中，今湖南西半部。三十六曰长沙，今湖南东半部。其广东一部，及中有先置者，有后置者，非皆统一天下后所置。[3] 守、尉、监：皆官名。守：司治民。尉：司典兵。监：司监察各事也。

更名民曰"黔首"[1]。大酺[2]。收天下兵[3]，聚之咸阳[4]，销以为钟𫓯[5]，金人十二，重各千石，置宫廷中。一法度、衡、石、丈尺。车同轨。书同文字。地东至海[6]，暨朝鲜，西至临洮、羌中[7]，南至北向户[8]，北据河[9]为塞，并阴山，至辽东[10]。徙天下豪富于咸阳十二万户。诸庙及章台、上林[11]皆在渭南[12]。

秦每破诸侯，写放其宫室，作之咸阳[13]北阪上，南临渭，自雍门以东至泾、渭[14]，殿屋复道周阁相属[15]。所得诸侯美人钟鼓，以充入之。

[1]黔：黑色也。黔首者，因民发皆黑故称。[2]酺：音"蒲"。天子赐天下人民饮酒也。[3]古者以铜为兵，铜亦通称金，故下文曰"金人"。[4]咸阳：秦都，今陕西长安县，秦孝公始都其地。[5]镰：音"巨"，乐器。[6]海：为东海。[7]临洮：在今甘肃，古亦西羌之地。[8]汉有日南郡，秦为象郡，地即今安南之顺化等处。日南又名北户，以其在日之南，北户以向日也。[9]河：指在甘肃之黄河。[10]并：依傍也。阴山：在今绥远，蜿蜒而东，随处易名。亘数千里。辽东：见三十六郡注。[11]章台：宫名。始皇所建，在陕西长安县故城西南隅。上林：秦苑，在旧长安县西及周至、户县界。[12]渭河，源出甘肃鸟鼠山，至潼关入黄河。渭南：今陕西旧长安渭河南岸之地。[13]咸阳，古地名，今陕西长安东。汉武帝时别名渭城，即秦所都也。[14]雍门：在今陕西高陵县。泾：源出甘肃大关山麓，终入于渭。[15]东西八百里，有离宫别馆比崎相望属。

二十七年，始皇巡陇西、北地[1]，出鸡头山[2]，过回中焉[3]。作信宫渭南，已更命信宫为极庙，象天极。自极庙道通郦山[4]，作甘泉前殿。筑甬道[5]，自咸阳属之。是岁，赐爵一级。治驰道[6]。

[1]陇西、北地：皆见三十六郡注。[2]鸡头山：在今甘肃平凉县西。[3]回中：地名，在今陕西陇县西北，秦在此建宫。始皇西巡，出鸡头山东还，过回中宫。[4]郦山：即骊山，在今陕西临潼县东南。[5]甬道：于驰道外筑墙，天子于中行，为外人不见。[6]驰道：天子所行之道，广五十步，三丈而一树。

二十八年，始皇东行郡县，上邹峄山[1]。立石，与鲁诸儒生议刻石颂秦德，议封、禅，望祭山川之事[2]。乃遂上泰山[3]，立石，封，祠祀。下，风雨暴至，休于树下，因（按："因"，注本原作"回"，疑误，据中华书局本改之）封其树为五大夫[4]。禅梁父[5]。刻所立石。……[6] 于是乃并勃海以东[7]，过黄、腄[8]，穷成山[9]，登之罘[10]，立石颂秦德焉而去[11]。

[1] 邹峄山：亦曰"绎山"，亦曰"邹山"，在今山东邹县东南。[2] 封禅：泰山上筑土以为坛而祭天，故报天之功曰"封"，泰山下小山除地，故报地之功曰"禅"。望：祭名。望祭山川：亦作"望于山川"，谓在远处望而祭之。[3] 泰山：山名，古曰"东岳"，为五岳之一，在今山东泰安县北。[4] 五大夫：秦官名。[5] 父：与"甫"同。梁父：山名，泰山之支阜，在今山东新泰县西。[6] 所删为《泰山刻石》录。[7] 勃海：即渤海，今山东半岛及辽东半岛间之内海也，犹言沿渤海而东。[8] 黄、腄：二县名，在今山东近海一带。[9] 成山：山名，在今山东荣成县北海滨。[10] 罘：音"浮"。之罘：山名，在今山东福山县东北。[11] 立石颂德：言成山、之罘亦皆有石，而不著其辞也。

南登琅邪[1]，大乐之，留三月。乃徙黔首三万户琅邪台[2]下，复[3]十二岁。作琅邪台，立石刻，颂秦德，明德意[4]。

[1] 琅邪：又作"琅琊"，山名，在今山东诸城县东南。[2] 琅邪台：在山东诸城县东南百六十里，台三成，成高二丈许，三面环海。秦碑在西南阳。[3] 复：免其徭役也，免役十二年。[4] 德意：有德于天下之意也。

既已[1]，齐人徐市[2]等上书，言海中有三神山，名曰蓬莱、方丈、瀛洲，仙人居之。请得斋戒，与童男、女求之。于是遣徐市发童男、女数千人，入海求仙人[3]。

[1] 东巡之事既毕。[2] 徐市：本作"徐芾"，芾与"韨"同，读如"福"。后人因误作"徐福"。[3] 此为始皇东巡之余事。

始皇还，过彭城[1]，斋戒祷祠，欲出周鼎泗水[2]。使千人没水求之，弗得。乃西南渡淮水[3]，之衡山[4]、南郡[5]。浮江[6]，至湘山祠[7]。逢大风，几不得渡[8]。上问博士曰："湘君何神？"博士对曰："闻之，尧女，舜之妻，而葬此。"[9]于是始皇大怒，使刑徒[10]三千人，皆伐湘山树，赭[11]其山。上自南郡由武关归[12]。

[1]彭城：秦县名，在今江苏铜山县。[2]欲出周鼎泗水：谓周鼎沉于泗水，欲取出之也。泗水：在今山东境。[3]淮水：水名，古四渎之一，其源出今之河南桐柏山，东流入安徽，经江苏，而合于运河。言自东折而至西南。[4]衡山：山名，古谓之南岳，为五岳之一，在今湖南衡山县西北。[5]南郡：见上三十六郡注。[6]江：即长江。[7]湘山祠：祀湘君，即黄陵庙，在湖南湘阴县青草山上。山近湘水，故名湘山。庙在山南，故名湘山祠。[8]几：平声。几不得渡：谓几乎不能渡长江也。[9]《列女传》云："舜陟方，死于苍梧。二妃死于湘江之间，因葬焉。"因舜妃葬于此，后人以为湘水之神。一曰湘君，二曰湘夫人。[10]刑徒：受刑残废之人也。[11]赭：音"者"，赤色。谓使山赤裸无草木也。[12]武关：关名，在今陕西商县。

二十九年，始皇东游。至阳武博狼沙中[1]，为盗所惊。求弗得，乃令天下大索十日[2]。登之罘，刻石[3]。……旋，遂至琅邪，道上党[4]入。

[1]阳武：地名，故城在今河南阳武县东南。狼：一作"浪"。博狼沙在阳武南。[2]按此即张良（按：原注"良"为"易"，当误，故改之）所为，见《留侯世家》。[3]所节为刻石之辞。[4]上党：见三十六郡注。

始皇为微行[1]咸阳，与武士四人俱，夜出，逢盗兰池[2]，见窘，武士击杀盗。关中[3]大索二十日。……

[1]微行：私出也。[2]兰池：在陕西咸阳县东，秦始皇引渭水为长池，

东西二百里，南北二十里。[3]秦之地号为关中。东出今河南灵宝县之函谷关，以通周韩。南出今陕西商县之武关，以通楚。西出今陕西宝鸡县南之大散关，以通蜀。北出今甘肃环西县之萧关，以通西戎。故其地号"关中"。

　　三十二年，始皇之碣石[1]，使燕人卢生求羡门高[2]、誓。刻碣石门。坏城郭，决通堤防。

　　[1]始皇又东游。碣石：山名，古言碣石者不一，所在处各说亦不同。[2]羡门高：古仙人名。始皇东游海上，求仙人羡门之属。或以羡门为一人，高誓为一人。应劭曰："羡门，名子高。"未知孰是。

　　因使韩终、侯公、石生[1]，求仙人不死之药。始皇巡北边，从上郡入[2]。

　　[1]三人皆秦时方士姓名。[2]上郡：见三十六郡注。

　　燕人卢生使入海，还，以鬼神事，因奏录图书[1]，曰："亡秦者胡也[2]。"始皇乃使将军蒙恬发兵三十万人，北击胡，略取河南地[3]。

　　[1]图书：指谶纬图籍，犹今日之预言也。[2]胡：指始皇子胡亥，即二世。始皇不觉，以为指北方胡人，遂北伐。[3]河南地：今内蒙古鄂尔多斯，此纪用兵北方也。

　　三十三年，发诸尝逋亡人、赘婿、贾人略取陆梁地[1]，为桂林、象郡、南海[2]，以適遣戍[3]。

　　[1]南方之人，多处山陆，其性强梁，故名，地在今两广。[2]桂林：秦郡，地在今广西。象郡：今广东旧雷州、广州、高州诸府，广西旧庆远、太平及梧州府之南境以至安南之地。南海：秦郡，地在今广东。[3]適：音"谪"，谪戍，犹言屯兵守边也。

　　西北斥逐匈奴[1]。自榆中[2]并河以东属之阴山，以为三十四县，城河上为塞[3]。又使蒙恬渡河，取高阙[4]、陶山、北假中[5],筑亭障,以逐戎人。徙谪实之初县[6]。

[1]匈奴:北狄之一族,领有今内外蒙古之地,秦汉时最盛。[2]榆中:地名,今内蒙古鄂尔多斯黄河北岸之地。[3]此纪用兵西北方。[4]高阙:塞名,在阴山西,内蒙古鄂尔多斯右翼,黄河外腾格里湖之东北。[5]陶山:山名。北假:地名,地膏沃,在今内蒙古乌喇特西北。[6]徙有罪者谪于初县,初县见上三十四县。

始皇置酒咸阳宫,博士七十人前为寿。仆射[1]周青臣进颂曰:"他时秦地不过千里,赖陛下神灵明圣,平定海内,放逐蛮夷,日月所照,莫不宾服。以诸侯为郡县,人人自安乐,无战争之患,传之万世。自上古不及陛下威德。"始皇悦。博士齐人淳于越进曰:"臣闻殷、周之王千余岁,封子、弟、功臣,自为枝辅。今陛下有海内,而子、弟为匹夫,卒有田常六卿之臣[2],无辅拂,何以相救哉?事不师古而能长久者,非所闻也。今青臣又面谀,以重陛下之过,非忠臣。"始皇下其议。丞相李斯曰:"五帝不相复,三代不相袭,各以治,非其相反,时变异也。今陛下创大业,建万世之功,固非愚儒所知。且越言乃三代之事,何足法也?异时诸侯并争,厚招游学。今天下已定,法令出一,百姓当家则力农工,士则学习法令,辟禁[3]。今诸生不师今而学古,以非当世,惑乱黔首。丞相臣斯昧死言:古者天下散乱,莫之能一。是以诸侯并作,语皆道古以害今,饰虚言以乱实。人善其所私学,以非上之所建立。今皇帝并有天下,别黑白而定一尊。私学而相与非法教人,闻令下,则各以其学议之,入则心非,出则巷议,夸主以为名[4],异取[5]以为高,率群下以造谤。如此弗禁,则主势降乎上,党与成乎下。禁之便。臣请史官非秦纪皆烧之。非博士官所职,天下敢有藏《诗》、《书》、百家语者,悉诣守、尉杂烧之。有敢偶语《诗》《书》弃市。以古非今者，族。吏见知不举者，与同罪。令下三十日不烧，黥为城旦[6]。所不去者，医药、卜巫、种树之书。若欲有学法令，以吏为师。"制曰："可。"

[1]仆射：官名，秦置，后代因之。[2]卒：音"猝"，忽也。田常：陈恒也，杀齐简公，立平公，其子孙篡齐。六卿：晋大夫韩、赵、魏、范、中行、知六氏，皆世为晋卿。故号"六卿"。后范、中行、知皆灭。韩、赵、魏三氏愈强，遂三分晋国地。[3]辟：音"避"。辟禁不犯法之意。[4]夸：华言无实，谓以大言欺君求名也。[5]取：《李斯传》作"趣"。[6]黥：即古之墨刑，清之刺字。城旦：为罚作苦工，昼使伺寇虏，入夜筑长城也。

三十五年，除道，道九原[1]，抵云阳[2]，堑山，堙谷，直通之[3]。于是始皇以为咸阳人多，先王之宫廷小。吾闻周文王都丰[4]，武王都镐[5]，丰、镐之间，帝王之都也。乃营作朝宫渭南上林苑中。先作前殿阿房[6]，东西五百步，南北五十丈，上可以坐万人，下可以建五丈旗。周驰为阁道，自殿下直抵南山。表南山之颠以为阙。为复道[7]，自阿房渡渭，属之咸阳，以象天极，阁道绝汉抵营室也[8]。阿房宫未成。成，欲更择令名名之。作阿房宫[9]，故天下谓之阿房宫。隐宫徒刑者[10]七十余万人，乃分作阿房宫，或作丽山[11]。发北山石椁，乃写蜀、荆地材皆至。关中计宫三百，关外四百余。于是立石东海上朐界中[12]，以为秦东门。因徙三万家丽邑[13]，五万家云阳，皆复不事十岁。

[1]九原：见前三十六郡注。[2]云阳：秦县，在今陕西淳化县西北。[3]堑：砌艳切，陷也。堙：音"因"，塞也。自九原至云阳，堑山堙谷，治直道而通之也。[4]丰：在今陕西户县。[5]镐：音"皓"，在今陕西长安县。[6]阿房：即阿房宫，在上林苑中。阿：近也。以其去咸阳近，故曰"阿房"。[7]复道：为夹道也，两边筑墙，人行其中。[8]天极：指天文。阁道：星名。

汉：天河也。营室：星名。言造筑复道自阿房度渭，连咸阳，象天文阁道绝汉抵营室也。[9] 以其形名宫，因其宫四阿旁广也。四阿，若今四柱。[10] 隐宫徒刑者，谓受宫刑之人也。[11] 丽山：即郦山，见前。[12] 朐：音"劬"。上朐：秦县，今江苏东海县。[13] 丽邑：又作"骊邑"，秦邑名，在今陕西临潼县东。

卢生说始皇曰："臣等求芝奇药仙者常弗遇，类物有害之者。方中人主时为微行，以辟恶鬼。恶鬼辟真人，至人主所居，而人臣知之，则害于神。真人者，入水不濡，入火不爇，陵云气，与天地久长。今上治天下，未能恬惔[1]。愿上所居宫毋令人知，然后不死之药殆可得也。"于是始皇曰："吾慕真人。"自谓"真人"不称"朕"。乃令咸阳之旁，二百里内，宫观二百七十，复道、甬道相连，帷、帐、钟、鼓、美人充之，各案署不移徙行。所幸，有言其处者，罪死。始皇帝幸梁山宫[2]，从山上见丞相车骑众，弗善也。中人[3]或告丞相，丞相后损车骑。始皇怒曰："此中人泄吾语。"案问莫服。当是时，诏捕诸时在旁者，皆杀之。自是后莫知行之所在。听事，群臣受决事，悉于咸阳宫。

[1] 恬：安静也。惔：为"淡"之借字。[2] 梁山宫：宫名，在梁山上，山在今陕西乾县。[3] 中人：即太监。

侯生、卢生相与谋曰："始皇为人，天性刚戾自用，起诸侯，并天下，意得欲从，以为自古莫及己。专任狱吏，狱吏得亲幸。博士虽七十人，特备员弗用。丞相诸大臣，皆受成事，倚办于上。上乐以刑杀为威，天下畏罪持禄，莫敢尽忠。上不闻过而日骄，下慑伏谩欺以取容。秦法不得兼方，不验，辄死。然候星气者至三百人，皆良士，畏忌讳谀，不敢端言其过。天下之事，无大小皆决于上，上至以衡石量书[1]，日夜有呈，不中呈，不得休息[2]。贪于权势至如此，未可为求仙药。"于是乃亡去。始皇闻亡，乃大怒曰："吾前收天下书不中用者，尽去之。悉召文学方术士甚众，欲以兴太平，方士欲练以求奇药。今闻韩众去，不报[3]。徐市等费以巨万计，终不得药，徒奸利相告日闻。卢生等吾尊赐之甚厚，今乃诽谤我，以重吾不德也。诸生在咸阳者，吾使人廉问，或为訞言以乱黔首。"于是使御史悉案问诸生，诸生传相告引，乃自除犯禁者四百六十余人，皆坑之咸阳[4]，使天下知之，以惩后。益发谪徙边。始皇长子扶苏谏曰："天下初定，远方黔首未集，诸生皆诵法孔子，今上皆重法绳之，臣恐天下不安。唯上察之。"始皇怒，使扶苏北监蒙恬于上郡。

[1] 衡：是秤杆。石：是秤锤。言文书之多，以秤称之也。[2] 呈：同"程"，谓日夜有一定之时程，不满不休息也。[3] 韩众：疑即上文之"韩终"。不报：无复命之谓也。[4] 在咸阳掘土为坑以陷诸生也。

三十六年……有坠星下东郡，至地为石[1]，黔首或刻其石曰"始皇帝死而地分"。始皇闻之，遣御史逐问，莫服，尽取石旁居人诛之，因燔销其石。始皇不乐，使博士为《仙真人诗》，及行所游天下，传令乐人歌弦之。

[1] 石昼陨。

秋，郑使者从关东来，夜过华阴平舒道[1]，有人持璧遮使者曰："为吾遗滈池君[2]。"因言曰："今年祖龙[3]死。"使者问其故，因忽不见，置其璧去。使者奉璧具以闻。始皇默然良久，曰："山鬼固不过知一岁事也。"退言曰："祖龙者，人之先也。"使御府视璧，乃二十八年行渡江所沉璧也。于是始皇卜之，卦得游徙吉[4]。迁北河[5]、榆中三万家。拜爵一级[6]。

[1] 华阴：在今陕西华阴县。平舒：故城在华阴县西北。[2] 遗：音"义"，

同"馈"。滈：音"皓"。滈池：在陕西长安县西北，滈水所自出。滈池君：水神名，因居滈池而名也。秦以水德王，故其君将亡，水神相告也。[3]祖：始也。龙：人君象，指始皇也。[4]犹言巡游迁徙则皆吉也。[5]北河：今内蒙古鄂尔多斯地。[6]拜爵一级：受官一等也。

三十七年，十月，癸丑，始皇出游[1]。左丞相斯从，右丞相去疾[2]守。少子胡亥爱慕，请从，上许之。十一月，行至云梦[3]，望祀虞舜于九疑山[4]。浮江下，观籍柯[5]，渡海渚[6]。过丹阳[7]，至钱唐[8]。临浙江[9]，水波恶，乃西，百二十里，从狭中渡[10]。上会稽[11]，祭大禹[12]，望于南海，而立石刻颂秦德。

[1]因卜卦游徙吉，故又出游也。[2]去疾：姓冯。[3]云梦：泽名，在今湖北安陆县南。[4]九疑山：在今湖南宁远县南，相传舜葬此。[5]籍柯：不详。[6]海渚：即牛渚，在今安徽当涂县西北。其山下突入江处，名曰"燕子矶"。[7]丹阳：即当涂县。[8]钱唐：今浙江杭县。[9]浙江：水名，今浙江省。[10]狭中：地名，在今浙江余杭、富阳县绝江而东，江流至此极狭，才一二百步。[11]会稽：山名，在今浙江绍兴。[12]禹葬会稽。

还过吴，从江乘渡[1]。并海上，北至琅邪[2]。方士徐市等，入海求神药，数岁不得，费多，恐谴，乃诈曰："蓬莱药可得，然常为大鲛鱼[3]所苦，故不得至，愿请善射与俱，见则以连弩射之。"始皇梦与海神战，如人状。问占梦博士，曰："水神不可见，以大鱼蛟龙为候。今上祷祠备谨，而有此恶神，当除去，而善神可致。"乃令入海者赍捕巨鱼具，而自以连弩，候大鱼出，射之。自琅邪北至荣成山[4]，弗见。至之罘，见巨鱼，射杀一鱼。遂并海西。至平原津[5]而病。

[1]江乘：秦县，故城在江苏句容县北。[2]从吴而来，故自南至北。

[3] 鲛鱼：即沙鱼。[4] 荣成山：即成山，在山东荣成县东北海滨，其角突出海中，称成山角。自古攻辽东、朝鲜，常由此出海。[5] 平原津：在今山东平原县，从琅邪而北，后从海西归也。

　　始皇恶言死，群臣莫敢言死事。上病益甚，乃为玺书，赐公子扶苏曰："与丧会咸阳而葬。"书已封，在中车府令赵高行符玺事所，未授使者。七月丙寅，始皇崩于沙丘平台[1]。

　　[1] 沙丘：在今河北平乡县东北，有沙丘宫。平台：宫中台名。

　　丞相斯为上崩在外，恐诸公子及天下有变，乃秘之，不发丧。棺载辒凉车中[1]，故幸宦者参乘，所至上食。百官奏事如故，宦者辄从辒凉车中可其奏事。独子胡亥、赵高及所幸宦者五六人知上死。赵高故尝教胡亥书及狱律令法事，胡亥私幸之。高乃与公子胡亥、丞相斯阴谋，破去始皇所封书赐公子扶苏者，而更诈为丞相斯受始皇遗诏沙丘，立子胡亥为太子。更为书赐公子扶苏、蒙恬，数以罪，其赐死。语具在《李斯传》中。行，遂从井陉抵九原[2]。会暑，上辒车臭，乃诏从官，令车载一石鲍鱼，以乱其臭。行，从直道至咸阳，发丧。

　　[1] 辒凉：又作"辒辌"，卧车也。密闭曰"辒"，旁开曰"辌"。后因名丧车为"辒辌"。[2] 井陉：山名，在今河北井陉县东北。抵：至也。九原：见前三十六郡注。

　　太子胡亥袭位，为二世皇帝。九月，葬始皇郦山。始皇初即位，穿治郦山。及并天下，天下徒送诣七十余万人，穿三泉[1]，下铜而致椁[2]，宫观、百官[3]、奇器、珍怪徙臧满之。令匠作机弩、矢，有所穿近者，辄射之。以水银为百川、江、河、大海，机相灌输[4]，上具天文，下具地理。以人鱼膏为烛[5]，度不灭者久之。二世曰："先帝后宫，非有子者，出焉不宜，皆令从死。"

死者甚众。葬既已下，或言工匠为机，藏皆知之，藏重，即泄。大事毕，已藏，闭中羡，下外羡门[6]，尽闭工匠藏者，无复出者。树草木以象山。

[1] 三泉：三重之泉，言至水也。[2] 铜：一作"锢"，铸塞也。[3] 冢内作宫观及百官位次。[4] 谓机能转输，终而复始。[5] 人鱼：形似人，长尺余，肉不堪食，皮甚坚利。言以人鱼之膏制烛。[6] 羡：音"延"，冢中神道。羡门：为墓门，即冢中之门。

项羽本纪

项籍者,下相[1]人也,字羽。初起时,年二十四。其季父项梁,梁父即楚将项燕,为秦将王翦所戮者也[2]。项氏世世为楚将,封于项[3],故姓项氏。项籍少时,学书不成,去学剑,又不成。项梁怒之。籍曰:"书足以记名姓而已。剑一人敌,不足学,学万人敌。"于是项梁乃教籍兵法,籍大喜,略知其意,又不肯竟学。

[1] 下相:县名,秦置,在今江苏宿迁县西。[2]《秦始皇本纪》载始皇二十四年项燕自杀,与此处不同。[3] 项:古项子国,汉置县,故址在今河南项城县。

项梁尝有栎阳逮捕[1],乃请蕲狱掾曹咎书,抵栎阳狱掾司马欣[2],以故事得已[3]。项梁杀人,与籍避仇于吴中。吴中贤士大夫皆出项梁下。每吴中有大繇役[4]及丧,项梁尝为主办[5],阴以兵法部勒宾客及子弟,以是知其能。

[1] 栎:音"药"。栎阳:地名,故城今陕西临潼县东北境。逮:及也。项梁有罪牵连及之,为栎阳县所逮捕也。[2] 蕲:秦时县,今江苏丰县地。掾:音"研",上声,为佐贰官之通称。狱掾:专掌刑狱之官。谓请托曹咎致书司马欣,设法夜脱其罪也。[3] 因请托之故,逮捕得止息也。[4] 繇:同"徭"。繇役:服公家之役也。[5] 主办:主理其事之人也。

秦始皇帝游会稽,渡浙江[1],梁与籍俱观。籍曰:"彼可取而代也。"梁掩其口,曰:"毋妄言,族[2]矣!"梁以此奇籍。籍长八尺余,力能扛鼎[3],才气过人,虽吴中子弟,皆已惮籍矣。

[1] 会稽、浙江:皆见《秦始皇本纪》注。[2] 族:刑及父母妻子曰"族"。[3] 扛:音"江",举也。

秦二世元年七月（按："月"，原注本为"年"，疑误，据中华书局本改之），陈涉等起大泽[1]中。其九月，会稽守通[2]谓梁曰："江西皆反，此亦天亡秦之时也。吾闻先即制人，后则为人所制。吾欲发兵，使公及桓楚将。"是时桓楚亡在泽中。梁曰："桓楚亡，人莫知其处，独籍知之耳。"梁乃出，诫籍持剑居外待。梁复入，与守坐，曰："请召籍，使受命召桓楚。"守曰："诺。"梁召籍入。须臾，梁眴[3]籍曰："可行矣！"于是籍遂拔剑斩守头。项梁持守头，佩其印绶。门下大惊，扰乱，籍所击杀数十百人。一府中皆慴伏[4]，莫敢起。梁乃召故所知豪吏，谕以所为起大事，遂举吴中兵。使人收下县，得精兵八千人。梁部署吴中豪杰为校尉、侯、司马。有一人不得用，自言于梁。梁曰："前时某丧，使公主某事，不能办，以此不任用公。"众乃皆伏。于是梁为会稽守，籍为裨将[5]，徇下县[6]。

[1]陈涉：名胜，为最先起兵灭秦者，详见本书《陈涉世家》。大泽：即大泽乡，即今江苏丰县境。[2]通：指殷通也。[3]眴：音"荀"，动目正视之也。[4]慴：音"摺"，惧也。[5]裨：音"卑"，小也。裨将：偏将也。[6]徇：略也。徇地：即略地也。

广陵[1]人召平，于是为陈王[2]徇广陵，未能下。闻陈王败走，秦兵又且至，乃渡江矫陈王命，拜梁为楚王上柱国[3]。曰："江东已定，急引兵西击秦。"项梁乃以八千人渡江而西。闻陈婴已下东阳[4]，使使欲与连和俱西。陈婴者，故东阳令史[5]，居县中，素信谨，称为长者。东阳少年杀其令，相聚数千人，欲置长，无适用，乃请陈婴。婴谢不能，遂强立婴为长，县中从者得二万人。少年欲立婴便为王，异军苍头[6]特起。陈婴母谓婴曰："自我为汝家妇，未尝闻汝先古之有贵者。今暴得大名，不祥。

不如有所属，事成，犹得封侯；事败，易以亡，非世所指名也。"婴乃不敢为王。谓其军吏曰："项氏世世将家，有名于楚。今欲举大事，将非其人不可。我倚名族，亡秦必矣。"于是众从其言，以兵属项梁。

[1] 广陵：县名，秦置，故城在今江苏江都县东北境。[2] 陈王：即陈涉也。[3] 上柱国：楚之尊官，位同相国。[4] 东阳：秦时县，故治今安徽天长县西北境。[5] 谓是东阳令之史。史：掌案牍者。[6] 苍头：谓军士头著青巾。军，为标识也。

项梁渡淮，黥布、蒲将军[1]亦以兵属焉。凡六七万人，军下邳[2]。当是时，秦嘉已立景驹为楚王[3]，军彭城[4]东，欲距项梁。项梁谓军吏曰："陈王先首事，战不利，未闻所在。今秦嘉倍陈王而立景驹，逆无道。"乃进兵击秦嘉。秦嘉军败走，追之，至胡陵[5]。嘉还战，一日，嘉死，军降。景驹走死梁地。

[1] 黥布：即英布。蒲将军：姓蒲，已佚其名。[2] 下邳：秦县，故城在今江苏邳县东。[3] 景驹：楚族，景氏，驹名。[4] 彭城：秦县，在今江苏铜山县。[5] 胡陵：在今山东鱼台县东南。

项梁已并秦嘉军，军胡陵，将引军而西。章邯军至栗[1]，项梁使别将朱鸡石、馀樊君与战。馀樊君死。朱鸡石军败，亡走胡陵[2]。项梁乃引兵入薛[3]，诛鸡石。项梁前使项羽别攻襄城[4]，襄城坚守不下。已拔，皆坑之。还报项梁。项梁闻陈王定死[5]，召诸别将会薛计事。此时沛公亦起沛往焉。

[1] 章邯：秦将。栗：秦县名，在沛。[2] 以项梁军胡陵也。[3] 薛：战国时孟尝君封邑，故城在今山东滕县西南。[4] 襄城：即今河南襄城县。[5] 谓定已死，应上闻陈王败未知所在。

居鄛[1]人范增，年七十，素居家，好奇计，往说[2]项梁曰："陈胜败固当[3]。夫秦灭六国，楚最无罪。自怀王入秦不反[4]，楚人怜之至今，故楚南公[5]曰，'楚虽三户，亡秦必楚也'[6]。今陈胜首事，不立楚后而自立，其势不长。今君起江东，楚蜂起之将[7]，皆争附君者，以君世世楚将，为能复立楚之后也。"于是项梁然其言，乃求楚怀王孙心民间，为人牧羊[8]，立以为楚怀王，从民所望也。陈婴为楚上柱国，封五县，与怀王都盱台[9]。项梁自号为"武信君"。

[1] 鄛：音"巢"。居鄛：即今安徽巢县。[2] 说：音"税"，谓游说也。[3] 当：宜也。[4] 楚怀王受秦之欺，入秦不反。事详见本书《屈原列传》。[5] 楚南公：为楚南方老人也，能识兴废之数，著书十三篇，为阴阳家。[6] 户：谓户口也。谓楚虽灭亡，仅存三户，而亡秦者，必楚人也。[7] 蜂起之将：言众人若蜂之飞起，极形其多也。[8] 求得楚怀王孙名心于民间，方为人牧羊也。[9] 盱台：音"吁怡"，即"盱眙"，秦置县，故治今安徽盱眙县东北境。

居数月，引兵攻亢父[1]，与齐田荣、司马龙且军救东阿[2]，大破秦军于东阿。田荣即引兵归，逐其王假。假亡走楚。假相田角亡走赵。角弟田间故齐将，居赵，不敢归。田荣立田儋子市为齐王。项梁已破东阿下军，遂追秦军。数使使趣[3]齐兵，欲与俱西。田荣曰："楚杀田假，赵杀田角、田间，乃发兵。"项梁曰："田假为与国[4]之王，穷来从我，不忍杀之。"赵亦不杀田角、田间，以市[5]于齐。齐遂不肯发兵助楚。

[1] 亢父：战国时齐邑，秦置县，故治在今山东济宁县南。[2] 司马龙且：为姓司马名龙且也。且：足于切。东阿：今山东阳谷县之阿城镇。章邯杀齐王田儋于临淄，假自立为齐王。儋弟荣走保东阿，章邯追围之，梁乃引兵救之。[3] 趣：音"促"，催促也。[4] 与国：相与交善之国。[5] 市：

市恩。犹言见好于人也。

项梁使沛公及项羽别攻城阳[1]，屠之。西破秦军濮阳[2]东，秦兵收入濮阳。沛公、项羽乃攻定陶[3]。定陶未下，去，西略地至雝丘[4]，大破秦军，斩李由[5]。还攻外黄[6]，外黄未下。项梁起东阿，西北至定陶，再破秦军，项羽等又斩李由，益轻秦，有骄色。宋义[7]乃谏项梁曰："战胜而将骄卒惰者败。今卒少惰矣，秦兵日益，臣为君畏之。"项梁弗听。乃使宋义使于齐。道遇齐使者高陵君显[8]，曰："公将见武信君乎？"曰："然。"曰："臣论武信君军必败。公徐行，即免死；疾行，则及祸。"秦果悉起兵益章邯，击楚军，大破之定陶，项梁死。沛公、项羽去外黄，攻陈留[9]，陈留坚守不能下。沛公、项羽相与谋曰："今项梁军破，士卒恐。"乃与吕臣[10]军俱引兵而东。吕臣军彭城东，项羽军彭城西，沛公军砀[11]。

[1]城阳：今即山东莒县。[2]濮阳：即今山东濮县。[3]定陶：即今山东定陶县。[4]雝丘：即今河南杞县。[5]李由：秦相李斯子。[6]外黄：今河南杞县东。[7]宋义：为楚令尹，从项梁伐秦。[8]高陵君：封号。显：名也。[9]陈留：今河南陈留县。[10]吕臣：参阅《陈涉世家》。[11]砀：音"唐"。秦置县，即今江苏砀山县。

章邯已破项梁军，则以为楚地兵不足忧，乃渡河击赵，大破之。当此时，赵歇为王，陈馀为将，张耳[1]为相，皆走入钜鹿城[2]。章邯令王离、涉间[3]围钜鹿，章邯军其南，筑甬道而输之粟。陈馀为将，将卒数万人，而军钜鹿之北，此所谓河北之军也。

[1]张耳：大梁人，初为赵相，后降汉。[2]钜鹿：秦县名，即今河北平乡县。[3]王离、涉间：皆秦将也。

楚兵已破于定陶，怀王恐，从盱台之彭城，并项羽、吕臣军，自将之。以吕臣为司徒，以其父吕青为令尹。以沛公为砀郡长，封为武安侯，将砀郡兵。

初，宋义所遇齐使者高陵君显在楚军，见楚王曰："宋义论武信君之军必败，居数日，军果败。兵未战而先见败征[1]，此可谓知兵矣。"王召宋义，与计事而大悦之，因置以为上将军，项羽为鲁公[2]，为次将，范增为末将，救赵。诸别将皆属宋义，号为卿子冠军[3]。行至安阳[4]，留四十六日不进。项羽曰："吾闻秦军围赵王钜鹿，疾引兵渡河，楚击其外，赵应其内，破秦军必矣。"宋义曰："不然。夫搏牛之虻，不可以破虮虱[5]。今秦攻赵，战胜则兵罢[6]，我承其敝；不胜，则我引兵鼓行而西，必举秦矣。故不如先斗秦、赵[7]。夫被坚执锐，义不如公；坐而运策，公不如义。"因下令军中曰："猛如虎，狠如羊，贪如狼[8]，强不可使者，皆斩之。"乃遣其子宋襄相齐，身送之至无盐[9]，饮酒高会。天寒大雨，士卒冻饥。项羽曰："将戮力而攻秦，久留不行。今岁饥民贫，士卒食芋、菽，军无见粮[10]，乃饮酒高会，不引兵渡河，因赵食，与赵并力攻秦，乃曰'承其敝'。夫以秦之强，攻新造之赵，其势必举赵。赵举而秦强，何敝之承！且国兵新破，王坐不安席，扫境内而专属于将军，国家安危，在此一举。今不恤士卒而徇[11]其私，非社稷之臣。"项羽晨朝上将军宋义，即其帐中，斩宋义头，出令军中曰："宋义与齐谋反楚，楚王阴令羽诛之。"当是时，诸将皆慴服，莫敢枝梧[12]。皆曰："首立楚者，将军家也。今将军诛乱。"乃相与共立羽为假[13]上将军。使人追宋义子，及之齐，杀之。使桓楚报命于怀王。怀王因使项羽为上将军，当阳君、蒲将军皆属项羽。

[1] 征：兆也。[2] 楚王封羽为长安侯，号鲁公。末将：最低级之将。[3] 卿子：时人相褒尊之词，犹言公子，因宋义为上将军，故曰"冠军"。[4] 安阳：今山东曹县东南之安阳城。[5] 虻之搏牛，不拟破其上之虮虱，言其志大不小也。[6] 罢：与"疲"同。[7] 言先令秦赵相斗也。[8] 贪猛等字，暗指羽也。[9] 无盐：一作"毋盐"，战国时齐邑，在今山东东平县东。[10] 见：与"现"同。见粮：现存之粮。[11] 徇：营也。[12] 枝梧：抵拒也。[13] 假：摄代也。未得怀王命立之，故云。

项羽已杀卿子冠军，威震楚国，名闻诸侯。乃遣当阳君、蒲将军将卒二万渡河[1]，救钜鹿。战少利，陈馀复请兵。项羽乃悉引兵渡河，皆沉船，破釜、甑，烧庐、舍，持三日粮，以示士卒必死，无一还心。于是至则围王离，与秦军遇，九战，绝其甬道，大破之，杀苏角[2]，虏王离。涉间不降楚，即烧杀。当是时，楚兵冠诸侯。诸侯军救钜鹿，下者十余壁[3]，莫敢纵兵。及楚击秦，诸将皆从壁上观[4]。楚战士无不一以当十，楚兵呼声动天，诸侯军无不人人惴恐。于是已破秦军，项羽召见诸侯将，诸侯将入辕门[5]，无不膝行[6]而前，莫敢仰视。项羽由是始为诸侯上将军，诸侯皆属焉[7]。

[1] 当阳君：即英布。河：指漳水，源出山西，经河南，入河北，与卫河合。[2] 苏角：为秦将。[3] 壁：军垒也。[4] 从壁上观：在军垒上观之也。[5] 古者军行，以车为阵，车辕相向表门，故曰"辕门"。[6] 膝行：跪地行也。[7]《汉书》作"兵皆属焉"。谓诸侯之兵皆归附统属之意。

章邯军棘原[1]，项羽军漳南[2]，相持未战。秦军数却，二世使人让[3]章邯。章邯恐，使长史欣请事[4]。至咸阳，留司马门[5]三日，赵高不见，有不信之心。长史欣恐，还走其军，不敢出故道，赵高果使人追之，不及。欣至军，报曰："赵高用事于中,下无可为者。今战能胜,高必疾妒吾功;战不能胜,不免于死。愿将军孰计之。"陈馀亦遗章邯书曰:"白起为秦将,南征鄢、郢[6],北坑马服[7],攻城略地,不可胜计,而竟赐死。蒙恬为秦将,北逐戎人[8],开榆中[9]地数千里,竟斩阳周[10]。何者?功多,秦不能尽封,因以法诛之。今将军为秦将三岁矣,所亡失以十万数,而诸侯并起滋益多。彼赵高素谀,日久,今事急,亦恐二世诛之,故欲以法诛将军以塞责,使人更代将军以脱其祸。夫将军居外久,多内郤[11],有功亦诛,无功亦诛。且天之亡秦,无愚、智皆知之。今将军内不能直谏,外为亡国将,孤特独立,而欲常存,岂不哀哉!将军何不还兵,与诸侯为纵[12],约共攻秦,分王其地,南面称孤。此孰与身伏铁质[13],妻、子为僇[14]乎?"章邯狐疑[15],阴使候始成[16]使项羽,欲约。约未成,项羽使蒲将军日夜引兵度三户[17],军漳南,与秦战,再破之。项羽悉引兵击秦军汙水[18]上,大破之。章邯使人见项羽,欲约。项羽召军吏谋曰:"粮少,欲听其约。"军吏皆曰:"善。"项羽乃与期洹水南殷虚上[19]。已盟,章邯见项羽而流涕,为言赵高。项羽乃立章邯为雍王,置楚军中。使长史欣为上将军,将秦军为前行。

[1]棘原:地名,今河北平乡县南。[2]漳南:指漳水之南也。[3]让:责也。[4]长史:官名。欣:谓司马欣,前为栎阳掾。请事:言事也。[5]宫垣内,兵卫所在之地,四面皆有司马主武事,故曰"司马门"。[6]鄢:楚地,今湖北宜城县。郢:楚都,今湖北江陵县境。[7]马服:战国时赵地,今河北邯郸县境。[8]戎本在西,此云北逐,盖指西北之匈奴也。[9]榆中:见《秦始皇本纪》注。[10]阳周:秦县名,后汉废,故城今陕西定西县北,胡亥使杀蒙恬即此。[11]内郤:谓朝内多与有怨郤也。[12]诸侯:

指关东诸侯,谓与合纵攻秦也。[13]铁:斧也。质:之乙切,与"锧"通。古刑具,以两斤相合,略如铡刀。身伏铁质:言被刑也。[14]僇:与"戮"通,杀也。[15]狐性善疑,故怀疑不决者曰"狐疑"。[16]候:指军候,行军时主侦探敌情者。始成:人名也。[17]三户:漳水津渡,在邺西。鄴即今河南临漳县。[18]汙水:在邺西。[19]期:约也。洹水:源出河南林县隆虑山。径安阳,至内黄入卫。殷虚:为殷故都,即朝歌也,今安阳县西五里地。

到新安[1]。诸侯吏卒异时故繇使屯戍过秦中[2],秦中吏卒遇之多无状,及秦军降诸侯,诸侯吏卒乘胜,多奴虏使之,轻折辱秦吏卒。秦吏卒多窃言曰:"章将军等诈吾属降诸侯,今能入关破秦,大善。即不能,诸侯虏吾属而东,秦必尽诛吾父、母、妻、子。"诸将微闻其计,以告项羽。项羽乃召黥布、蒲将军计曰:"秦吏卒尚众,其心不服,至关中不听,事必危,不如击杀之,而独与章邯、长史欣、都尉翳[3]入秦。"于是楚军夜击坑秦卒二十余万人新安城南[4]。

[1]新安:县名,今河南渑池县东。[2]异时:谓昔时也。秦中:盖泛指今陕西省地。[3]翳:即董翳也。[4]此汉元年十一月事也。

行略定秦地函谷关。有兵守关,不得入。又闻沛公已破咸阳,项羽大怒,使当阳君等击关。项羽遂入,至于戏西[1]。沛公军霸上[2],未得与项羽相见。沛公左司马曹无伤,使人言于项羽曰:"沛公欲王关中,使子婴[3]为相,珍宝尽有之。"项羽大怒,曰:"旦日飨士卒,为击破沛公军!"当是时,项羽兵四十万,在新丰鸿门[4],沛公兵十万,在霸上。范增说项羽曰:"沛公居山东时,贪于财货,好美姬。今入关,财物无所取,妇女无所幸,此其志不在小。吾令人望其气[5],皆为龙、虎,成五采,此天子气也。急击勿失。"楚左尹项伯者[6]，项羽季父也，素善留侯张良。张良是时从沛公，项伯乃夜驰之沛公军，私见张良，具告以事，欲呼张良与俱去。曰："毋从俱死也。"张良曰："臣为韩王送沛公[7]，沛公今事有急，亡去，不义，不可不语。"良乃入，具告沛公。沛公大惊，曰："为之奈何？"张良曰："谁为大王为此计者？"曰："鲰生说[8]我曰：'距关毋内[9]诸侯，秦地可尽王也。'故听之。"良曰："料大王士卒足以当项王乎？"沛公默然，曰："固不如也，且为之奈何？"张良曰："请往谓项伯言，沛公不敢背项王也。"沛公曰："君安与项伯有故？"张良曰："秦时与臣游，项伯杀人，臣活之。今事有急，故幸来告良。"沛公曰："孰与君少长？"良曰："长于臣。"沛公曰："君为我呼入，吾得兄事之。"张良出，要[10]项伯。项伯即入见沛公。沛公奉卮酒为寿，约为婚姻，曰："吾入关，秋毫不敢有所近，籍吏民，封府库，而待将军。所以遣将守关者，备他盗之出入与非常也。日夜望将军至，岂敢反乎！愿伯具言臣之不敢倍德也。"项伯许诺。谓沛公曰："旦日不可不蚤自来谢项王[11]。"沛公曰："诺[12]。"于是项伯复夜去，至军中，具以沛公言报项王。因言曰："沛公不先破关中，公岂敢入乎？今人有大功而击之，不义也，不如因善遇之。"项王许诺。

[1]戏：水名，今陕西临潼县东。戏西：指戏水之西也。[2]霸上：地名，今陕西长安县之东。[3]子婴：二世兄子，赵高弑二世立之。[4]新丰：在今陕西临潼县东北。鸿门：在新丰东十七里，其地今曰"项王营"。[5]望气：望人之气以验其兆也。[6]项伯：名缠，字伯，羽季父。沛公见羽鸿门，伯为之先容。高祖即位，封列侯，赐姓刘氏。[7]韩王：名成，项梁所立，张良事之。沛公西征，令成留守阳翟，即今河南禹县。时良从入关也。

[8] 鲰：音"邹"。鲰生：小人也。一说鲰为姓。说：与"税"同，以言语谕人使从己也。[9] 内：与"纳"同。[10] 要：邀也。[11] 旦日：明日也。蚤：同"早"。[12] 诺：以言许人也。

沛公旦日从百余骑，来见项王，至鸿门，谢曰："臣与中军戮力而攻秦，将军战河北，臣战河南，然不自意能先入关破秦，得复见将军于此。今者有小人之言，令将军与臣有郤[1]。"项王曰："此沛公左司马曹无伤言之；不然，籍何以至此。"项王即日因留沛公与饮。项王、项伯东向坐。亚父南向坐。亚父者，范增也[2]。沛公北向坐，张良西向侍。范增数目[3]项王，举所佩玉玦以示之者三[4]，项王默然不应。范增起，出，召项庄[5]，谓曰："君王为人不忍，若[6]入前为寿，寿毕，请以剑舞，因击沛公于坐，杀之。不者，若属皆且为所虏。"庄则入为寿，寿毕，曰："君王与沛公饮，军中无以为乐，请以剑舞。"项王曰："诺。"项庄拔剑起舞，项伯亦拔剑起舞，常以身翼蔽[7]沛公，庄不得击。于是张良至军门[8]，见樊哙[9]。樊哙曰："今日之事何如？"良曰："甚急。今者项庄拔剑舞，其意常在沛公也。"哙曰："此迫矣，臣请入，与之同命。"哙即带剑拥盾[10]入军门。交戟之卫士，欲止不内，樊哙侧其盾以撞[11]，卫士仆地，哙遂入，披帷西向立，瞋目[12]视项王，头发上指，目眦尽裂[13]。项王按剑而跽[14]曰："客何为者？"张良曰："沛公之参乘[15]樊哙者也。"项王曰："壮士。赐之卮酒。"则与斗卮酒。哙拜谢，起，立而饮之。项王曰："赐之彘肩[16]。"则与一生彘肩。樊哙覆其盾于地，加彘肩上，拔剑切而啗[17]之。项王曰："壮士，能复饮乎？"樊哙曰："臣死且不避，卮酒安足辞！夫秦王有虎狼之心，杀人如不能举，刑人如恐不胜，天下皆叛之。怀王与诸将约曰'先破秦入咸阳者王之'。今沛公先破秦入咸阳,毫毛不敢有所近,封闭宫室,还军霸上,以待大王来。故遣将守关者,备他盗出入与非常也。劳苦而功高如此,未有封侯之赏,而听细说[18],欲诛有功之人。此亡秦之续耳,窃为大王不取也。"项王未有以应,曰:"坐。"樊哙从良坐。坐须臾,沛公起如厕,因招樊哙出。沛公已出,项王使都尉陈平[19],召沛公。沛公曰:"今者出未辞也,为之奈何?"樊哙曰:"大行不顾细谨,大礼不辞小让[20]。如今人方为刀俎[21],我为鱼肉,何辞为。"于是遂去。乃令张良留谢。良问曰:"大王来何操[22]?"曰:"我持白璧一双,欲献项王,玉斗一双,欲与亚父,会其怒,不敢献。公为我献之。"张良曰:"谨诺。"当是时,项王军在鸿门下,沛公军在霸上,相去四十里。沛公则置车骑,脱身独骑,与樊哙、夏侯婴、靳强、纪信等四人,持剑盾步走,从郦山下,道芷阳间行[23]。沛公谓张良曰:"从此道至吾军,不过二十里耳。度[24]我至军中,公乃入。"沛公已去,间至军中,张良入谢曰:"沛公不胜桮杓[25],不能辞。谨使臣良奉白璧一双,再拜献大王足下;玉斗一双,再拜奉大将军足下。"项王曰:"沛公安在?"良曰:"闻大王有意督过之[26],脱身独去,已至军矣。"项王则[27]受璧,置之坐上。亚父受玉斗,置之地,拔剑撞而破之,曰:"唉![28]竖子不足与谋[29]。夺项王天下者,必沛公也,吾属今为之虏矣。"沛公至军,立诛杀曹无伤。

[1] 郤:同"隙",怨也。[2] 亚:次也。父:音"甫",亚:在次也。父:尊敬之词。[3] 数:音"朔",频也。目:以目视之也。[4] 玦:决也,半环之玉佩。令羽决心也。[5] 项庄:羽从弟也。[6] 若:汝也。[7] 翼蔽:遮护也,犹鸟张翼蔽其雏也。[8] 军门:营垒之门也。[9] 哙:音"快"。

樊哙：沛人，屠狗为事，从沛公伐秦。[10] 盾：音"顺"，干也，即藤牌，战时用以卫身者。[11] 撞：音"幢"，击也。[12] 瞋目：张目作怒状也。[13] 眦：目眶也。[14] 跽：音"技"，长跪也。[15] 参乘：卫士，乘车侧也。[16] 彘肩：彘之肩也。[17] 啗：音"淡"，食也。[18] 细说：小人之说也。[19] 陈平：阳武人，先事项羽，后归汉，封侯。[20] 大：至也。大行大礼，至行之礼节也。小让：微细之违失也。[21] 俎：厨中宰肉之器。谓我方处被宰割之地位也。[22] 操：持也，谓大王此次持何物而来。[23] 道：经也。间行：微行也。[24] 度：音"铎"，料也。[25] 桮：同"杯"。杓：器名，羹匙之类。言不能多饮食也。[26] 督过之：谓责备而加罪也。[27] 则：即也。[28] 唉：音"哀"，叹恨声。[29] 竖子：詈人语，指项庄，而意指项羽。

居数日，项羽引兵西屠咸阳，杀秦降王子婴，烧秦宫室，火三月不灭，收其货宝、妇女而东。人或说项王曰："关中阻山、河、四塞[1]，地肥饶，可都以霸[2]。"项王见秦宫室皆以烧残破，又心怀思欲东归，曰："富贵不归故乡，如衣绣夜行，谁知之者！"说者曰："人言楚人沐猴而冠耳[3]，果然。"项王闻之，烹说者[4]。

[1] 四塞：东函谷关，南武关，西散关，又称大散关，北萧关也。[2] 谓可都其地称霸天下也。[3] 沐猴：猕猴也。猕猴不耐著冠，喻楚人性躁暴。一说猕猴虽冠终不类。喻楚人无远识也。[4] 说：音"税"。说者：《汉书》称韩生，一说蔡生。

项王使人致命怀王[1]。怀王曰："如约[2]。"乃尊怀王为义帝。项王欲自王，先王诸将相。谓曰："天下初发难时，假立诸侯后以伐秦。然身被坚执锐，首事暴露于野，三年灭秦定天下者，皆将相诸君与籍之力也。义帝虽无功，故当分其地而王之。"诸将皆曰："善。"乃分天下，立诸将为侯王。项王、范增疑沛公之有天下，业已讲解，又恶负约[3]，恐诸侯叛之，乃阴谋曰："巴、蜀[4]道险，秦之迁人皆居蜀。"乃曰："巴、蜀亦关中地也[5]。"故立沛公为汉王，王巴、蜀、汉中，都南郑[6]。而三分关中，王秦降将，以距塞汉王[7]。项王乃立章邯为雍王，王咸阳以西，都废丘[8]。长史欣者，故为栎阳狱掾，尝有德于项梁；都尉董翳者，本劝章邯降楚。故立司马欣为塞王，王咸阳以东至河，都栎阳；立董翳为翟王，王上郡，都高奴[9]。徙魏王豹为西魏王，王河东，都平阳[10]。瑕丘申阳者，张耳嬖臣也，先下河南郡[11]，迎楚河上，故立申阳为河南王，都雒阳[12]。韩王成因故都，都阳翟。赵将司马卬，定河内[13]，数有功，故立卬为殷王，王河内，都朝歌[14]。徙赵王歇为代王。赵相张耳素贤，又从入关，故立耳为常山王，王赵地，都襄国[15]。当阳君黥布为楚将，常冠军，故立布为九江王，都六[16]。鄱君吴芮率百越佐诸侯[17]，又从入关，故立芮为衡山王，都邾[18]。义帝柱国共敖将兵击南郡[19]，功多，因立敖为临江王，都江陵[20]。徙燕王韩广为辽东王。燕将臧荼从楚救赵，因从入关，故立荼为燕王，都蓟[21]。徙齐王田市为胶东王。齐将田都，从共救赵，因从入关，故立都为齐王，都临菑[22]。故秦所灭齐王建孙田安，项羽方渡河救赵，田安下济[23]北数城，引其兵降项羽，故立安为济北王，都博阳[24]。田荣者，数负项梁，又不肯将兵从楚击秦，以故不封。成安君陈馀弃将印去，不从入关，然素闻其贤，有功于赵，闻其在南皮，故因环封三县[25]。番君将梅铅功多，故封十万户侯。项王自立为西楚霸王，王九郡，都彭城。汉之元年[26]四月，诸侯罢戏下，各就国[27]。

[1] 怀王初曾与诸将约，先入关者王之。羽既背约，使人致命于王。[2] 谓"先入关者王之"之约。[3] 又自以嫌恶当初之负约也。[4] 巴、蜀：皆在今四川，见前《秦始皇本纪》三十六郡注。[5] 谓秦人居之，无异关

中,迁就"先入关者王之"之约也。[6]汉中:见三十六郡注。南郑:今陕西南郑县。[7]谓藉此抵拒汉王,不得占有关中也。[8]废丘:即今陕西兴平县。[9]上郡:见前三十六郡注。高奴:故今陕西肤施县之东。[10]河东:见前三十六郡注。平阳:今山西临汾县境。[11]河南郡:今河南黄河以南之地也。[12]雒阳:即今河南雒阳县。[13]河内:今河南黄河以北之地也。[14]朝歌:故治今河南淇县。[15]襄国:秦时县,项羽改为襄国,今河北邢台县地。[16]六:今安徽寿县境。[17]鄱:今江西鄱阳县。吴芮为鄱令,故号鄱君。百越:指南方之人,今江浙闽粤之地,古皆越族所居。[18]邾:即今湖北黄冈县也。[19]南郡:见前三十六郡注。[20]江陵:即今湖北江陵县境。[21]蓟:故治今河北大兴县西南境。[22]临菑:即今山东临淄县。[23]济:指济水也。[24]博阳:故治今山东泰安县东南境。[25]南皮:即今河北南皮县。环封三县:谓绕南皮三县之地皆封之也。[26]时汉高帝尚未即位,因承秦后,秦亡明年,即为汉元年。[27]戏:与"麾"通,大将之旗。戏下:犹言部下,谓各从项王部下罢兵,往所封之国云。

项王出之国[1],使人徙义帝,曰:"古之帝者,地方千里,必居上游。"乃使使徙义帝长沙郴县[2]。趣义帝行,其群臣稍稍背叛之,乃阴令衡山、临江王[3]击杀之江中。

[1]之国:谓就国也。[2]长沙:郡名,见《秦始皇本纪》三十六郡注。郴:音"琛"。郴县:在今湖南境。[3]衡山王:谓吴芮。临江王:柱国共敖也。

韩王成无军功,项王不使之国,与俱至彭城,废以为侯,已又杀之。臧荼之国,因逐韩广之辽东,广弗听,荼击杀广无终[1],并王其地。田荣闻项羽徙齐王市胶东,而立齐将田都为齐王,乃大怒,不肯遣齐王之胶东,因以齐反,迎击田都。田都走楚。齐王市畏项王,乃亡之胶东就国。田荣怒,追击杀之即墨。荣因自立为齐王,而西击杀济北王田安,并王三齐[2]。荣与彭越将军印,令反梁地[3]。陈馀阴使张同、夏说说齐王田荣曰:"项羽为天下宰不平,今尽王故王于丑地,而王其群臣诸将善地,逐其故主赵王,乃北居代[4],馀以为不可。闻大王起兵,且不听不义,愿大王资馀兵,请以击常山[5],以复赵王,请以国为扞蔽。"齐王许之,因遣兵之赵。陈馀悉发三县兵,与齐并力击常山,大破之。张耳走归汉。陈馀迎故赵王歇于代,反之赵。赵王因立陈馀为代王。是时,汉还定三秦[6]。项羽闻汉王皆已并关中,且东,齐、赵叛之,大怒。乃以故吴令郑昌为韩王,以距汉。令萧公角[7]等击彭越。彭越败萧公角等。汉使张良徇韩,乃遗项王书曰:"汉王失职,欲得关中,如约即止,不敢东。"又以齐、梁反书遗项羽曰:"齐欲与赵并灭楚。"楚以此故无西意,而北击齐。征兵九江王布。布称疾不往,使将将数千人行。项王由此怨布也。

[1] 无终:在今河北蓟县地。[2] 三齐:指齐济北、胶东也。[3] 梁地:即今河南开封县地。[4] 代:郡也。见前三十六郡注。[5] 常山:在今河北境。[6] 三秦:即关中。项羽三分其地王秦降将,故曰"三秦"。[7] 萧公角:萧令名角也。

汉之二年,冬,项羽遂北至城阳[1],田荣亦将兵会战。田荣不胜,走至平原[2],平原民杀之。遂北,烧夷[3]齐城郭室屋,皆坑田荣降卒,系[4]虏其老弱妇女。徇齐,至北海[5],多所残灭。齐人相聚而叛之。于是田荣弟田横收齐亡卒,得数万人,反城阳。项王因留,连战,未能下。春,汉王劫五诸侯兵[6],凡五十六万人,东伐楚。项王闻之,即令诸将击齐,而自以精兵三万人,南从鲁出胡陵。四月,汉皆已入彭城,收其货、宝、美人，日置酒高会。项王乃西从萧[7]，晨击汉军，而东至彭城，日中，大破汉军。汉军皆走，相随入谷、泗水[8]，杀汉卒十余万人。汉卒皆南走山，楚又追击，至灵壁东睢水上[9]。汉军却，为楚所挤，多杀汉卒十余万人，皆入睢水，睢水为之不流。围汉王三匝。于是大风从西北而起，折木，发屋，扬沙石，窈冥昼晦[10]，逢迎楚军[11]。楚军大乱坏散，而汉王乃得与数十骑遁去，欲过沛，收家室而西。楚亦使人追之沛，取汉王家。家皆亡，不与汉王相见。汉王道逢得孝惠、鲁元[12]，乃载行。楚骑追汉王，汉王急，推堕孝惠、鲁元车下，滕公[13]常下收载之。如是者三。曰："虽急，不可以驱，奈何弃之？"于是遂得脱。求太公、吕后[14]，不相遇。审食其[15]从太公、吕后间行，求汉王，反遇楚军。楚军遂与归报项王，项王常置军中。

[1] 城阳：在今山东莒县境。[2] 平原：即今山东平原县。[3] 夷：荡平也。[4] 系：缚也。[5] 北海：今山东昌乐县境。[6] 劫：夺也。五诸侯：各说不同，惟韩、魏、赵、齐、衡山较可信。[7] 萧：秦时县，故治今江苏萧县西北境。[8] 谷、泗：二水名，皆在彭城。[9] 灵壁：在彭城。睢：音"虽"。睢水：由彭城入泗水。[10] 窈冥昼晦：谓白昼晦暗也。[11] 大风迎楚军吹也。[12] 孝惠：指惠帝也，高帝长子，名盈。鲁元：高帝女，封于鲁，为长女，故称"元"。[13] 滕公：即夏侯婴，为滕令奉车。[14] 太公：高帝父，名执嘉，或曰名煓——与"湍"同音。吕后：高帝后，名雉，单父人吕公女也。[15] 审：姓。名食其，读如"异基"，沛人。

是时吕后兄周吕侯为汉将兵居下邑[1]，汉王间往从之，稍稍收其士卒。至荥阳[2]，诸败军皆会，萧何亦发关中老弱，未傅悉诣荥阳[3]，复大振。楚起于彭城，当乘胜逐北，与汉战荥阳南京、索[4]间。汉败楚，楚以故不能过荥阳而西。

[1]周吕侯：名泽。周吕：封名。言如周吕尚也。下邑：秦时县，故治今江苏砀山县之东。[2]荥阳：今河南荥泽县地。[3]古者二十傅，三年耕，一年储，二十三年后役之。不满二十三为弱，过五十六为老。未傅：未满二十之人也。诣：音"羿"，至也。[4]京：在荥阳县西南。索：即荥阳县，古为大索城。

项王之救彭城，追汉王至荥阳，田横亦得收齐，立田荣子广为齐王。汉王之败彭城，诸侯皆复与楚而背汉。汉军荥阳，筑甬道，属之河，以取敖仓粟[1]。汉之三年，项王数侵夺汉甬道，汉王食乏，恐，请和，割荥阳以西为汉。项王欲听之。历阳侯范增[2]曰："汉易与耳，今释弗取，后必悔之。"项王乃与范增急围荥阳。汉王患之，乃用陈平计，间项王。项王使者来，为太牢具[3]，举欲进之。见使者，详[4]惊愕曰："吾以为亚父使者，乃反项王使者。"更持去，以恶食食项王使者。使者归报项王，项王乃疑范增与汉有私，稍夺之权[5]。范增大怒，曰："天下事大定矣，君王自为之[6]。愿赐骸骨归卒伍[7]。"项王许之。行未至彭城，疽[8]发背而死。

[1]敖：山名。今河南荥泽县西北境。秦置仓积粟山上，故曰"敖仓"。[2]历阳：今安徽之和县，范增封地也。[3]太牢：牛羊豕之称。具：设备也。[4]详：通作"佯"。[5]稍稍夺其权也。[6]谓自贻祸患也。[7]愿保全骸骨，退居卒伍间也。[8]疽：毒疮也。

汉将纪信说汉王曰："事已急矣[1]，请为王诳楚为王，王可以间出[2]。"于是汉王夜出女子荥阳东门，被甲二千人，楚兵四（按："四"原注本为"西"，疑误，据中华书局本改之）面击之。纪信乘黄屋车[3]，傅左纛[4]，曰："城中食尽，汉王降。"楚军皆呼万岁。汉王亦与数十骑，从城西门出，走成皋[5]。项王见纪信，问："汉王安在?"信曰:"汉王已出矣。"项王烧杀纪信。

[1]言范增虽去,荥阳之围仍未解也,故曰"事急矣"。[2]纪信自请冒汉王以诳楚人,使汉王得乘间逸出也。[3]黄屋:天子车以黄缯为裹。[4]左纛:以牦牛尾作大旗,置车衡之左,时天子乘舆之制。[5]成皋:在今河南汜水县境。

汉王使御史大夫周苛、枞公、魏豹守荥阳。周苛、枞公谋曰:"反国之王,难与守城。"乃共杀魏豹。楚下荥阳城,生得周苛。项王谓周苛曰:"为我将,我以公为上将军,封三万户。"周苛骂曰:"若不趣降汉,汉今虏若[1],若非汉敌也。"项王怒,烹周苛,并杀枞公。

[1]虏若:战时生得敌人曰"虏",若,"汝"也。

汉王之出荥阳,南走宛、叶[1],得九江王布[2],行收兵,复入保成皋。汉之四年,项王进兵围成皋。汉王逃,独与滕公出成皋北门,渡河走修武[3],从张耳、韩信[4]军。诸将稍稍得出成皋,从汉王。楚遂拔成皋,欲西。汉使兵距之巩[5],令其不得西。是时,彭越[6]渡河击楚东阿,杀楚将军薛公。项王乃自东击彭越[7]。汉王得淮阴侯兵,欲渡河南。郑忠说汉王,乃止,壁[8]河内。使刘贾将兵佐彭越,烧楚积聚。项王东击破之,走彭越[9]。汉王则[10]引兵渡河,复取成皋,军广武[11],就敖仓食[12]。

[1]宛:即今河南淮阳县。叶:音"摄",即今河南叶县地。[2]英布:即黥布。本从项羽,高帝使随何说后服汉。[3]修武:即今河南获嘉县。[4]韩信:有《淮阴侯列传》。[5]巩:即今河南巩县。[6]彭越:初事羽,后归汉。[7]事在项羽下荥阳前,考《汉书·高帝纪》可知。[8]壁:驻军也。[9]项王东击彭越,使曹咎守成皋。本文将曹咎守成皋事叙下,前后倒置,不相融合。

考《汉书·高帝纪》可知。[10] 则：作"遂"也。[11] 广武：山名，今河南河阴县北。[12] 汉王已破曹咎，遂渡河取成皋，军广武发敖仓也。

项王已定东海[1]，来西[2]，与汉俱临广武而军，相守数月。当此时，彭越数反梁地，绝楚粮食，项王患之。为高俎[3]，置太公其上，告汉王曰："今不急下，吾烹太公。"汉王曰："吾与项羽俱北面受命怀王，曰：'约为兄、弟。'吾翁即若翁，必欲烹而翁[4]，则[5]幸分我一杯羹。"项王怒，欲杀之。项伯曰："天下事未可知，且为天下者不顾家，虽杀之无益，只益祸耳。"项王从之。楚、汉久相持未决，丁壮苦军旅，老弱罢转漕[6]。项王谓汉王曰："天下匈匈[7]数岁者，徒以吾两人耳，愿与汉王挑战，决雌雄[8]，毋徒苦天下之民父子为也。"汉王笑谢曰："吾宁斗智，不能斗力。"项王令壮士出挑战。汉有善骑射者楼烦[9]，楚挑战三合，楼烦辄射杀之。项王大怒，乃自被甲持戟挑战。楼烦欲射之，项王瞋目叱之，楼烦目不敢视，手不敢发，遂走还入壁，不敢复出。汉王使人间问之，乃项王也。汉王大惊。于是项王乃即汉王，相与临广武间[10]而语。汉王数[11]之，项王怒，欲一战。汉王不听，项王伏弩射中汉王。汉王伤，走入成皋。

[1] 此指后走彭越事。[2] 闻曹咎败，汉复取成皋，故复西来。[3] 俎：厨中器。[4] 翁：犹"父"也。若：而；皆汝也。[5] 则：作"亦"解。[6] 罢：疲也。转漕：水运粮也。[7] 匈匈：不安也。[8] 挑战：谓独战，不须众助也。决雌雄：犹决胜败之谓也。[9] 楼烦：本胡地，今山西西北部。此处楼烦，为人名之简称。[10] 广武：山名，有东西二城，东城楚筑，西城汉筑。夹城间有绝涧断山曰"广武涧"。[11] 数羽十罪，见《汉书·高帝纪》注。

项王闻淮阴侯已举河北，破齐，赵且欲击楚，乃使龙且[1]往击之。淮阴侯与战，骑将灌婴击之，大破楚军，杀龙且。韩信因自立为齐王。项王闻龙且军破，则恐，使盱台人[2]武涉往说淮阴侯[3]。淮阴侯弗听。

[1] 且：读如"苴"。[2] 盱台：秦时县，见前。[3] 详见《淮阴侯列传》。

是时，彭越复反，下梁地，绝楚粮[1]。项王乃谓海春侯大司马曹咎等曰："谨守成皋，则[2]汉欲挑战，慎勿与战，毋令得东而已。我十五日必诛彭越，定梁地，复从将军。"乃东行击陈留、外黄。外黄不下。数日，已降，项王怒，悉令男子年十五已上诣城东，欲坑之。外黄令舍人儿年十三，往说项王曰："彭越强[3]劫外黄，外黄恐，故且降待大王。大王至，又皆坑之，百姓岂有归心？从此以东，梁地十余城，皆恐，莫肯下矣。"项王然其言，乃赦外黄当坑者。东至睢阳[4]，闻之，皆争下项王。汉果数挑楚军战，楚军不出。使人辱之，五六日，大司马怒，渡兵汜水[5]。士卒半渡，汉击之，大破楚军，尽得楚国货赂。大司马咎、长史翳、塞王欣皆自刭汜水上。大司马咎者，故蕲狱掾，长史欣亦故栎阳狱吏，两人尝有德于项梁，是以项王信任之。当是时，项王在睢阳，闻海春侯军败，则引兵还。汉军方围钟离眜[6]于荥阳东，项王至，汉军畏楚，尽走险阻[7]。

[1] 此汉王使刘贾助越烧楚积聚也。文中数提彭越，见得项羽之败，越实为心腹之患也。[2] 则：作"如"字解。[3] 强：强迫也。[4] 睢阳：秦时县，故治今河南高丘县之南。[5] 汜水：今河南汜水县西境，北流入黄河。[6] 眜：读如"末"，眜为羽将，羽亡，后归韩信。[7] 此段皆楚汉相持广武间以前之事也。

是时，汉兵盛食多，项王兵疲食绝。汉遣陆贾说项王，请太公[1]，项王弗听。汉王复使侯公往说项王，项王乃与汉约，中分天下，割鸿沟[2]以西者为汉，鸿沟而东者为楚。项王许之，即归汉王父、母、妻、子。军皆呼万岁。汉王乃封侯公为平国君。匿弗肯复见。曰:"此天下辩士,所居倾国,故号为平国君。"项王已约,乃引兵解而东归。汉欲西归,张良、陈平说曰:"汉有天下太半,而诸侯皆附之。楚兵疲食尽,此天亡楚之时也,不如因其机而遂取之。今释弗击,此所谓'养虎自遗患'也。"汉王听之。

[1] 请以归还太公为请。[2] 秦始皇引河水灌大梁,谓"鸿沟",即今河南贾鲁河也。

汉五年,汉王乃追项王,至阳夏[1]南,止军,与淮阴侯韩信、建成侯彭越期会而击楚。军至固陵[2],而信、越之兵不会。楚击汉军,大破之。汉王复入壁,深堑而自守。谓张子房曰:"诸侯不从约,为之奈何?"对曰:"楚兵且破,信、越未有分地,其不至固宜。君王能与共分天下,今可立致也[3]。即不能,事未可知也。君王能自陈以东傅海[4],尽与韩信;睢阳以北至谷城[5],以与彭越。使各自为战,则楚易败也。"汉王曰:"善。"于是乃发使者告韩信、彭越曰:"并力击楚。楚破,自陈以东傅海与齐王,睢阳以北至谷城与彭相国。"使者至,韩信、彭越皆报曰:"请今进兵。"韩信乃从齐往,刘贾军从寿春[6]并行,屠城父[7],至垓下[8],大司马周殷叛楚,以舒屠六[9],举九江兵,随刘贾、彭越皆会垓下,诣项王。

[1] 夏:音"贾"。阳夏:即今河南太康县境。[2] 固陵:地名,今河南淮阳县西北境。[3] 言可立致信、越之兵也。[4] 陈:古陈国都,今河南淮阳县。傅:著也。东傅海:犹言东至于海也。[5] 谷城:山名,今山东东阿县东北境。[6] 寿春:即今安徽寿县。[7] 城父:今安徽亳县。[8] 垓:音"该"。垓下:地名,高冈绝岩,有聚邑及堤,即今安徽灵璧县

东南境。[9] 舒：今安徽舒城县。六：当时县名，故治今安徽寿县之西南，言以舒之众屠六也。

　　项王军壁垓下，兵少食尽，汉军及诸侯兵围之数重。夜闻汉军四面皆楚歌，项王乃大惊曰："汉皆已得楚乎？是何楚人之多也！"项王则夜起，饮帐中。有美人名虞[1]，常幸从；骏马名骓，常骑之。于是项王乃悲歌慷慨，自为诗曰："力拔山兮气盖世，时不利兮骓不逝。骓不逝兮可奈何，虞兮虞兮奈若何！"歌数阕[2]，美人和之。项王泣数行下，左右皆泣，莫能仰视。

　　[1] 虞：项王爱姬。[2] 歌曲一首曰一阕。数阕：数首也。

　　于是项王乃上马骑，麾下[1]壮士骑从者八百余人，直夜，溃围[2]南出驰走。平明，汉军乃觉之，令骑将灌婴以五千骑追之。项王渡淮，骑能属者百余人耳。项王至阴陵[3]，迷失道，问一田父，田父绐[4]曰："左。"左，乃陷大泽中。以故汉追及之。项王乃复引兵而东，至东城[5]，乃有二十八骑。汉骑追者数千人。项王自度[6]不得脱。谓其骑曰："吾起兵至今八岁矣，身[7]七十余战，所当者破，击者服，未尝败北，遂霸有天下。然今卒困于此，此天之亡我，非战之罪也。今日固决死，愿为诸君决战，必三胜之，为诸君溃围，斩将，刈旗[8]，令诸君知天亡我，非战之罪也。"乃分其骑以为四队，四向。汉军围之数重。项王谓其骑曰："吾为公取彼一将。"令四面骑驰下，期[9]山东为三处。于是项王大呼驰下，汉军皆披靡[10]，遂斩汉一将。是时，赤泉侯[11]为骑将，追项王，项王瞋目叱之，赤泉侯人马俱惊，辟易[12]数里。与其骑会为三处。汉军不知项王所在，乃分军为三，复围之。项王乃驰，复斩汉一都尉，杀数十百人，复聚其骑，亡其两骑耳。乃谓其骑曰："何如？"骑皆伏曰："如大王言。"

[1]麾下：即部下也。[2]溃围：谓冲破围兵也。[3]阴陵：秦时县，故治今安徽定远县西北境。[4]绐：音"殆"，欺诳也。[5]东城：秦时县，故治今安徽定远县东南境。[6]度：音"铎"，料也。[7]身：谓亲身经历也。[8]刈旗：斩伐敌旗也。[9]期：约也。约分山东为三处，使汉军不知项羽所在也。[10]披靡：溃散也。[11]赤泉侯：杨喜也，见下。[12]辟易：退避也。言人马惊避，更易所在之处也。

于是项王乃欲东渡乌江[1]。乌江亭长枻船待[2]，谓项王曰："江东虽小，地方千里，众数十万人，亦足王也。愿大王急渡。今独臣有船，汉军至，无以渡。"项王笑曰："天之亡我，我何渡为！且籍与江东子弟八千人渡江而西，今无一人还，纵江东父兄怜而王我，我何面目见之？纵彼不言，籍独不愧于心乎？"乃谓亭长曰："吾知公长者。吾骑此马五岁，所当无敌，尝一日行千里，不忍杀之，以赐公。"乃令骑皆下马，步行持短兵接战。独籍所杀汉军数百人。项王身亦被十余创。顾见汉骑司马吕马童曰："若非吾故人乎？"马童面之[3]，指王翳[4]曰："此项王也。"项王乃曰："吾闻汉购我头千金，邑万户，吾为若德[5]。"乃自刎而死。王翳取其头，余骑相蹂践，争项王，相杀者数十人。最其后，郎中骑杨喜，骑司马吕马童，郎中吕胜、杨武各得其一体。五人共会其体，皆是。分其地为五[6]：封吕马童为中水侯，封王翳为杜衍侯，封杨喜为赤泉侯，封杨武为吴防侯，封吕胜为涅阳侯。

[1]乌江：水名，在今安徽和县东北境。[2]亭：道路设舍，停止行人也。亭长：谓主亭之吏。枻：音"蚁"，附船著岸也。[3]面：背之不面向也。[4]指示王翳也。[5]谓吾与汝恩德也。[6]悬赏万户邑分为五也。

项王已死，楚地皆降汉，独鲁不下。汉乃引天下兵，欲屠之，为其守礼、义，为主死节，乃持项王头示鲁，鲁父兄乃降。始，楚怀王初封项籍为鲁公，及其死，鲁最后下，故以鲁公礼葬项王谷城。汉王为发哀，泣之而去。

诸项氏枝属，汉王皆不诛。乃封项伯为射阳侯。桃侯、平皋侯、玄武侯皆项氏，赐姓刘氏[1]。

[1] 桃侯：名襄。平皋侯：名佗。玄武侯：名未详。三人皆项羽宗族，至是从汉姓始为刘氏也。

太史公曰：吾闻之周生[1]曰："舜目盖重瞳子[2]。"又闻项羽亦重瞳子。羽岂其苗裔邪？何兴之暴也！夫秦失其政，陈涉首难，豪杰蜂起，相与并争，不可胜数。然羽非有尺寸，乘势，起陇亩之中，三年，遂将五诸侯[3]灭秦，分裂天下，而封王侯，政由羽出，号为"霸王"，位虽不终，近古以来，未尝有也。及羽背关怀楚[4]，放逐义帝而自立，怨王侯叛己，难矣。自矜功伐，奋其私智，而不师古，谓霸王之业，欲以力征经营天下，五年卒亡其国，身死东城，尚不觉寤，而不自责，过矣。乃引"天亡我，非用兵之罪也"，岂不谬哉！

[1] 周生：周时贤者，或曰汉初周姓也。[2] 重瞳：谓目有两眸子。[3] 山东诸侯并起，从楚伐秦。山东六国，除楚不计外，为齐、赵、燕、韩、魏。故云五诸侯。[4] 迫羽弃关中，思东归都彭城也。

汉兴以来诸侯年表序

太史公曰：殷以前尚矣[1]。周封五等：公侯伯子男。然封伯禽[2]、康叔[3]于鲁、卫，地各四百里，亲亲之义，褒有德也；太公[4]于齐，兼五侯[5]地，尊勤劳也。武王、成、康[6]所封数百，而同姓五十五[7]，地上不过百里，下三十里，以辅卫王室。管[8]、蔡[9]、康[10]叔、曹[11]、郑[12]，或过或损。幽、厉之后，王室缺，侯伯强国兴焉，天子微，弗能正。非德不纯，形势弱也。

[1]尚：上也，言久远也。[2]周公之子。[3]周武王同母少弟，名封。[4]姜姓，吕氏，名尚。初钓于渭滨，文王出猎遇之，曰"吾太公望子久矣"。故称"太公望"，亦曰"太公"。[5]言五倍于侯也。[6]谓周成王、康王也。[7]兄弟之国十有五，姬姓（按：原文"姓"为"性"，当为误。）之国四十。[8]今河南郑县，封叔鲜。[9]今河南新蔡县，封叔度。[10]康叔虞，至成王时始封，今山西境。[11]今山东定陶县，封叔振铎。[12]今陕西南郑县，封厉王庶子友。

汉兴，序二等[1]。高祖末年，非刘氏而王者，若无功，上所不置而侯者，天下共诛之。高祖子弟同姓为王者九国[2]，唯独长沙[3]异姓，而功臣侯者百有余人。自雁门[4]、太原[5]以东，至辽阳[6]，为燕[7]、代[8]国；常山[9]以南，太行[10]左转，度河、济[11]，阿[12]、甄[13]以东，薄海，为齐、赵国；自陈以西，南至九疑[14]，东带江、淮、谷、泗[15]，薄会稽[16]，为梁、楚、吴、淮南、长沙国。皆外接于胡、越[17]。而内地北距山以东，尽诸侯地，大者或五六郡，连城数十，置百官宫观，僭于天子。汉独有三河[18]、东郡[19]、颍川[20]、南阳[21]，自江陵[22]以西至蜀，北自云中[23]至陇西[24]，与内史[25]凡十五郡，而公主列侯颇食邑其中。何者？天下初定，骨肉同姓少，故广强庶孽，以镇抚四海，用承卫天子也。

[1]汉封功臣大者王，小者侯也。[2]齐、楚、荆、淮南、燕、赵、梁、代、淮阳也。[3]今湖南长沙县，吴芮封此。[4]今山西旧代州、宁武之北部，及朔平南部，大同东部、北部，皆其境。[5]即今山西旧太原、汾州二府之地。[6]今辽宁辽阳县。[7]初为卢绾地，后绾入匈奴，遂立子建为燕王。[8]初封韩王信，信后降匈奴，乃立子恒。[9]即恒山，亦曰"北岳"。[10]亦曰"五行山"，连亘河南、河北道，山西东部。[11]即黄河、济水。[12]河泽，在今山东阳谷县。[13]在今山东濮县。[14]山名，亦作"九嶷"，在湖南宁远县南六十里。[15]江水、淮水、谷水、泗水也。[16]今浙江绍兴县。[17]皆古种族名，胡在北，越在南。[18]汉以河内、河南、河东三郡为三河。[19]前直隶大名府，山东东昌府及长清县以西皆是。[20]本河南旧许州、陈州、汝宁、汝州诸府州，以及禹县至阳武各县皆是。[21]今河南旧南阳府、湖北旧襄阳府之地。[22]今湖北江陵县地。[23]今山西大同县北。[24]今甘肃陇西县。[25]今陕西地。

汉定百年之间，亲属益疏，诸侯或骄奢，忕[1]邪臣计谋为淫乱，大者叛逆，小者不轨于法，以危其命，殒身亡国。天子观于上古，然后加惠，使诸侯得推恩[2]分子弟国邑，故齐分为七[3]，赵分为六[4]，梁分为五[5]，淮南分三[6]，及天子支庶子[7]为王，王子支庶为侯，百有余焉。吴楚时，前后诸侯，或以適[8]削地，是以燕、代无北边郡，吴、淮南、长沙无南边郡，齐、赵、梁、楚支郡，名山陂海，咸纳于汉。诸侯稍微，大国不过十余城，小侯不过数十里，上足以奉贡职，下足以供养祭祀，以蕃辅京师。而汉郡八九十，形错诸侯间，犬牙[9]相临，秉其厄塞地利，强本干，弱枝叶之势也。尊卑明，而万事各得其所矣。

臣迁谨记高祖以来至太初[10]诸侯，谱其下，益损之时，令后世得览。形势虽强，要之以仁义为本。

[1] 音"誓"，训肖也。[2] 按武帝用主父偃言，而下推恩之令也。[3] 城阳、济北、济南、菑川、胶东、胶西，并齐为七。[4] 赵、河间、广川、中山、常山、清河。[5] 济阴、济川、济东、山阳，并梁为五国也。[6] 庐江、衡山，并淮南为三国。[7] 谓宗枝旁出者也。[8] 音"宅"，与"嫡"通，嫡子也。[9] 谓参差不齐如犬牙也。[10] 汉哀（按："哀"字应为"武"，当为误。）帝年号。

高祖功臣年表序

太史公曰：古者人臣功有五品，以德立宗庙定社稷曰勋，以言曰劳，用力曰功，明其等[1]曰伐，积日[2]曰阅。封爵之誓曰："使河如带，泰山[3]若厉。国以永宁，爰及苗裔[4]。"始未尝不欲固其根本，而枝叶稍陵夷衰微也。余读高祖侯功臣，察其首封，所以失之[5]者，曰：异哉所闻！《书》曰"协和万国[6]"，迁于夏商，或数千岁。盖周封八百，幽厉[7]之后，见于《春秋》[8]。《尚书》[9]有唐虞之侯伯，历三代千有余载，自全以蕃卫天子，岂非笃于仁义，奉上法哉？汉兴，功臣受封者百有余人。天下初定，故大城名都散亡，户口可得而数者十二三，是以大侯不过万家，小者五六百户。后数世，民咸归乡里，户益息[10]，萧、曹、绛、灌[11]之属，或至四万，小侯自倍，富厚如之。子孙骄溢，忘其先，淫嬖。至太初[12]，百年之间，见侯五，余皆坐法陨命，亡国耗矣。罔亦少密焉，然皆身无兢兢[13]于当时之禁云。居今之世，志古之道[14]，所以自镜也，未必尽同。帝王者，各殊礼而异务，要以成功为统纪[15]，岂可绲[16]乎？观所以得尊宠，及所以废辱，亦当世得失之林[17]也，何必旧闻？于是谨其终始，表见其文，颇有所不尽本末。著其明，疑者阙之。后有君子欲推而列之，得以览焉。

[1]谓明其功之等差也。[2]谓计其任事之长久也。[3]东岳也，在山东省境，乃五岳之一。[4]后嗣也。[5]谓失侯也。[6]尧以前所封也。[7]周之二王，皆暴虐之君。[8]本鲁史之名，孔子删定之。[9]经名，以其为上古典谟训诰之文，故曰"尚书"。[10]子息也。[11]谓萧何、曹参、绛勃、灌婴也。[12]汉哀帝（按："哀"字应为"武"，当为误。）年号。[13]

小心戒慎也。言皆不能兢兢于当世之禁网。[14]志：与"誌"同，记也。谓记虞夏商周之道。[15]即纲纪也。[16]读若"魂"，缝而合之也。言帝王之道，原各不同，不可以强合也。[17]凡丛集之所皆曰"林"。言观目前之尊宠废辱，即可为当世得失之会萃所也。

孔子世家

孔子生鲁昌平乡陬邑[1]。其先宋人也，曰孔防叔。防叔生伯夏，伯夏生叔梁纥。纥与颜氏女野合[2]而生孔子，祷于尼丘[3]，得孔子。鲁襄公二十二年而孔子生。生而首上圩顶[4]，故因名曰丘云。字仲尼，姓孔氏。

[1]陬邑：地在今山东曲阜县。[2]野合：为梁纥老孔子母少，非壮室初笄之礼，又未成礼于女氏之庙也。[3]尼丘：山名，今山东曲阜县之东南境。[4]圩：窊也，中低四旁高也。

丘生而叔梁纥死，葬于防山。防山在鲁东，由是孔子疑其父墓处，母讳之也[1]。孔子为儿嬉戏，常陈俎豆[2]，设礼容[3]。孔子母死，乃殡五父之衢[4]，盖其慎也[5]。陬人挽父之母诲孔子父墓，然后往合葬于防焉。

[1]野合既为非礼之配合，孔子母故讳之。[2]俎豆：古礼器，以木为之，祭时所用。[3]设礼容：陈设行礼之仪容也。[4]殡：停柩也。五父：在今山东曲阜县东南。衢：四路通达之地。[5]谓将依父墓所在合葬之。

孔子要绖[1]，季氏飨士[2]，孔子与往[3]。阳虎绌[4]曰："季氏飨士，非敢飨子也。"孔子由是退。

[1]要：与"腰"通。绖：丧时所用麻衣也。时孔子新丧母，尚未除服。或作"要"。绖：绖带也。以孔子嗜学，故也。[2]季氏：鲁宗族，世执鲁政，为鲁权臣。飨士：合祭士卒也。季氏欲用士卒，故飨之。[3]与：音"预"，参预也。古者既葬，兵革之事勿避，而孔子所居，在季氏分地，故往也。[4]阳虎：季氏家臣。绌：与"黜"同。

孔子年十七，鲁大夫孟釐[1]子病且死，诫其嗣懿子[2]曰："孔丘，圣人之后[3]，灭于宋[4]。其祖弗父何始有宋，而嗣让厉公[5]。及正考父，佐戴、武、宣公[6]，三命兹益恭[7]，故鼎铭云：'一命而偻，再命而伛，三命而俯[8]，循墙而走[9]，亦莫敢余侮[10]。馆于是，粥于是[11]，以餬余口。'其恭如是。吾闻圣人之后，虽不当世，必有达者[12]。今孔丘年少好礼，其达者欤？吾即没，若必师之。"及釐子卒，懿子与鲁人南宫敬叔[13]，往学礼焉。是岁，季武子卒[14]，平子代立[15]。

[1] 釐：与"僖"同。鲁有权臣三人，皆鲁桓公之后。季孙氏、仲孙氏、叔孙氏。孟即仲孙氏。釐子：名获。[2] 懿子：名何忌。[3] 圣人：谓商汤，因商后封于宋，以孔子为宋族也。[4] 孔子六世祖孔父嘉为宋华督所杀，其子奔鲁。[5] 弗父何：孔父嘉高祖，宋愍公长子，嫡嗣当立，后让弟厉公。[6] 正考父：弗父何曾孙。戴、武、宣，皆前宋君。[7] 三命：命官均为上卿也，兹：更也。兹益恭之表示，于下鼎铭见之。[8] 偻：音"缕"。伛：音"迂"。偻、伛、俯，伏也，皆恭敬之貌。[9] 循墙而走：不敢妄行也。[10] 恭敬如是，人不敢侮慢。[11] 馆：音"旃"，厚曰"馆"，薄曰"粥"，指鼎而言。[12] 当世：为君也。达者：通达之人。言虽不能当世为君，其后必有通达之人出也。[13] 一说，南宫敬叔，亦釐子之子，即孔子弟子南容也。[14] 季武子：名宿。[15] 平子：名意如。

孔子贫且贱。及长，尝为季氏吏，料量平[1]。尝为司职吏[2]，而畜蕃息。由是为司空[3]。已而去鲁，斥乎齐，逐乎宋、卫，困于陈、蔡之间，于是反鲁。孔子长九尺有六寸，人皆谓之"长人"而异之。鲁复善待，由是反鲁。

[1] 委吏，主积仓库之吏。料量平：料量谷粟，得其平也。[2] 司职吏：指乘田，主牛羊刍牧之事。蕃息：孳生繁盛也。[3] 司空：掌工事之官。

鲁南宫敬叔言鲁君曰："请与孔子适周。"鲁君予之一乘车，两马，一竖子，俱适周，问礼，盖见老子[1]云。辞去，而老子送之曰:"吾闻富贵者送人以财,仁人者送人以言。吾不能富贵,窃仁人之号[2],送子以言,曰:'聪明深察而近于死者[3],好议人者也。博辨广大危其身者,发人之恶者也。为人子者,毋以有己[4];为人臣者,毋以有己[5]。'"孔子自周反于鲁,弟子稍益进焉。

[1] 老子:见《老庄申韩列传》。[2] 窃仁人之号:此谦词,言姑自为仁人也。[3] 近于死:与下句"危其身"同义。[4] 言身非己有,为父母所遗也。[5] 或作"无以恶己为人臣"解,若人君能用则仕,不能用则去,保身全行,是臣子之气节。

是时也,晋平公[1]淫,六卿擅权[2],东伐诸侯。楚灵王[3]兵强,陵轹[4]中国。齐大而近于鲁。鲁小弱,附于楚则晋怒,附于晋则楚来伐。不备于齐,齐师侵鲁。

[1] 晋平公:名彪,悼公子。[2] 六卿:范氏、中行氏、知氏、赵氏、魏氏、韩氏也,皆世为晋卿。[3] 楚灵王:名围。[4] 轹:音"历"。陵轹:侵陵也。

鲁昭公[1]之二十年,而孔子盖年三十矣。齐景公[2]与晏婴[3]来适鲁,景公问孔子曰:"昔秦穆公国小处辟[4],其霸何也?"对曰:"秦国虽小,其志大;处虽僻,行中正。身举五羖[5],爵之大夫,起累绁[6]之中,与语三日,授之以政。以此取之,虽王可也,其霸小矣。"景公悦。

[1] 鲁昭公:名稠。[2] 齐景公:名杵臼。[3] 晏婴:详《管晏列传》。[4] 秦穆公:名任好,辟:同"僻"。[5] 羖:音"古",黑牝羊。指百里奚事。奚为人房,穆公以五羖皮赎之,授之以政。因号奚为"五羖大夫"。[6] 累绁:与"缧绁"通。拘囚罪人之具也。

孔子年三十五,而季平子与郈昭伯[1],以斗鸡故,得罪鲁昭公,昭公率师击平子,平子与孟氏、叔孙氏三家共攻昭公,昭公师败，奔于齐，齐处昭公乾侯[2]。其后顷之，鲁乱。孔子适齐，为高昭子[3]家臣，欲以通乎景公。与齐太师[4]语乐，闻韶音[5]，学之，三月不知肉味[6]，齐人称之。景公问政孔子，孔子曰："君君，臣臣，父父，子子[7]。"景公曰："善哉！信如君不君，臣不臣，父不父，子不子，虽有粟，吾岂得而食诸[8]！"他日又复问政于孔子，孔子曰："政在节财。"景公悦，将欲以尼谿[9]田封孔子。晏婴进曰："夫儒者滑稽而不可轨法[10]；倨傲自顺，不可以为下[11]；崇丧遂哀，破产厚葬，不可以为俗；游说乞贷，不可以为国。自大贤[12]之息，周室既衰，礼乐缺有间。今孔子盛容饰[13]，繁登降之礼，趋详之节[14]，累世不能殚其学，当年不能究其礼。若欲用之，以移齐俗，非所以先[15]细民也。"后景公敬见孔子，不问其礼。异日，景公止孔子曰："奉子以季氏，吾不能[16]。"以季、孟之间待之[17]。齐大夫欲害孔子，孔子闻之。景公曰："吾老矣，弗能用也。"孔子遂行，反乎鲁。

[1] 邱：音"后"，鲁邑。邱昭伯：鲁大夫，名恶。斗鸡事见《左传》昭公二十五年，季氏因此陵邱氏。昭伯怨季氏。后遂从昭公伐之，不胜，昭伯为孟氏所杀也。[2] 乾侯：即今河北成安县地。[3] 高昭子：齐大夫。[4] 太师：乐官之长。[5] 韶：舜乐也。[6] 感乐兴之盛美，忘口腹之佳味。[7] 第二君臣父子等字当动词用，言尽为君臣父子之道。[8] 言信如所说，今齐国君不君，以至子不子，将见危亡。虽有粟，亦不得而食之。[9] 尼谿：齐地名。[10] 滑稽：有说非若是、说是若非吐词不竭、俳谐三义。此处当从第二义。解言儒者言说无穷，不可轨以法也。[11] 为下：卑下之节。[12] 大贤：上古大贤，兴礼乐者。[13] 盛容饰：修仪容也。[14] 省繁简之礼，作详明之节文也。[15] 先：导引也。[16] 鲁国三卿，季氏最贵。景公谓不能如鲁季氏之职奉侍孔子。[17] 鲁三卿孟氏为下卿，不用事。景

公待孔子，介于鲁侍季、孟二者之间。

　　孔子年四十二，鲁昭公卒于乾侯，定公立[1]。定公立五年，夏，季平子卒，桓子[2]嗣立。季桓子穿井得土缶，中若羊[3]，问仲尼，云"得狗"。仲尼曰："以丘所闻，羊也。丘闻之，木石之怪夔、罔阆[4]，水之怪龙、罔象[5]，土之怪坟羊[6]。"吴伐越，堕会稽[7]，得骨节专车[8]。吴使使问仲尼："骨何者最大？"仲尼曰："禹致群神于会稽山[9]，防风氏后至[10]，禹杀而戮之，其节专车，此为大矣。"吴客曰："谁为神？"仲尼曰："山川之神足以纲纪天下，其守为神[11]，社稷为公侯[12]，皆属于王者。"客曰："防风何守？"仲尼曰："汪罔氏之君，守封、禺之山[13]，为釐姓[14]。在虞、夏、商为汪罔，于周为长翟，今谓之大人。"客曰："人长几何？"仲尼曰："僬侥氏[15]三尺，短之至也。长者不过十之，数之极也。"于是吴客曰："善哉，圣人！"

　　[1]定公：昭公弟，名宋也。[2]桓子：名斯。[3]土缶中有物若羊。[4]夔、罔阆：皆古传说为怪物。夔一足，罔阆能学人声以迷惑人。阆：音"两"。罔阆：亦作"魍魉"。[5]龙、罔象：亦皆古传说为怪物。[6]坟羊：雌雄未成也，一说土之精也。《淮南子》："井生坟羊"。[7]会稽：山名，今浙江绍兴县之东南，越都也。堕：音"毁"，毁也。吴破越在鲁哀公元年，与季氏得土羊之时不同，并叙者，以得骨得羊两事皆异闻也。[8]骨节专车：其骨节专载一车，言其大也。[9]致：招致也，属聚之谓。禹聚祀群神于会稽也。[10]防风：古国名，今浙江武康县，违命后至，禹故杀之。[11]言山川之神，大率即为守土之君。[12]但守社稷，无山川之祀者，公侯而已。[13]封、禺：皆山名，在今浙江武康县。[14]釐：与"僖"同，见前。[15]僬侥，僬侥氏三尺，短之至也。《列子》："从中州以东四十万里，得僬侥国，人长一尺五寸。"或谓西南蛮之别名。

桓子嬖臣曰仲梁怀，与阳虎有隙。阳虎欲逐怀，公山不狃[1]止之。其秋，怀益骄，阳虎执怀。桓子怒，阳虎因囚桓子，与盟而醳[2]之。阳虎由此益轻季氏。季氏亦僭于公室[3]，陪臣[4]执国政，是以鲁自大夫以下皆僭，离于正道。故孔子不仕，退而修《诗》《书》《礼》《乐》，弟子弥众，至自远方，莫不受业焉。

  [1]公山不狃：为季氏宰。不狃：或作"弗扰"。[2]醳：古"释"字。[3]公室：谓鲁君也。[4]陪臣：古者诸侯大夫对于天子之称。

  定公八年，公山不狃不得意于季氏，因阳虎为乱，欲废三桓之适[1]，更立其庶孽，阳虎素所善者[2]，遂执季桓子。桓子诈之，得脱。定公九年，阳虎不胜，奔于齐。是时孔子年五十。公山不狃以费[3]畔季氏，使人召孔子。孔子循道弥久，温温无所试[4]，莫能己用，曰："盖周文、武起丰、镐而王，今费虽小，傥庶几乎！"欲往。子路不悦，止孔子。孔子曰："夫召我者，岂徒哉[5]？如用我，其为东周乎[6]！"然亦卒不行。

  [1]三桓：季孙、仲孙、叔孙氏也，皆桓公之后。适：与"嫡"同。[2]庶孽：庶出之子，其人为阳虎素所善者。[3]费：音"秘"，鲁邑，今山东费县地。[4]言无所试政也。[5]言但召我岂毫无意义哉。[6]东周：谓兴周道于东方也。

  其后定公以孔子为中都宰[1]，一年，四方皆则之。由中都宰为司空，由司空为大司寇[2]。定公十年春，及齐平[3]。夏，齐大夫黎鉏言于景公曰："鲁用孔丘，其势危齐。"乃使使告鲁为好会，会于夹谷[4]。鲁定公且以乘车好往[5]。孔子摄相事，曰："臣闻有文事者必有武备，有武事者必有文备。古者诸侯出疆，必具官以从。请具左右司马[6]。"定公曰："诺。"具左右司马。会齐侯夹谷，为坛位，土阶三等[7]，以会遇之礼相见[8]，揖让而登。献酬之礼毕，齐有司趋而进曰："请奏四方之乐。"景公曰："诺。"于是旍旄羽祓[9]，矛戟剑拨[10]，鼓噪而至。孔子趋而进，历阶而登，不尽一等，举袂而言曰："吾两君为好会，夷狄之乐，何为于此！请命有司[11]！"有司却之，不去，则左右视晏子与景公。景公心怍，麾而去之。有顷，齐有司趋而进曰："请奏宫中之乐。"景公曰："诺。"优倡侏儒[12]，为戏而前。孔子趋而进，历阶而登，不尽一等，曰："匹夫而荧惑[13]诸侯者，罪当诛！请命有司！"有司加法焉，手足异处[14]。景公惧而动，知义不若[15]，归而大恐，告其群臣曰："鲁以君子之道辅其君，而子独以夷狄之道教寡人，使得罪于鲁君，为之奈何？"有司进对曰："君子有过，则谢以质；小人有过，则谢以文。君若悼之[16]，则谢以质。"于是齐侯乃归所侵鲁之郓、汶阳、龟阴之田[17]以谢过。

[1] 中都：鲁邑，在今山东汶上县之西。[2] 司寇：刑官名，或谓鲁三卿皆三桓为之。孔子当时为小司寇，云大者误也。[3] 及：与也。平：成也。谓与齐和，故云"平"。[4] 夹谷：在今山东莱芜县。[5] 谓车前简便，轻装前往，不作武备。[6] 司马：掌军旅官名。[7] 三等：三级也。[8] 会遇之礼：双方遇到简略之礼。[9] 祓：音"弗"，舞者所执，故周礼乐有祓舞。[10] 拨：音"伐"，大楯也。[11] 请命：请命令于官吏而去之也。[12] 侏儒：短小之人，古嬉戏供娱乐者。[13] 荧惑：炫惑他人心志也。[14] 手足异处：指戮优倡侏儒也。[15] 不若：有所违不顺也。[16] 悼之：怜惜也。[17] 郓：音"运"，县名，今山东郓城县。水北曰"阳"。龟：山名，今山东泗水县东北。山北曰"阴"也。

定公十三年夏，孔子言于定公曰："臣无藏甲，大夫毋百雉[1]之城。"使仲由[2]为季氏宰，将堕三都[3]。于是叔孙氏将堕郈。季氏将堕费,公山不狃、叔孙辄率费人袭鲁。公与三子[4]入于季氏之宫,登武子[5]之台。费人攻之,弗克,入及公侧[6]。孔子命申句须、乐颀下伐之,费人北。国人追之,败诸姑蔑[7]。二子奔齐,遂堕费。将堕成[8],公敛处父[9]谓孟孙曰:"堕成,齐人必至于北门。且成,孟氏之保鄣,无成,是无孟氏也。我将弗堕。"十二月,公围成,弗克。

[1] 古以高丈长丈曰"堵"。三堵曰雉。[2] 仲由:孔子弟子,字子路。[3] 三都:鲁三家之邑。[4] 三子:指季孙、孟孙、叔孙也。[5] 武子:名宿,季孙行父之子也。[6] 谓有人入及台侧也。[7] 姑蔑:春秋鲁地,今山东泗水县之东。[8] 成:今山东泗水县西北境。[9] 公敛处父:成宰也。

定公十四年,孔子年五十六,由大司寇行摄相事[1],有喜色。门人曰:"闻君子祸至不惧,福至不喜。"孔子曰:"有是言也。不曰'乐其以贵下人'乎?"于是诛鲁大夫乱政者少正卯[2]。与闻国政三月,粥羔豚者弗饰贾[3],男女行者别于途,途不拾遗,四方之客至乎邑者,不求有司,皆予之以归[4]。齐人闻而惧曰:"孔子为政必霸,霸则吾地近焉,我之为先并矣。盍致地焉?"黎鉏曰:"请先尝沮之[5]。沮之而不可,则致地,庸[6]迟乎!"于是选齐国中女子好者八十人,皆衣文衣而舞《康乐》[7],文马三十驷,遗鲁君。陈女乐文马于鲁城南高门外,季桓子微服往观再三,将受,乃语鲁君为周道游[8],往观终日,怠于政事。子路曰:"夫子可以行矣。"孔子曰:"鲁今且郊,如致膰乎[9]大夫,则吾犹可以止。"桓子卒受齐女乐,三日不听政。郊,又不致膰俎于大夫。孔子遂行,宿乎屯[10]。而师己[11]送曰:"夫子则非罪。"孔子曰:"吾歌可夫?"歌曰:"彼妇之口,可以出走;彼妇之谒,可以死败[12]。盖优哉游哉,维以卒岁[13]!"师已反,桓子曰:

"孔子亦何言？"师已以实告。桓子喟然叹曰："夫子罪我，以群婢[14]故也夫！"

[1] 孔子在鲁，定公会齐景公于夹谷之时，曾摄相事。此又摄相事，盖前是摄好会之相事，此摄国中之相事欤。[2] 孔子谓天下有大恶五：心逆而险，行僻而坚，言伪而辨，记丑而博，顺非而泽，此五者少正卯兼有之，故诛也。[3] 粥：与"鬻"同。贾：与"价"同。饰贾：谓故高其货价也。[4] 言有司供其职，不待求而予之去。[5] 阻（按：正文作"沮"。）之：设计谋阻止孔子为政也。[6] 庸：岂也。[7] 康乐：舞曲名。[8] 周道游：谓遍道游行，若不专事往观，便经高门外观之也。[9] 郊：祭天。膰：音"烦"，祭祀用熟肉。古者祭毕分祭肉。[10] 屯：地名，在鲁之南。[11] 师已：乐师名已。[12] 言妇人之口，请谒足以忧，使人死败，可出走。[13] 言将不仕，且优游以终岁月也。[14] 群婢：谓齐所遗女乐也。

孔子遂适卫，主[1]于子路妻兄颜浊邹家。卫灵公[2]问孔子居鲁得禄几何？对曰："奉粟六万。"卫人亦致粟六万[3]。居顷之，或谮孔子于卫灵公。灵公使公孙余假一出一入[4]。孔子恐获罪焉，居十月，去卫。

[1] 主：居停之主也。[2] 卫灵公：名元。[3] 六万：若六万石似太多，当时（按：疑"时""等"当为"是"。）六万斗。六万小斗，计当今二千石。[4] 以兵仗出入，护卫以示威胁。

将适陈，过匡[1]，颜刻为仆[2]，以其策[3]指之曰："昔吾入此，由彼缺也[4]。"匡人闻之，以为鲁之阳虎。阳虎尝暴匡人，匡人于是遂止孔子。孔子状类阳虎，拘焉，五日，颜渊后[5]，子曰："吾以汝为死矣。"颜渊曰："子在，回何敢死！"匡人拘孔子益急，弟子惧。孔子曰："文王既没，文不在兹乎[6]？天之将丧斯文也，后死者不得与于斯文也[7]。天之未丧斯文也[8]，匡人其如予何！"

孔子使从者为甯武子臣于卫[9],然后得去。

[1] 匡:即今河北长垣县地。[2] 仆:御车者。[3] 策:马鞭也。[4] 缺:谓墙垣破缺之处。[5] 颜渊:名回,孔子弟子。渊与孔子失散,故后至也。[6] 言文王虽没,其文存在己身也。兹:此也。孔子自谓也。[7] 天意欲丧斯文,后死者如己,不当使与知之也。[8] 言己既知斯文,即知天意不欲丧斯文也。[9] 甯武子:名俞,为卫大夫,此时甯武子已死。或谓有两武子则可,不然,俞年当有百五六十矣。此乃史公记载之疏也。

去即过蒲[1]。月余,反乎卫,主蘧伯玉[2]家。灵公夫人有南子者,使人谓孔子曰:"四方之君子,不辱,欲与寡君为兄弟者,必见寡小君[3]。寡小君愿见。"孔子辞谢,不得已而见之。夫人在绤帷[4]中。孔子入门,北面稽首。夫人自帷中再拜,环珮玉声璆然[5]。孔子曰:"吾乡为弗见,见之,礼答焉[6]。"子路不悦。孔子矢之[7]曰:"予所不者,天厌之!天厌之[8]!"居卫月余,灵公与夫人同车,宦者雍渠参乘[9],出,使孔子为次乘[10],招摇市过之[11]。孔子曰:"吾未见好德如好色者也。"于是丑之,去卫,过曹。是岁,鲁定公卒。

[1] 蒲:即蒲乡,今河北长垣县。[2] 蘧伯玉:名瑗,卫贤大夫。[3] 寡小君:国君夫人自称之辞。言四方之君子,不以为辱,欲与寡君相交结者,必来见我也。[4] 绤:音"耻",平声,细葛布也。绤帷:帷之以绤制之也。[5] 璆:音"求"。璆然:玉声也。[6] 乡:与"向"同。下见:同"现",言不作相见礼,只现而答之。[7] 矢:誓也。[8] 不:与可否之"否"通。谓我之见南子,为求行道起见,所不为此去见之,愿天厌弃之。[9] 参乘:古时乘车在车右之人,亦作陪乘。[10] 次乘:陪从而坐,别一车之人也。[11] 招摇:意态扬扬貌,言招摇过市也。

孔子去曹适宋,与弟子习礼大树下。宋司马桓魋[1]欲杀孔子,拔其树。孔子去。弟子曰:"可以速矣[2]。"孔子曰:"天生德于予[3],桓魋其如予何!"

[1]魋:音"颓"。[2]恐为魋追及,急促速行也。[3]言天赋我也以德。

孔子适郑,与弟子相失,孔子独立郭东门。郑人或谓子贡曰:"东门有人,其颡似尧,其项类皋陶[1],其肩类子产[2],然自要[3]以下,不及禹三寸。累累[4]若丧家之狗。"子贡以实告孔子。孔子欣然笑曰:"形状末也,而似丧家之狗,然哉!然哉[5]!"

[1]皋陶:舜时狱官。[2]子产:郑大夫,名侨,博学多闻而长于政治。[3]要:与"腰"同。[4]累累:失志貌。[5]言描摹得其神彩也。

孔子遂至陈,主于司城贞子[1]家。岁余,吴王夫差伐陈,取三邑而去。赵鞅伐朝歌[2]。楚围蔡,蔡迁于吴。吴败越王勾践会稽。有隼[3]集于陈廷而死,楛矢[4]贯之,石砮[5],矢长尺有咫[6]。陈湣公[7]使使问仲尼。仲尼曰:"隼来远矣,此肃慎[8]之矢也。昔武王克商,通道九夷百蛮[9],使各以其方贿[10]来贡,使无忘职业。于是肃慎贡楛矢、石砮,长尺有咫。先王欲昭其令德[11],以肃慎矢分大姬[12],配虞胡公[13]而封诸陈。分同姓以珍玉展[14]亲。分异姓以远方职,使无忘服[15]。故分陈以肃慎矢。"试求之故府[16],果得之。

[1]司城:官名。司城贞子:即陈卿。[2]朝歌:卫地,今河南淇县。[3]隼:鹰类中之最小者。[4]楛:音"户",木名。可为矢干。[5]砮:音"弩",矢镞也。[6]咫:八寸也。[7]陈湣公:名周,或谓名越。[8]肃慎:古国名,今吉林及俄属东海滨省之地。[9]九夷百蛮:指各种之蛮夷也。[10]方贿:本地所产之货物也。[11]欲光昭能服远方之美德。[12]大姬:大读如"太",武王长女也。[13]胡公:名满,陈始封君,为虞舜之后,故称"虞胡公"。

[14] 展：厚也，言以厚亲谊也。[15] 职：职贡。服：谓所服之事也。[16] 故府：陈藏物旧府也。

孔子居陈三岁，会晋、楚争强，更伐陈，及吴侵陈，陈常被寇。孔子曰："归与归与！吾党之小子狂简[1]，进取不忘其初。"于是孔子去陈。

[1] 狂：进取。简：大也。孔子谓乡党中小子辈只图进取大道，妄作穿凿之理也。

过蒲，会公叔氏以蒲畔，蒲人止孔子。弟子有公良孺者，以私车五乘从孔子。其为人长贤，有勇力，谓曰："吾昔从夫子遇难于匡，今又遇难于此，命也已。吾与夫子再罹难，宁斗而死。"斗甚疾。蒲人惧，谓孔子曰："苟毋适卫，吾出子。"与之盟，出孔子东门。孔子遂适卫。子贡[1]曰："盟可负邪？"孔子曰："要盟[2]也，神不听。"卫灵公闻孔子来，喜，郊迎。问曰："蒲可伐乎？"对曰："可。"灵公曰："吾大夫以为不可。今蒲，卫之所以待晋、楚也[3]，以卫伐之，无乃不可乎？"孔子曰："其男子有死之志[4]，妇人有保西河之志[5]。吾所伐者不过四五人[6]。"灵公曰："善。"然不伐蒲。灵公老，怠于政，不用孔子。孔子喟然叹曰："苟有用我者，期月而已[7]，三年有成。"孔子行。

[1] 子贡：孔子弟子，姓端木，名赐。[2] 要盟：谓胁盟，非自愿也。[3] 待：藉其掩蔽御敌也。蒲在卫西，晋楚之兵，自西东向，须先至蒲，后及卫也。[4] 公叔氏欲以蒲适他国，其男子欲死于蒲，不乐他适也。[5] 西河属卫，非战国魏西河也。言其妇人欲守西河，无战意也。[6] 言与公叔氏同叛之四五人也。[7] 期月：一年也。

佛肸[1]为中牟宰[2]。赵简子攻范、中行，伐中牟[3]。佛肸畔，使人召孔子。孔子欲往。子路曰："由闻诸夫子，'其身亲为不善者，君子不入也[4]'。今佛肸亲以中牟畔,子欲往,如之何?"孔子曰:"有是言也。不曰坚乎,磨而不磷;不曰白乎,涅而不淄[5]。我岂匏瓜也哉,焉能系而不食[6]?"

[1]佛:读"弼"。佛肸:晋大夫,为赵简子之邑宰。[2]中牟:在今河南汤阴县地。[3]赵简子:即赵鞅。[4]言不当入其境也。[5]磷:薄也。涅:以黑染物。淄:黑色也。谓坚者磨之不薄,白者染之不黑,喻君子虽入不善之境,亦不为所污也。[6]匏瓜:瓢也。言匏瓜系一处,不须得食,人岂能系一处不食哉。

孔子击磬。有荷蒉[1]而过门者,曰:"有心哉,击磬乎!硁硁[2]乎,莫己知也夫。而已矣!"

[1]荷:担也。蒉:草器也。[2]坚执貌,喻磬声。

孔子学鼓琴师襄子,十日不进[1]。师襄子曰:"可以益矣。"孔子曰:"丘已习其曲矣,未得其数[2]也。"有间,曰:"已习其数,可以益矣。"孔子曰:"丘未得其志[3]也。"有间,曰:"已习其志,可以益矣。"孔子曰:"丘未得其为人[4]也。"有间,曰:"有所穆然深思焉,有所怡然高望而远志焉[5]。"曰:"丘得其为人,黯然而黑,几然而长[6],眼如望羊[7],心如王四国[8],非文王其谁能为此也!"师襄子辟席再拜曰:"师盖云《文王操》也[9]。"

[1]无进益曰"不进"。[2]谓声音节奏之数。[3]志谓乐曲之旨趣。[4]指作曲者之为人也。[5]师襄子从声音中知孔子有所穆然深思,想见作曲者之为人矣。[6]几:与"颀"声近,故通。颀然:长貌。[7]眼远视曰"望羊"。[8]孔子想像中之作曲者,如上数语也。[9]琴曲曰"操"。

孔子既不得用于卫,将西见赵简子。至于河而闻窦鸣犊、舜华之死也,临河而叹曰:"美哉水,洋洋乎!丘之不济此,命也夫!"子贡趋而进曰:"敢问何谓也?"孔子曰:"窦鸣犊、舜华,晋之贤大夫也。赵简子未得志之时，须此两人而后从政。及其已得志，杀之乃从政。丘闻之也，刳胎杀夭[1]，则麒麟不至郊[2]。竭泽涸渔[3]，则蛟龙[4]不合阴阳。覆巢毁卵，则凤皇[5]不翔。何则？君子讳伤其类也。夫鸟兽之于不义也，尚知辟之，而况乎丘哉！"乃还，息乎陬乡，作为《陬操》[6]以哀之。而反乎卫，入主蘧伯玉家。

[1] 物之稚者曰"夭"。[2] 麒麟为仁兽。刳胎杀夭：不仁之至，故不至其郊野也。[3] 竭泽之鱼曰"涸渔"。[4] 蛟龙能兴云致雨，调合阴阳之气。[5] 凤皇是瑞鸟。覆巢毁卵：即不翔集也。[6] 陬操：琴曲名也。

他日，灵公问兵陈[1]。孔子曰："俎豆之事，则尝闻之。军旅之事，未之学也。"明日，与孔子语，见蜚雁，仰视之，色不在孔子。孔子遂行，复如陈。

[1] 兵陈：行军列陈之法也。

夏[1]，卫灵公卒，立孙辄[2]，是为卫出公。六月，赵鞅内太子蒯聩于戚[3]。阳虎[4]使太子绖[5]，八人衰绖[6]，伪自卫迎者，哭而入[7]，遂居焉。冬，蔡迁于州来[8]。

[1] 夏：鲁哀公二年之夏也。[2] 灵公卒，孙立，即蒯聩子辄。[3] 内：与"纳"同。戚：卫邑也。[4] 阳虎被逐于鲁，奔齐，齐不容，又奔晋，适赵氏。[5] 绖：音"问"，丧时之服。[6] 衰绖：丧服。[7] 谓入于戚也。[8] 畏楚迁州来，地在今安徽凤台县。

是岁鲁哀公三年，而孔子年六十矣。齐助卫围戚，以卫太子蒯聩在故也[1]。

[1] 此为鲁哀公三年春间之事也。

夏，鲁桓、釐庙燔[1]，南宫敬叔救火。孔子在陈，闻之，曰："灾必于桓、釐庙乎[2]？"已而果然。

[1]鼇：与"僖"同。燔：焚也。言桓公及鼇公之庙均被火也。[2]桓、鼇庙当毁，鲁祀之，非礼也。故孔子闻鲁人哭，知为桓、鼇之庙也。

秋，季桓子病，辇[1]而见鲁城，喟然叹曰："昔此国几兴矣，以吾获罪于孔子，故不兴也。"顾谓其嗣康子[2]曰："我即死，若必相鲁；相鲁，必召仲尼。"后数日，桓子卒，康子代立。已葬，欲召孔子。公之鱼曰："昔吾先君用之不终，终为诸侯笑。今又用之，不能终，是再为诸侯笑。"康子曰："则谁召而可？"曰："必召冉求[3]。"于是使使召冉求。冉求将行，孔子曰："鲁人召求，非小用之，将大用之也。"是日，孔子曰："归乎归乎！吾党之小子狂简，斐然成章，吾不知所以裁之[4]。"子贡知孔子思归，送冉求，因诫曰"即用，以孔子为招云"。

[1]谓乘辇而出也。[2]康子：名肥。[3]冉求：孔子弟子。[4]小子进取大道，妄事穿凿，亦斐然成文章，吾不知所以裁制之理。

冉求既去，明年[1]，孔子自陈迁于蔡。蔡昭公[2]将如吴，吴召之也。前昭公欺其臣迁州来，后将往，大夫惧复迁，公孙翩[3]射杀昭公。楚侵蔡。

[1]此明年谓鲁哀公四年也。[2]蔡昭公：名申。[3]公孙翩：蔡大夫。

秋[1]，齐景公卒。明年[2]，孔子自蔡如叶[3]。叶公[4]问政，孔子曰："政在来远附迩[5]。"他日，叶公问孔子于子路[6]，子路不对[7]。孔子闻之曰："由，尔何不对曰'其为人也，学道不倦，诲人不厌，发愤忘食，乐以忘忧，不知老之将至'云尔。"

[1]时在鲁哀公五年之秋也。[2]此明年鲁哀公之六年也。[3]叶：音"摄"，楚邑，今河南叶县地。[4]叶公：姓沈，名诸梁，字子高，为楚大夫食采于叶，后僭称公。[5]谓远者来迩者附也。[6]以孔子平日之为人问于子路也。[7]不对：谓不知所以对也。

去叶,反于蔡。长沮、桀溺耦而耕[1],孔子以为隐者,使子路问津[2]焉。长沮曰:"彼执舆者[3]为谁?"子路曰:"为孔丘。"曰:"是鲁孔丘与?"曰:"然。"曰:"是知津矣。[4]"桀溺谓子路曰:"子为谁?"曰:"为仲由。"曰:"子,孔丘之徒与?"曰:"然。"桀溺曰:"悠悠[5]者,天下皆是也,而谁以易之[6]?且与其从辟人之士,岂若从辟世之士哉[7]!"耰而不辍[8]。子路以告孔子,孔子怃然[9]曰:"鸟兽不可与同群[10]。天下有道,丘不与易也[11]。"他日,子路行,遇荷蓧丈人[12],曰:"子见夫子乎?"丈人曰:"四体不勤,五谷不分[13],孰为夫子[14]!"植其杖而芸[15]。子路以告,孔子曰:"隐者也。"复往,则亡[16]。

[1]耦耕:谓二人并耜而耕也。[2]济渡之处曰"津"。[3]在车执辔之人曰"执舆者"。[4]谓周流各地,宜知济渡之处矣。[5]周流貌。[6]天下皆无道,谁能易之为有道也。[7]辟:与"避"同。谓士之避无道,欲择人事之者,孔子是也。士之舍弃世务不问者,沮、溺是也。[8]耰:音"幼",播种后,以土覆之,亦不告以渡津之处也。[9]怃然:有所失意也。[10]不欲避世而去避世,则与鸟兽同群矣。[11]言天下有道,己皆不与易也。[12]蓧:音"条"。草器。一说,芸田器。丈人:老人也。[13]二语责子路不事劳作也。[14]谓谁为夫子也。[15]芸:去草也。[16]子路复至其家,丈人已出外不在也。

孔子迁于蔡三岁[1],吴伐陈。楚救陈,军于城父[2]。闻孔子在陈、蔡之间,楚使人聘孔子。孔子将往拜礼,陈、蔡大夫谋曰:"孔子贤者,所刺讥皆中诸侯之疾。今日久留陈、蔡之间,诸大夫所设行,皆非仲尼之意。今楚大国也,来聘孔子。孔子用于楚,则陈、蔡用事大夫危矣。"于是乃相与发徒役围孔子于野。不得行,绝粮。从者病,莫能兴。孔子讲诵弦歌不衰。子路愠见曰:

"君子亦有穷乎？"孔子曰："君子固穷，小人穷斯滥矣[3]。"子贡色作[4]。孔子曰："赐，尔以予为多学而识之者与[5]？"曰："然。非与？"孔子曰："非也。予一以贯之[6]。"孔子知弟子有愠心，乃召子路而问曰："《诗》云：'匪兕匪虎，率彼旷野[7]。'吾道非邪？吾何为于此？"子路曰："意者吾未仁邪？人之不我信也[8]。意者吾未知邪？人之不我行也[9]。"孔子曰："有是乎！由，譬使仁者而必信，安有伯夷、叔齐？使智者而必行，安有王子比干[10]？"子路出，子贡入见。孔子曰："赐，《诗》云：'匪兕匪虎，率彼旷野。'吾道非邪？吾何为于此？"子贡曰："夫子之道至大也，故天下莫能容夫子。夫子盍少贬焉[11]？"孔子曰："赐，良农能稼，而不能为穑[12]，良工能巧，而不能为顺。君子能修其道，纲而纪之，统而理之，而不能为容[13]。今尔不修尔道而求为容。赐，而志不远矣！"子贡出，颜回入见。孔子曰："回，《诗》云：'匪兕匪虎，率彼旷野。'吾道非邪？吾何为于此？"颜回曰："夫子之道至大，故天下莫能容。虽然，夫子推而行之，不容何病，不容然后见君子！夫道之不修也，是吾丑也。夫道既已大修而不用，是有国者之丑也。不容何病，不容然后见君子！"孔子欣然而笑曰："有是哉，颜氏之子！使尔多财，吾为尔宰[14]。"于是使子贡至楚。楚昭王兴师迎孔子，然后得免。

[1]迁蔡即哀公四年，非去叶后反蔡也。城父：哀公六年事也。[2]城父：地名，今河南宝丰县。[3]君子固有穷时，小人遇穷，则滥溢为非矣。[4]感孔子之言而色为之变也。[5]孔子问子贡，修养工夫，尔以予由多学而识之乎？识：与"誌"同。[6]非由多学而识之，道皆一贯，能守其一，则百善兼备矣。[7]诗盖为征夫之怨辞，二语谓己非属兽类，如兕与虎，循彼旷野，不得宁息。[8]人不我信，未能尽仁之道也。[9]人不使我通行，

未能全智也。[10] 比干：殷纣诸父，谏纣被杀也。[11] 言夫子何不少事迁就也。[12] 稼：种谷也。穑：收谷也。善种未必即能收获也。[13] 容谓逢迎人以求苟容也。[14] 宰：主财也。

昭王将以书社地七百里封孔子[1]。楚令尹子西[2]曰："王之使使诸侯，有如子贡者乎？"曰："无有。""王之辅相有如颜回者乎？"曰："无有。""王之将率[3]有如子路者乎？"曰："无有。""王之官尹有如宰予者乎[4]？"曰："无有。""且楚之祖封于周[5]，号为子、男[6]，五十里[7]。今孔丘述三王之法，明周、召之业，王若用之，则楚安得世世堂堂方数千里乎[8]？夫文王在丰，武王在镐，百里之君，卒王天下。今孔丘得据土壤，贤弟子为佐，非楚之福也。"昭公乃止。其秋，楚昭王卒于城父。楚狂接舆[9]歌而过孔子，曰："凤兮凤兮，何德之衰[10]！往者不可谏兮[11]，来者犹可追也[12]！已而已而，今之从政者殆而[13]！"孔子下，欲与之言。趋而去，弗得与之言。于是孔子自楚反乎卫。是岁也，孔子年六十三，而鲁哀公六年也。

[1] 上古二十五家为里，里各立社，书其社之人名于籍。盖以七百里书社之人封孔子也。[2] 子西：昭王兄公子申，嗣囊瓦为令尹。[3] 率：同"帅"。[4] 宰予：孔子弟子。[5] 受封于周也。[6] 子、男：楚爵列于子、男之等也。[7] 子、男封地五十里。[8] 楚僭越有方数千里，王若用孔丘修行古道，楚不得有如许地方也。[9] 楚狂接舆：楚之狂人名接舆者。[10] 以凤比孔子，言凤不待圣君而出，喻今孔子周流求用，凤德衰矣。[11] 谏：戒止。已往之事不复戒止也。[12] 追：及也。谓未来之日隐居避世，犹可及也。[13] 已而：犹言"休矣"。殆：危也。

孔子曰："鲁、卫之政，兄弟也[1]。"是时，卫君辄父不得立，在外，诸侯数以为让[2]。而孔子弟子多仕于卫，卫君欲得孔子为政。子路曰:"卫君待子而为政,子将奚先[3]?"孔子曰:"必也正名[4]乎!"子路曰:"有是哉,子之迂也[5]!何其正也?"孔子曰:"野[6]哉由也!夫名不正,则言不顺;言不顺,则事不成;事不成,则礼乐不兴;礼乐不兴,则刑罚不中;刑罚不中,则民无所措手足矣。夫君子为之必可名[7],言之必可行[8]。君子于其言,无所苟而已矣。"

[1]谓鲁卫之政,双方相似也。[2]让:指责卫也。[3]谓政事之先著手者。[4]事物之名义也。[5]迂:远也。谓孔子之旨远于事也。[6]野:鄙陋不通也。[7]言必可得称名也。[8]言必可得而遵行也。

其明年,冉有为季氏将师,与齐战于郎[1],克之。季康子曰:"子之于军旅,学之乎?性之[2]乎?"冉有曰:"学之于孔子。"季康子曰:"孔子何如人哉?"对曰:"用之有名,播之百姓,质诸鬼神而无憾。求之至于此道,虽累千社,夫子不利也[3]。"康子曰:"我欲召之,可乎?"对曰:"欲召之,则毋以小人固之[4],则可矣。"而卫孔文子将攻太叔[5],问策于仲尼。仲尼辞不知[6],退而命载而行,曰:"鸟能择木,木岂能择鸟乎[7]!"文子固止[8]。会季康子逐公华、公宾、公林,以币迎孔子,孔子归鲁。孔子之去鲁,凡十四岁而反乎鲁。

[1]郎:地名,在今山东滋阳县。[2]性之:谓生而能之,不待学习也。[3]二十五家为里,里各立社。千社:极言封地之多。不利:言夫子不以利而贪之也。[4]固之:闭塞也。[5]孔文子:卫大夫,名圉。太叔:名疾。疾娶宋子朝,妻娣嬖。子朝以罪出奔,圉使疾出其妻妻之,疾仍诱纳其初妻娣,另居之,如二妻。圉怒,攻之,疾乃奔宋。[6]《左传》载仲尼辞曰:"胡簋之事,则尝学之矣。甲兵之事,未之闻也。"[7]以鸟自喻,以木喻国。[8]固止孔子勿行也。

鲁哀公问政，对曰："政在选臣。"季康子问政，曰："举直错诸枉[1]，则枉者直[2]。"康子患盗，孔子曰："苟子之不欲[3]，虽赏之不窃[4]。"然鲁终不能用孔子，孔子亦不求仕。

[1] 则：应联下为句。[2] 言举用正直之人，废置邪枉之人也。[3] 不多贪欲也。[4] 执政者苟不多欲，虽悬赏令民为盗，民亦不为也。

孔子之时，周室微而礼乐废，《诗》、《书》缺。追迹三代之礼，序《书传》，上纪唐虞之际，下至秦缪，编次其事[1]。曰："夏礼吾能言之，杞不足征也。殷礼吾能言之，宋不足征也[2]。足，则吾能征之矣[3]。"观殷、夏所损益[4]，曰："后虽百世可知也[5]，以一文一质[6]。周监二代[7]，郁郁[8]乎文哉。吾从周[9]。"故《书传》、《礼记》自孔氏[10]。孔子语鲁太师[11]："乐其可知也。始作翕如[12]，纵之[13]，纯如[14]，皦如[15]，绎如[16]也，以成。""吾自卫反鲁，然后乐正，《雅》、《颂》各得其所[17]。"古者诗三千余篇，及至孔子，去其重，取可施于礼义，上采契、后稷[18]，中述殷、周之盛，至幽、厉之缺，始于衽席[19]，故曰《关雎》之乱以为《风》始[20]，《鹿鸣》为《小雅》始[21]，《文王》为《大雅》始[22]，《清庙》为《颂》始[23]。三百五篇[24]，孔子皆弦歌之，以求合《韶》、《武》、《雅》、《颂》之音[25]。礼乐自此可得而述，以备王道，成六艺[26]。孔子晚而喜《易》，序《彖》、《系》、《象》、《说卦》、《文言》[27]。读《易》，韦编三绝[28]。曰："假我数年，若是，我于《易》则彬彬矣[29]。"

[1] 书：序《书传》自孔子将书删定后，每篇作一序目。《十三经注疏·尚书》：每篇之首皆有之，宋人谓此序自非出孔子所作也。[2] 杞、宋二国，夏、殷之后。征：成也。夫子自称夏殷之礼均能言之，惟杞、宋之君暗弱，不足成之也。[3] 按：《论语》句上尚有"文献不足故也"句，则此足字，当

指文献言。[4] 损益：指礼言。[5] 损益之道，有常轨可寻，虽百世之后，可豫知也。[6] 一文一质，递相演变。[7] 监：视也。二代：夏、商也。[8] 郁郁：文盛貌。[9] 此言礼。[10] 六经在旨，皆掌于官府，民间不得见，自孔子以教弟子，始得散布。以上结《书》、《礼》。[11] 太师：乐官。[12] 翕如：状盛也。[13] 纵之：放尽其声也。[14] 纯如：状谐和也。[15] 皦如：状音节明也。[16] 绎如：状声音不绝也。[17] 雅颂之乐，均得其正也。[18] 契：商始祖。后稷：周始祖。[19] 衽席：家庭闺房内室也。孔子谓诗具化俗之用。其化自近及远，由家庭及天下，故曰始于衽席也。[20]《关雎》：《诗·国风》首篇也。乱：理也。《关雎》咏后妃之德，其意风天下正夫妇，列之于首。即始衽席之谓也。[21]《鹿鸣》：《诗·小雅》之首篇。宴群臣嘉宾之诗也。[22]《文王》：《诗·大雅》之首篇，文王受命作周也。[23]《清庙》：《诗·颂》之首篇，祀文王也。[24]《诗》之总数，凡三百五篇。[25] 韶：舜之乐。武：武王之乐。合音：言声音之道能通古之乐也。[26] 六艺：谓礼、乐、射、御、书、数。[27] 古传孔子赞《易》，作十翼。即序卦、上象、下象、上系、下系、上象、下象、说卦、文言、杂卦也。序卦：序诸卦相次之义也。象辞：统论一卦之义。或说其卦德，或说其卦义，或说其卦名。系辞：统论《易》义。象辞：释卦象。说卦：陈说八卦变化，法象之为也。文言：释乾坤二卦，经文之言。[28] 韦：皮也。可以编竹简，以其翻阅之勤，故称三绝也。[29] 彬彬：文质具备也。

孔子以《诗》、《书》、《礼》、《乐》教，弟子盖三千焉，身通六艺[1]者七十有二人。如颜浊邹之徒，颇受业者甚众。孔子以四教：文行忠信[2]。绝四：毋意，毋必，毋固，毋我[3]。所慎：齐[4]，战疾。子罕言利与命与仁[5]。不愤不启[6]，举一隅[7]不以三隅反，则弗复也。其于乡党，恂恂[8]似不能言者。其于宗庙朝廷，辩辩言[9]，唯谨尔。朝，与上大夫言，訚訚如也[10]；与下大夫言，侃侃如也[11]。入公门，鞠躬如也；趋进，翼如也[12]。君召使傧[13]，色勃如也[14]。君命召，不俟驾行矣。鱼馁[15]，肉败，割不正[16]，不食。席不正，不坐。食于有丧者之侧，未尝饱也。是日哭，则不歌。见齐衰瞽者，虽童子必变[17]。"三人行，必得我师。""德之不修，学之不讲，闻义不能徙，不善不能改，是吾忧也。"使人歌，善则使复之[18]，然后和之。子不语怪、力、乱、神。子贡曰："夫子之文章，可得闻也。夫子言天道与性命，弗可得闻也已。"颜渊喟然叹曰："仰之弥高，钻之弥坚[19]。瞻之在前，忽焉在后[20]。夫子循循然，善诱人[21]，博我以文，约我以礼，欲罢不能。既竭我才[22]，如有所立，卓尔。虽欲从之，蔑由也已[23]。"达[24]巷党人童子曰："大哉孔子，博学而无所成名[25]。"子闻之曰："我何执？执御乎？执射乎？我执御矣[26]。"牢[27]曰："子云'不试[28]故艺'。"

[1]《诗》、《书》、《礼》、《易》、《乐》、《春秋》，谓之六艺。[2] 孔子以四者教人也。[3] 绝去四者：自任己意，行藏专执，坚固其行，我自立异于人也。[4] 齐：与"斋"同。[5] 谓希言此三者也。[6] 孔子教人，必待人心愤切，然后启发，否则不为启发也。[7] 举其一，可以推知其三。受教者苟不能以一反三，如此孔子不重教也。[8] 恂恂：温恭诚实貌。[9] 辩辩：谓言之详尽。[10] 訚：音"银"。訚訚：和悦也。[11] 侃侃：和乐正直貌。[12] 翼：端正貌。[13] 使傧：使接待宾客。[14] 勃：变色，庄敬也。[15] 馁：弩磊切，鱼败也。[16] 割不正：谓割牲不中礼法也。[17] 变色表同情也。[18] 复：重歌也。[19] 之：指夫子之道。仰而求之，则益崇高；钻研求之，则益坚刚。[20] 恍惚难把捉也。[21] 循循：有次序也。诱：引导也。[22] 博我、约我：使我欲罢不能自已，而竭尽我才也。[23] 孔子有所创立，

又卓然绝异，虽后从之，无由及也。[24] 达巷：党名。古者五百家为党。[25] 言不能以一偏之名名之也。[26] 孔子言己欲有所执。执御：取六艺之卑者，盖以见己无所成名，谦辞也。[27] 牢：孔子弟子，琴牢也。[28] 试：用也。孔子自言不能被用于时，故多技艺也。

鲁哀公十四年春，狩大野。叔孙氏车子锄商获兽，以为不祥。仲尼视之，曰："麟也。"取之[1]。曰："河不出图，洛不出书[2]，吾已矣夫[3]！"颜渊死，孔子曰："天丧予！"及西狩见麟，曰："吾道穷[4]矣！"喟然叹曰："莫知我夫！"子贡曰："何为莫知子？"子曰："不怨天，不尤人[5]，下学而上达[6]，知我者其天乎！""不降其志，不辱其身，伯夷、叔齐乎！"谓"柳下惠、少连降志辱身[7]矣"。谓"虞仲、夷逸[8]隐居放言[9]，行中清，废中权[10]。我则异于是，无可无不可。"子曰："弗乎弗[11]乎，君子病没世而名不称焉。吾道不行矣，吾何以自见于后世哉？"乃因史记[12]作《春秋》，上至隐公，下讫哀公十四年，十二公[13]。据鲁亲周[14]，故殷运之三代[15]。约其文辞而指[16]博。故吴、楚之君自称"王"，而《春秋》贬之曰"子"。践土之会实召周天子，而《春秋》讳之曰"天王狩于河阳[17]"。推此类以绳当世。贬损之义，后有王者，举而开之[18]。《春秋》之义行，则天下乱臣贼子惧焉。孔子在位，听讼文辞，有可与人共者[19]，弗独有也。至于为《春秋》，笔则笔，削则削[20]，子夏之徒不能赞一辞。弟子受《春秋》，孔子曰："后世知丘者以《春秋》，而罪丘者亦以《春秋》。"

[1] 为鲁人取之也。[2] 伏羲王天下，龙马负图出于河，遂则之以画卦。大禹治水，龟负文列背，有数至九。禹遂而第之，以成九畴。此所谓河图洛书也。[3] 圣人受命，有图书之瑞。今则无之，世可知矣。[4] 麟为仁兽，今亦见获，吾道之不行可知矣。[5] 尤：恨也。[6] 谓下学人事，

上达天命也。[7] 柳下惠：鲁大夫。少连：又名季连，芈姓，东夷人。二人仕乱朝，故谓降志辱身也。[8] 虞仲：太王次子，因避君位潜逃。夷逸：周时逸民也。[9] 放置言语，不复言世务也。[10] 言二人之行合于纯洁之义，其以自废不见用于世，合于权义也。[11] 不可也：其重言之，盖自己警戒之辞也。[12] 乃作鲁之史记。[13] 隐、桓、庄、闵、僖、文、宣、成、襄、昭、定、哀十二公也。[14] 以鲁史为主。亲周：周室虽微，当亲尊也。[15] 言又中运夏、殷、周三代之事也。[16] 指意义也。[17] 践土：春秋时郑地，今河南荥泽县。僖公二十八年，晋文公召王，仲尼以臣召君，不可以训。故《书》曰："天王狩于河阳。"因非其地，以明德也。河阳：故城今河南孟县境。[18] 开：言启发也。[19] 共：谓共同参酌也。[20] 笔：记载。削：删弃也。

明岁，子路死于卫。孔子病，子贡请见。孔子方负杖逍遥[1]于门，曰："赐，汝来何其晚也？"孔子因叹，歌曰："太山坏乎！梁木摧乎！哲人萎[2]乎！"因以涕下。谓子贡曰："天下无道久矣，莫能宗予。夏人殡于东阶，周人于西阶，殷人两柱间[3]。昨暮予梦坐奠两柱之间[4]，予殆殷人也。"后七日卒。孔子年七十三，以鲁哀公十六年四月己丑卒。哀公诔[5]之曰："旻天不吊[6]，不慭遗一老[7]，俾屏余一人以在位，茕茕[8]余在疚。呜呼哀哉！尼父[9]，毋自律[10]！"子贡曰："君其不没于鲁乎！夫子之言曰：'礼失则昏，名失则愆[11]'，失志为昏，失所[12]为愆。生不能用，死而诔之，非礼也。称'余一人[13]'，非名也。"

[1] 负杖：曳杖也。逍遥：神态欢乐也。[2] 萎：病也。太山，众山所仰。梁木：众木所依，喻哲人为众人所宗。今太山坏，梁木摧，喻哲人之病也。[3] 言三代停柩之制也。[4] 言梦坐两柱间馈食也。[5] 诔：为叙述死者德行之文。[6] 旻天：指天。吊：善也。[7] 慭：音"佞"，且也。一老：

指孔子也。[8] 忧思，患病也。[9] 尼：因其字之谐。父：丈夫美称也。[10] 毋以自为法也。[11] 怨：过恶也。[12] 失当也。[13] 此天子自称，非诸侯所当名也。

孔子葬鲁城北泗上，弟子皆服三年。三年心丧[1]毕，相诀[2]而去，则哭，各复尽哀。或复留。唯子贡庐于冢上，凡六年，然后去。弟子及鲁人往从冢而家者百有余室，因命曰孔里。鲁世世相传，以岁时奉祠孔子冢，而诸儒亦讲礼、乡饮[3]、大射[4]于孔子冢。孔子冢大一顷。故弟子所居堂内，后世因庙，藏孔子衣、冠、琴、车、书[5]，至于汉二百余年不绝。高皇帝过鲁，以太牢[6]祠焉。诸侯卿相至，常先谒，然后从政。

[1] 古礼师丧无服，故曰"心丧"。[2] 决：别也。[3] 乡饮：古礼。古者乡学三年业成，考其德行，察其道艺，兴其贤能，以升于君。升之时，卿大夫为主人，与之饮酒。[4] 大射：亦古礼。古者诸侯有祭事，与群臣射以观礼。数中者得与祭，不数中者不得与祭也。[5] 故弟子所居堂内地，后世以为庙，藏孔子衣、冠、琴、车、书之所也。[6] 牛羊豕三牲曰"太牢"也。

孔子生鲤，字伯鱼。伯鱼年五十，先孔子死。伯鱼生伋，字子思，年六十二。尝困于宋。子思作《中庸》[1]。子思生白，字子上，年四十七。子上生求，字子家，年四十五。子家生箕，字子京，年四十六。子京生穿，字子高，年五十一。子高生子慎，年五十七，尝为魏相。子慎生鲋，年五十七，为陈王涉[2]博士，死于陈下。鲋弟子襄，年五十七。尝为孝惠皇帝博士，迁为长沙太守。长九尺六寸。子襄生忠，年五十七。忠生武，武生延年及安国。安国为今皇帝博士，至临淮太守，蚤卒。安国生卬，卬生驩。

[1]《中庸》：书名，《礼记》中之一篇。[2] 见《陈涉世家》。

太史公曰：《诗》有之："高山仰止，景行行止[1]。"虽不能至，然心乡往之[2]。余读孔氏书，想见其为人。适鲁，观仲尼庙堂，车服礼器，诸生以时习礼其家，余低回留之不能去云。天下君王至于贤人众矣，当时则荣，没则已焉。孔子布衣，传十余世，学者宗之。自天子王侯，中国言六艺者，折中于夫子[3]，可谓至圣矣！

[1]《小雅·车舝》之词。景行：高明之德行。言宗仰高山，必践景行之路也。[2]乡：与"向"同，极言心颇望能达此境也。[3]言凡过与不及，皆取断于夫子而得其中也。

梁孝王世家

梁王之初王梁，孝文帝之十二年也。梁王自初王，通历已十一年矣[1]。梁王十四年，入朝。十七年，十八年，比年入朝，留其明年，乃之国。二十一年入朝，二十二年孝文帝崩。二十四年入朝，二十五年复入朝。是时上未置太子也。上与梁王燕饮，尝从容言曰："千秋万岁后传于王。"王辞谢。虽知非至言，然心内喜。太后亦然。其春，吴楚齐赵七国反。吴楚先击梁棘壁[2]，杀数万人。梁孝王城守睢阳[3]，而使韩安国[4]、张羽[5]等为大将军，以距吴楚。吴楚以梁为限，不敢过而西，与太尉亚夫[6]等相距。三月，吴楚破，而梁所破杀虏，略与汉中分[7]。

[1]谓梁王自文帝二年初封代，后徙淮阳，又徙梁，通数文帝二年至十二年徙梁，为十一年也。[2]在今河南宁陵县西南。[3]故城在今河南商丘县南。[4]汉睢阳人，字长孺，累官御史大夫，徙材官将军。[5]汉文帝将。[6]周勃子，见《汉文帝细柳劳军》篇注。[7]言梁所虏吴楚之众，略与汉等。

明年，汉立太子。其后梁最亲，有功，又为大国，居天下膏腴地[1]。地北界泰山[2]，西至高阳[3]，四十余城，皆多大县。孝王，窦太后[4]少子也，爱之，赏赐不可胜道。于是孝王筑东苑[5]，方三百余里。广睢阳城七十里。大治宫室，为复道[6]，自宫连属于平台[7]三十余里。得赐天子旌旗，出从千乘万骑。东西驰猎，拟于天子。出言跸，入言警[8]。招延四方豪杰，自山以东游说之士。莫不毕至，齐人羊胜、公孙诡、邹阳之属。公孙诡多奇邪计，初见王，赐千金，官至中尉，梁号之曰"公孙将军"，梁多作兵器弩弓矛数十万，而府库金钱，且百巨万，珠玉宝器，多于京师。二十九年十月，梁孝王入朝。景帝使使持节，乘舆驷马，迎梁王于阙下[9]。既朝，上疏，因留，以太后亲故。王入则侍景帝同辇，出则同车游猎，射禽兽上林[10]中。梁之侍中郎谒者，著籍引出入天子殿门，与汉宦官无异。

[1] 言土地之肥美也。[2] 汉郡名，今山东旧泰安府，及长清、滋阳、宁阳诸地。[3] 汉县名，今因之。清属直隶保定府。[4] 文帝之后，景帝之母也。详见《窦太后幸遇》篇。[5] 筑：建也。《白虎通》："苑所以东者何？以东方生物故也。"[6] 楼阁通行之道也。上下有道，故谓之"复道"。[7] 台名。[8]《汉旧仪》云："皇帝辇动称警，出殿则传跸，止人清道也。"[9] 天子宫阙之下也，于天子不敢直斥，但言阙下也。[10] 苑名，在陕西长安县西及周至、户县界。

十一月，上废栗太子，窦太后心欲以孝王为后嗣。大臣及袁盎[1]等，有所关说[2]于景帝，窦太后义格[3]，亦遂不复言以梁王为嗣事由此。以事秘，世莫知。乃辞归国。其夏四月，上立胶东王为太子。梁王怨袁盎及议臣，乃与羊胜、公孙诡之属，阴使人刺杀袁盎，及他议臣十余人。逐其贼，未得也。于是天子意梁王[4]，逐贼，果梁使之。乃遣使冠盖相望[5]于道，复按梁，捕公孙诡、羊胜。公孙诡、羊胜匿王后宫。使者责二千石[6]急，梁相轩丘豹[7]，及内史韩安国进谏王，王乃令胜、诡皆自杀，出之。上由此怨望于梁王。梁王恐，乃使韩安国因长公主谢罪太后，然后得释。上怒稍解，因上书请朝。既至关，茅兰[8]说王，使乘布车[9]，从两骑入，匿于长公主园。汉使使迎王，王已入关，车骑尽居外，不知王处。太后泣曰："帝杀吾子！"景帝忧恐。于是梁王伏斧质[10]于阙下，谢罪。然景帝益疏王，不同车辇矣。

[1] 字丝，文帝时为中郎将，数直言极谏，与晁错有隙，会七国反，

盎请诛错以谢之。[2] 接事不觌面，相隔而由中人以通达之也。[3] 以孝王为后嗣之议阁置也。[4] 谓意疑梁刺之。[5] 谓使命往来不绝也。[6] 太守也。因其秩二千石，故云。[7] 姓轩邱，名豹。[8] 孝王臣。[9] 谓布素之车，非贵人所乘者。[10] 质：锧也。古刑置人锧上，以斧斫之。

三十五年冬，复朝。上疏欲留，上弗许。归国，意忽忽不乐。北猎良山[1]，有献牛，足出背上，孝王恶之[2]。六月中，病热，六日卒，谥曰孝王。孝王慈孝，每闻太后病，口不能食，居不安寝，常欲留长安侍太后。太后亦爱之。及闻梁王薨，窦太后哭极哀，不食，曰："帝果杀吾子！"景帝哀惧，不知所为。与长公主计之，乃分梁为五国[3]，尽立孝王男五人为王，女五人皆食汤沐邑[4]。于是奏之太后，太后乃悦，为帝加壹餐。

[1] 山名，在今之山东寿张县南。[2] 足当处下，所以辅身也。今出背上，象孝王背朝以干上也。孝王因以恶之。[3] 长子买，梁共王。子明，济川王。子彭离，济东王。子定，山阳王。子不识，济阴王。[4] 古者天子于诸侯，赐以汤沐之邑，使以其邑之所入，为汤沐之资。所以便斋戒而自洁清也。

陈涉世家

　　陈胜[1]者,阳城[2]人也,字涉。吴广者,阳夏人也,字叔。陈涉少时,尝与人佣耕[3],辍耕于垄上,怅恨久之,曰:"苟富贵,无相忘。"佣者笑而应曰:"若为佣耕,何富贵也?"陈涉太息曰:"嗟乎,燕雀安知鸿鹄之志哉!"

　　[1]陈涉立后数月而死,无后,称世家者,史迁以其佐汉高能灭秦,涉为首事。自高祖置守冢后,血食甚久故也。[2]阳城:县名,秦置,在今河南登封县东南。[3]佣耕:为人耕作受其雇直也。

　　二世元年,七月,发闾左適戍渔阳[1]九百人,屯大泽乡[2]。陈胜、吴广皆次当行,为屯长。会天大雨,道不通,度已失期。失期,法皆斩。陈胜、吴广乃谋曰:"今亡亦死,举大计亦死,等死,死国可乎[3]?"陈胜曰:"天下苦秦久矣。吾闻二世,少子也,不当立,当立者,乃公子扶苏。扶苏以数谏故,上使外将兵。今或闻无罪,二世杀之。百姓多闻其贤,未知其死也。项燕为楚将,数有功,爱士卒,楚人怜之。或以为死,或以为亡。今诚以吾众,诈自称公子扶苏、项燕,为天下唱,宜多应者[4]。"吴广以为然。乃行卜。卜者知其指意,曰:"足下事皆成,有功。然足下卜之鬼[5]乎!"陈胜、吴广喜,念鬼[6],曰:"此教我先威众耳。"乃丹书帛[7]曰"陈胜王",置人所罾鱼腹中[8]。卒买鱼,亨食[9],得鱼腹中书,固以怪之矣。又间令吴广之次近所旁丛祠中[10],夜篝火[11],狐鸣呼曰"大楚兴,陈胜王"。卒皆夜惊恐。旦日,卒中往往语,皆指目陈胜。

　　[1]闾:里中也。秦发谪戍,入闾中,每家取一人。適:与"谪"同,谪戍者,屯兵守边也。渔阳:秦郡,见前《秦始皇本纪》注。[2]大泽乡:

见前《项羽本纪》注。发闾左戍守渔阳,路经大泽乡,暂屯其地也。[3]假使不得独立成国而死,犹愈于戍卒而死也。[4]项燕:项梁父,为秦将王翦所杀,见前《项羽本纪》。唱:与"倡"同。陈胜意欲使扶苏、项燕之名以号召天下。[5]默示胜、广等令假托鬼神以威众也。[6]念鬼:思欲假托鬼神之事也。[7]以朱砂书帛上也。[8]罾:网也,言将所书帛置于所网之鱼腹中也。[9]亨:古与"烹"同。[10]伺间隙不使人知。往:卒徒舍处荒祠中也。[11]篝:是笼,置火笼中也。

吴广素爱人,士卒多为用者。将尉[1]醉,广故数言[2]欲亡,忿恚[3]尉,令辱之[4],以激怒其众。尉果笞广。尉剑挺[5],广起夺而杀尉。陈胜佐之,并杀两尉。召令徒属曰:"公等遇雨,皆已失期,失期当斩。藉第令毋斩[6],而戍死者固十六七。且壮士不死即已,死即举大名耳,王、侯、将、相,宁有种乎!"徒属皆曰:"敬受命。"乃诈称公子扶苏、项燕,从民欲也。袒右[7],称大楚。为坛而盟,祭以尉首。陈胜自立为将军,吴广为都尉。

[1]当时统辖屯守九百人者,称将尉也。[2]数言:频言也。[3]忿恚:音"惠",恨怒也。[4]令己羞辱也。[5]挺:拔也。言拔出剑端欲弑,故广将夺之也。[6]藉第令毋斩:犹言假令且不斩也。[7]兵皆袒露右臂为标志也。

攻大泽乡,收而攻蕲[1]。蕲下,乃令符离[2]人葛婴将兵徇蕲以东。攻铚、酂、苦、柘、谯[3],皆下之。行收兵。北至陈[4],车六七百乘,骑千余,卒数万人。攻陈,陈守令[5]皆不在,独守丞与战谯门[6]中。弗胜,守丞死,乃入据陈。数日,号令召三老豪杰[7],与皆来会计事。三老豪杰皆曰:"将军身被坚执锐,伐无道,诛暴秦,复立楚国之社稷,功宜为王。"陈涉乃立为王,号为"张楚"[8]。

[1]蕲:地名,见前《项羽本纪》注。[2]符离:在今安徽宿县境。[3]铚:音"窒"。酂、柘、谯、苦:皆当时县名,在今江苏、安徽二境。[4]陈:当时县名,在今河南。[5]其时陈无郡,不应有守,守令即令也,与"守丞"之称同例。[6]谯门:陈县城门,一名"丽谯"也。[7]秦制,掌教化之乡官曰"三老杰"。[8]欲辟楚国土地,故称"张楚"也。

当此时,诸郡县苦秦吏者,皆刑其长吏杀之,以应陈涉。乃以吴叔为假王,监诸将,以西击荥阳[1]。令陈人武臣、张耳、陈馀徇赵地,令汝阴人邓宗徇九江郡[2]。当此时,楚人数千人为聚者,不可胜数。葛婴至东城[3],立襄强为楚王。婴后闻陈王已立,因杀襄强,还报至陈,陈王诛杀葛婴。陈王令魏人周市北徇魏地。吴广围荥阳。李由[4]为三川守,守荥阳,吴叔弗能下。陈王征国之豪杰与计,以上蔡人房君蔡赐为上柱国[5]。

[1]见前《项羽本纪》注。[2]汝阴:县名,汉置,今安徽阜阳县。九江郡:见前《秦始皇本纪》注。[3]东城:秦时县名,在今安徽定远县东南境。[4]李由:李斯子。[5]上蔡:县名,今属河南。房君:为房邑之君也。蔡赐:人之姓名。上柱国:楚官名,位至尊者。

周文[1],陈之贤人也,尝为项燕军视日[2],事春申君[3],自言习兵,陈王与之将军印,西击秦。行收兵至关,车千乘,卒数十万,至戏[4],军焉。秦令少府章邯免郦山徒、人奴产子[5],悉发以击楚大军,尽败之。周文败走,出关,止次曹阳[6]二三日。章邯追败之,后走次渑池[7]十余日。章邯击,大破之。周文自刭,军遂不战。

[1]即周章也。[2]视日:能占时日之吉凶也。[3]春申君:为楚相,即黄歇也。[4]戏,水名。[5]少府:秦时九卿之一,掌山海地泽之税,为天子私府。章邯:见前《项羽本纪》注。郦山:见《秦始皇本纪》。奴产子:

言奴所生之子也。[6] 曹阳：亭名，或云曹水之阳。[7] 渑：音"泯"。渑池：县名，今属河南境。

武臣到邯郸[1]，自立为赵王，陈馀为大将军，张耳、召骚为左右丞相。陈王怒，捕击武臣等家室，欲诛之。柱国曰："秦未亡而诛赵王将相家属，此生一秦也。不如因而立之。"陈王乃遣使者贺赵，而徙系武臣等家属宫中，而封其子张敖为成都君，趣赵兵亟入关。赵王将相相与谋曰："王王赵，非楚意也。楚已诛秦，必加兵于赵。计莫如毋西兵，使使北徇燕地以自广也。赵南据大河，北有燕、代，楚虽胜秦，不敢制赵。若楚不胜秦，必重赵。赵乘秦之弊，可以得志于天下。"赵王以为然，因不西兵，而遣故上谷[2]卒使韩广将兵北徇燕地。燕故贵人豪杰谓韩广曰："楚已立王，赵又已立王。燕虽小，亦万乘之国也，愿将军立为燕王。"韩广曰："广母在赵，不可。"燕人曰："赵方西忧秦，南忧楚，其力不能禁我。且以楚之强，不敢害赵王将相之家，赵独安敢害将军之家！"韩广以为然，乃自立为燕王。居数月，赵奉燕王母及家属归之燕。

[1] 邯郸：见前《秦始皇本纪》。[2] 上谷：秦郡，亦见前《秦始皇本纪》注。

当此之时，诸将之徇地者，不可胜数。周市北徇地至狄[1]，狄人田儋杀狄令，自立为齐王，以齐反击周市。市军散，还至魏地，欲立魏后故宁陵君咎[2]为魏王。时咎在陈王所，不得之魏。魏地已定，欲相与立周市为魏王，周市不肯。使者五反，陈王乃立宁陵君咎为魏王，遣之国。周市卒为相。

[1] 狄：当时县名，在今山东。[2] 宁陵：地名，在今河南。咎：魏诸公子，市欲立六国之后，为植党营私也。

将军田臧等[1]相与谋曰："周章军已破矣，秦兵旦暮至，我围荥阳城，弗能下，秦军至，必大败。不如少遣兵[2]，足以守荥阳，悉精兵迎秦军。今假王骄，不知兵权，不可与计，非诛之，事恐败。"因相与矫王令以[3]诛吴叔，献其首于陈王。陈王使使赐田臧楚令尹印，使为上将。田臧乃使诸将李归等守荥阳城，自以精兵西迎秦军于敖仓[4]。与战，田臧死，军破。章邯进兵击李归等荥阳下，破之，李归等死。

[1] 田臧等：隶吴广部之将也。[2] 遣：发也。[3] 伪造妄托陈王之令也。
[4] 敖仓：见前《项羽本纪》注。

阳城人邓说将兵居郯[1]，章邯别将击破之，邓说军散走陈。铚人伍徐将兵居许[2]，章邯击破之，伍徐军皆散走陈。陈王诛邓说。

[1] 说：读作"悦"。郯：音"谈"，今县名，汉时为东海郡治。此时章邯军未至东海，郯：疑为"郏"之误。郏县在今河南。[2] 许：春秋国，汉时其地置县，魏文帝时改为许昌，在今河南。

陈王初立时，陵[1]人秦嘉、铚人董𦜕[2]、符离人朱鸡石、取虑人[3]郑布、徐[4]人丁疾等，皆特起将兵围东海守庆于郯[5]。陈王闻，乃使武平君畔为将军，监郯下军。秦嘉不受命，嘉自立为大司马，恶属武平君。告军吏曰："武平君年少，不知兵事，勿听！"因矫以王命杀武平君畔。

[1] 陵：当时县名，在今山东。[2] 𦜕：音"屑"。[3] 取虑：又音"秋闾"，秦县名，故城在今江苏睢宁县西南。[4] 徐：地名，在今江苏。[5] 东海：当时郡名，地在今江苏。郯：即东海县。

章邯已破伍徐，击陈，柱国房君死。章邯又进兵击陈西张贺军。陈王出监战，军破，张贺死。腊月，陈王之汝阴，还至下城父[1]，其御庄贾杀以降秦。陈胜葬砀，谥曰"隐王"。

[1]父:音"斧"。下城父:地名,以近故城父县,故加"下"字。城父:汉县,故城在今安徽蒙城县西北。

陈王故涓人[1]将军吕臣,为仓头军[2],起新阳[3],攻陈,下之,杀庄贾,复以陈为楚。

[1]主洁除之人。[2]军中皆著青帽,故称仓头军。[3]新阳:古地名,汉置县,在今河南。

初,陈王至陈,令铚人宋留将兵定南阳[1],入武关[2]。留已徇南阳,闻陈王死,南阳复为秦。宋留不能入武关,乃东至新蔡[3],遇秦军,宋留以军降秦。秦传留至咸阳,车裂留以徇。

[1]南阳:秦时郡,见前《秦始皇本纪》注。[2]武关:关名,在今陕西高(按:"高"疑为"商"之误)县东。[3]新蔡:县名,在今河南。

秦嘉等闻陈王军破,出走,乃立景驹为楚王[1],引兵之方与[2],欲击秦军定陶下。使公孙庆使齐王[3],欲与并力俱进。齐王曰:"闻陈王战败,不知其死生,楚安得不请而立王!"公孙庆曰:"齐不请楚而立王,楚何故请齐而立王!且楚首事,当令于天下。"田儋诛杀公孙庆。

[1]景驹:楚贵族,景姓,名驹。[2]方与:读作"房豫",县名,在今山东鱼台县。[3]齐王名田儋。

秦左右校[1]复攻陈,下之。吕将军走,收兵复聚鄱盗[2],当阳君黥布之兵相收[3],复击秦左右校,破之青波,复以陈为楚。会项梁立怀王孙心为楚王。

[1]左右校:左右之校尉将军也。[2]鄱:音"婆",县名,今江西鄱阳县。黥布居此为盗,陈胜起,布归鄱阳令吴芮。[3]相收:彼此合为一也。

陈胜王凡六月。已为王王陈。其故人尝与佣耕者闻之,之陈,扣宫门曰:"吾欲见涉。"宫门令欲缚之。自辨数[1],乃置[2],

不肯为通。陈王出,遮道而呼涉。陈王闻之,乃召见,载与俱归。入宫,见殿、屋、帷、帐,客曰:"夥颐!涉之为王沈沈者[3]!"楚人谓多为"夥",故天下传之,"夥涉"为王,自陈涉始[4]。客出入愈益发舒,言陈王故情。或说陈王曰:"客愚无知,颛[5]妄言,轻威。"陈王斩之[6]。诸陈王故人皆自引去,由是无亲陈王者。陈王以朱房为中正,胡武为司过,主司群臣。诸将徇地,至,令之不是者,系而罪之,以苛察为忠。其所不善者,弗下吏,辄自治之[7]。陈王信用之。诸将以其故不亲附,此其所以败也。

[1] 数:音"朔"。辨数往时与涉有故。[2] 不执缚也。[3] 客见殿、屋、帷、帐之多,惊而伟之,故曰"夥颐"。即俗呼"哎哟"。沈沈:深远之意。[4] "夥涉"为"王",惊美涉之势也。[5] 颛:与"专"同。[6] 斩客有妄言者。[7] 两句极言朱、胡之专横,此葛婴之所以死,武臣等之所以称王也。

陈胜虽已死,其所置遣侯、王、将、相竟亡秦,由涉首事也。高祖曰,为陈涉置守冢三十家,砀[1]至今血食。

[1] 《史记》、《汉书》两书《高帝纪》皆作十家。

萧相国世家

萧相国何者，沛[1]丰人也。以文无害[2]，为沛主吏掾[3]。高祖为布衣时，何数以吏事护高祖。高祖为亭长，常左右之。高祖以吏繇[4]咸阳，吏皆送奉钱三，何独以五[5]。秦御史监郡者与从事[6]，常辨之。何乃给泗水卒史[7]事第一[8]。秦御史欲入言征何，何固请，得毋行。及高祖起为沛公，何常为丞督事[9]。

[1]沛：秦时泗水郡，见前《秦始皇本纪》。丰：秦邑名，今江苏丰县，当时属沛郡。[2]不为深文苛刻之事。[3]掾：功曹掾也。[4]繇：与"徭"同，役也。[5]奉：读作"俸"，送奉钱，送赆仪。当时银以一当百。三：钱三枚，为三百。五：五枚钱，为五百也。[6]秦时无刺史之官，以御史监郡。从事：盖即属官之称。[7]以何为泗水郡卒之史官。[8]以何考功居第一。[9]常为高祖丞，监督庶事。

沛公至咸阳，诸将皆争走金帛财物之府分之，何独先入收秦丞相御史律、令、图、书藏之。沛公为汉王，以何为丞相。项王与诸侯屠烧咸阳而去。汉王所以具知天下厄塞，户口多少，强弱之处，民所疾苦者，以何具得秦图书也[1]。何进言韩信，汉王以信为大将军——语在淮阴侯事中。汉王引兵东定三秦，何以丞相留，收巴蜀[2]，填抚谕告，使给军食。汉二年，汉王与诸侯击楚，何守关中，侍太子，治栎阳[3]。为法令约束，立宗庙、社稷、宫室、县邑，辄奏上可，许以从事；即不及奏上，辄以便宜施行，上来，以闻。关中事计户口转漕给军[4]，汉王数失军遁去，何常兴关中卒，辄补缺。上以此专属任何关中事[5]。

[1]何若不先收图书，当亦为项羽所焚。[2]巴蜀：古国名，秦灭之，地在今四川。[3]太子：汉惠帝盈也。栎阳：地名，在今陕西临潼县东北，

汉初都之，后徙长安。[4]漕：由水道运物也。[5]言何有三大功，一为收秦律、令、图、书，一为进韩信，一为镇抚关中，接济粮食士卒。高祖之得天下，实肇于此人。

汉三年，汉王与项羽相距京、索之间[1]，上数使使劳苦丞相。鲍生谓丞相曰："王暴衣露盖，数使使劳苦君者，有疑君心也。为君计，莫若遣君子孙昆弟能胜兵者悉诣军所，上必益信君。"于是何从其计，汉王大说[2]。

[1]京索：见《项羽本纪》注。[2]说：同"悦"。

汉五年，既杀项羽，定天下，论功行封。群臣争功，岁余，功不决。高祖以萧何功最盛，封为酂侯[1]，所食邑多。功臣皆曰："臣等身被坚执锐[2]，多者百余战，少者数十合，攻城略地，大小各有差。今萧何未尝有汗马之劳，徒持文墨议论，不战，顾反居臣等上，何也？"高帝曰："诸君知猎乎？"曰："知之。""知猎狗乎？"曰："知之。"高帝曰："夫猎，追杀兽兔者，狗也，而发踪[3]指示兽处者，人也。今诸君徒能得走兽耳，功狗也。至如萧何，发踪指示，功人也。且诸君独以身随我，多者两三人。今萧何举宗[4]数十人皆随我，功不可忘也。"群臣皆莫敢言。列侯毕已受封，及奏位次，皆曰："平阳侯曹参[5]身被七十创，攻城略地，功最多，宜第一。"上已挠[6]功臣，多封萧何，至位次，未有以复难之，然心欲何第一。关内侯鄂君进曰："群臣议皆误。夫曹参虽有野战略地之功，此特一时之事。夫上与楚相距五岁，常失军亡众，逃身遁者数矣。然萧何常从关中遣军补其处，非上所诏令召，而数万众会，上之乏绝者数矣。夫汉与楚相守荥阳数年，军无见粮，萧何转漕关中，给食不乏。陛下虽数亡山东，萧何常全关中以待陛下，此万世之功也[7]。今虽亡曹参等百数，何缺于汉？汉得之，不必待以全。奈何欲以一旦之功，而加万世之功哉！萧何第一，曹参次之。"高祖曰："善。"于是乃令萧何第一，赐带剑履上殿[8]，入朝不趋。上曰："吾闻进贤受上赏。萧何功虽高，得鄂君乃益明。"于是因鄂君故所食关内侯邑封为安平[9]侯。是日，悉封何父子兄弟十余人，皆有食邑。乃益封何二千户，以帝尝繇咸阳时，何送我独赢奉[10]钱二也。

[1] 酆：汉县，后废，故城在今湖北光化县北。[2] 被坚甲执利器也。[3] 踪：与"纵"同。[4] 宗：与自己同姓之人也。[5] 平阳：今河北晋县。曹参：字敬伯，沛人，佐高祖定天下，功最伟。[6] 挠：屈也。[7] 鄂君上陈三事，一补军，二给食，三全关中。[8] 入朝不去剑不脱履而上殿也，因古时殿上布席，上殿必脱履。[9] 安平：汉时县名，地在今山西。[10] 赢：多余也。

汉十一年，陈豨[1]反，高祖自将至邯郸。未罢，淮阴侯谋反关中，吕后用萧何计，诛淮阴侯——语在淮阴事中。上已闻淮阴侯诛，使使拜丞相何为相国[2]，益封五千户，令卒五百人一都尉为相国卫。诸君皆贺，召平独吊。召平者，故秦东陵侯。秦破，为布衣，贫，种瓜于长安城东，瓜美，故世俗谓之"东陵瓜"，从召平以为名也。召平谓相国曰："祸自此始矣。上暴露于外，而君守于中，非被矢石之事，而益君封置卫者，以今者淮阴侯新反于中，疑君心矣。夫置卫卫君，非以宠君也。愿君让封弗受，悉以家私财佐军，则上心悦。"相国从其计，高帝乃大喜。

[1] 陈豨：宛句人，事高祖，封侯，监赵代边兵。后反，自立为代王，高祖自将诛之。[2] 汉时相国尊于丞相，始有丞相之通称。

汉十二年秋，黥布[1]反，上自将击之，数使使问相国何为。相国为上在军，乃拊循勉力百姓，悉以所有佐军，如陈豨时。

客有说[2]相国曰："君灭族不久矣。夫君位为相国,功第一,可复加哉?然君初入关中,得百姓心十余年矣,皆附君,常复孳孳得民和。上所为数问君者,畏君倾动关中。今君胡不多买田地,贱贳贷,以自污[3]?上心乃安。"于是相国从其计,上乃大悦。

[1] 布初事羽,后归汉,封九江王,至是反,高祖自将诛之。[2] 说:读作"税"。[3] 贳:赊也。贷:借也。污:贱也。故为此等事,以示志不在大也。

上罢布军归,民道遮行,上书言相国贱强买民田宅数千万。上至,相国谒。上笑曰："夫相国乃利民!"民所上书皆以与相国,曰:"君自谢民。"相国因为民请曰:"长安地狭,上林中多空地弃,愿令民得入田,毋收稿为禽兽食[1]。"上大怒曰:"相国多受贾人财物,乃为请吾苑!"乃下相国廷尉,械系之。数日,王卫尉侍,前问曰:"相国何大罪,陛下系之暴也?"上曰:"吾闻李斯相秦皇帝,有善归主,有恶自与。今相国多受贾竖金,而为民请吾苑,以自媚于民,故系治之。"王卫尉曰:"夫职事苟有便于民当请之,真宰相事,陛下奈何乃疑相国受贾人钱乎!且陛下距楚数岁,陈豨、黥布反,陛下自将而往,当是时,相国守关中,摇足,则关以西非陛下有也。相国不以此时为利,今乃利贾人之金乎?且秦以不闻其过亡天下,李斯之分过[2],又何足法哉。陛下何疑宰相之浅也。"高帝不怿[3]。是日,使使持节赦出相国。相国年老,素恭谨,入徒跣谢。高帝曰:"相国休矣!相国为民请苑,吾不许,我不过为桀纣主,而相国为贤相。吾故系相国,欲令百姓闻吾过也。"

[1] 令民耕上林苑中田,民收其谷,留稿入官,以供养兽食也。[2] 李斯过恶自予,为君者当自分也。[3] 帝闻王卫尉之言,怒意渐释,但疑终未化,

故不快也。

何素不与曹参相能，及何病，孝惠自临视相国病，因问曰："君即百岁后，谁可代君者？"对曰："知臣莫如主。"孝惠曰："曹参何如？"何顿首曰："帝得之矣！臣死不恨矣！"

何置田宅，必居穷处，为家，不治垣屋。曰："后世贤，师吾俭；不贤，毋为势家所夺。"

孝惠二年，相国何卒，谥为文终侯。后嗣以罪失侯者四，世绝[1]，天子辄复求何后，封续酂侯，功臣莫得比焉。

[1] 言既以罪失侯，则世禄已绝也。

太史公曰：萧相国何，于秦时为刀笔吏[1]，录录[2]未有奇节。及汉兴，依日月之末光，何谨守管籥，因民之疾，（奉）秦法，顺流，与之更始。淮阴、黥布等皆以诛灭，而何之勋烂焉。位冠群臣，声施后世，与闳夭、散宜生等争烈矣[3]。

[1] 古时简牍皆用竹木，以刀代笔，故曰"刀笔"。[2] 录录：即"碌碌"，无能之人。[3] 闳夭、散宜生二人，皆周代创业功臣。烈：美也。

留侯世家

　　留侯张良[1]者，其先韩人也。大父[2]开地相韩昭侯、宣惠王、襄哀王。父平相釐王、悼惠王。悼惠王二十三年，平卒。卒二十岁，秦灭韩。良年少，未宦事韩。韩破，良家僮三百人，弟死不葬，悉以家财求客刺秦王，为韩报仇，以大父、父五世相韩故[3]。

　　[1]良：字子房，封留，故称留侯。故城在今江苏沛县东南。[2]大父：即祖父。[3]良之大父及父已相韩五王，故曰五世也。

　　良尝学礼淮阳[1]。东见仓海君[2]。得力士，为铁椎重百二十斤。秦皇帝东游，良与客狙击秦皇帝博浪沙中[3]，误中副车[4]。秦皇帝大怒，大索天下，求贼甚急，为张良故也。良乃更姓名，亡匿下邳[5]。

　　[1]地名，在河南淮阳县。[2]仓海君：为东夷之君长。[3]客：指力士。狙：音"疽"，兽名，猴属，猴类攫物必伏伺，故此处作"伏伺"解。博浪沙：详见《秦始皇本纪》注中。[4]副车：天子之从车，[5]下邳：见前《项羽本纪》注中。

　　良尝间从容步游下邳圯上[1]，有一老父，衣褐[2]，至良所，直[3]堕其履圯下，顾谓良曰："孺子，下取履！"良愕然，欲殴之。为其老，强忍，下取履。父曰："履我！"良业[4]为取履，因长跪履之。父以足受，笑而去。良殊大惊，随目之。父去里所[5]，复还，曰："孺子可教矣。后五日平明，与我会此。"良因怪之，跪曰："诺。"五日平明，良往。父已先在，怒曰："与老人期，后何也？"去，曰："后五日早会。"五日鸡鸣，良往。父又先在，复怒曰："后何也？"去，曰："后五日复早来。"五日，良夜未半往。有顷，父亦来，喜曰："当如是。"出一编书，曰："读此则为王者师矣。后十年,兴。十三年,孺子见我济北[6],谷城山[7]下黄石即我矣。"遂去,无他言,不复见。旦日,视其书,乃《太公兵法》也[8]。良因异之,常习诵读之。

[1] 圯:桥也。[2] 褐:毛布,贫贱人衣之。[3] 直:特,故也。故堕履桥下命良去取之。[4] 业:既已也。[5] 里所:里许也。[6] 济北:地名,故城在今山东长清县南。[7] 谷城山:地名,在今山东东阿县东北。[8] 兵书名。相传为周时姜尚所作。

居下邳,为任侠。项伯尝杀人,从良匿[1]。后十年,陈涉等起兵,良亦聚少年百余人。景驹自立为楚假[2]王,在留。良欲往从之,道遇沛公。沛公将数千人,略地下邳西,遂属焉。沛公拜良为厩将[3]。良屡以《太公兵法》说沛公,沛公善之,常用其策。良为他人言,皆不省。良曰:"沛公殆天授。"故遂从之,不去见景驹。

[1] 伯之杀人避匿事,见《项羽本纪》注。[2] 假:兼摄也。[3] 厩将:汉时官名。

及沛公之薛,见项梁[1]。项梁立楚怀王。良乃说项梁曰:"君已立楚后,而韩诸公子横阳君成贤,可立为王,益树党。"项梁使良求韩成,立以为韩王。以良为韩申徒[2],与韩王将千余人西,略韩地,得数城,秦辄复取之,往来为游兵颍川[3]。

[1] 良之得见项梁,从沛公之薛故也。[2] 申徒:司徒也。[3] 颍川:秦时郡,见前《秦始皇本纪》注中。

沛公之从雒阳南出轘辕[1],良引兵从沛公,下韩十余城,击破杨熊军[2]。沛公乃令韩王成留守阳翟[3],与良俱南,攻下宛[4],西入武关[5]。沛公欲以兵二万人击秦峣下军[6],良说曰:"秦兵尚强,未可轻。臣闻其将屠者子、贾竖,易动以利。愿沛公且留壁，使人先行，为五万人具食，益为张旗帜诸山上，为疑兵，令郦食其持重宝啗秦将[7]。"秦将果畔，欲连和，俱西袭咸阳，沛公欲听之。良曰："此独其将欲叛耳，恐士卒不从。不从，必危，不如因其解[8]击之。"沛公乃引兵击秦军，大破之。遂北至蓝田[9]，再战，秦兵竟败。遂至咸阳，秦王子婴降沛公[10]。

[1]雒阳：今河南雒阳县。轘辕：山名，今河南偃师县东南。[2]杨熊：为秦将，自荥阳败归，二世斩以徇。[3]阳翟：即河南禹县。[4]宛：即河南南阳县。[5]武关：见前《秦始皇本纪》注中。[6]峣：音"尧"，关名，即今陕西蓝田县东南。[7]郦食其：读作"历异基"，于高阳从高祖，善游说。啗：惰滥切，以财利诱人也。[8]解：与"懈"通。[9]蓝田：县名，在陕西。[10]子婴：二世兄子，赵高弑而立之。

沛公入秦宫，宫室、帷帐、狗马、重宝、妇女以千数，意欲留居之。樊哙谏沛公出舍[1]，沛公不听。良曰："夫秦为无道，故沛公得至此。夫为天下除残贼，宜缟素为资[2]。今始入秦，即安其乐，此所谓'助桀为虐'。且'忠言逆耳利于行，毒药苦口利于病[3]'，愿沛公听樊哙言。"沛公乃还军霸上[4]。

[1]舍于外曰"出舍"，无止宫中也。[2]资：凭藉也。欲沛公反秦王之奢泰，服俭素之法以为藉也。[3]二语在《家语》中。[4]霸上：见前《项羽本纪》注中。

项羽至鸿门下[1]，欲击沛公，项伯乃夜驰入沛公军，私见张良，欲与俱去。良曰："臣为韩王送沛公，今事有急，亡去，不义。"乃具以语沛公。沛公大惊，曰："为将奈何？"良曰："沛公诚欲倍[2]项羽邪？"沛公曰："鲰生[3]教我距关无内诸侯，秦地可尽王，故听之。"良曰："沛公自度能却项羽乎？"沛公默然良久，曰："固不能也。今为奈何？"良乃固要项伯。项伯见沛公。沛公与饮为寿,结宾婚。令项伯具言沛公不敢倍项羽,所以距关者,备他盗也。及见项羽,后解——语在项羽事中。

[1]鸿门:地名,见前《项羽本纪》注中。[2]倍:同"背"。[3]鲰生:亦见前《项羽本纪》注中。

汉元年正月,沛公为汉王,王巴蜀。汉王赐良金百镒,珠二斗,良具以献项伯。汉王亦因令良厚遗项伯,使请汉中地[1]。项王乃许之,遂得汉中地。汉王之国,良送至褒中[2],遣良归韩。良因说汉王曰:"王何不烧绝所过栈道,示天下无还心,以固项王意。"乃使良还。行,烧绝栈道。良至韩,韩王成以良从汉王故,项王不遣成之国,从与俱东。良说项王曰:"汉王烧绝栈道[3],无还心矣。"乃以齐王田荣反书告项王。项王以此无西忧汉心,而发兵北击齐。

[1]汉中地请为己有。[2]褒中:在今陕西褒城县。[3]在险绝之地,依山架木以通道曰"栈道"。

项王竟不肯遣韩王,乃以为侯,又杀之彭城。良亡,间行归汉王,汉王亦已还定三秦矣。复以良为成信侯,从东击楚。至彭城,汉败而还。至下邑[1],汉王下马踞鞍而问曰:"吾欲捐关以东等弃之,谁可与共功者?"良进曰:"九江王黥布,楚枭将,与项王有郄[2],彭越与齐王田荣反梁地,此两人可急使。而汉王之将,独韩信可属大事,当一面。即欲捐之,捐之此三人,则楚可破也。"汉王乃遣随何说九江王布,而使人连彭越。及魏王豹反,使韩信将兵击之[3],因举燕、代、齐、赵。然卒破楚者,此三人力也。张良多病,未尝特将也,常为画策臣,时时从汉王。

[1]下邑:秦时县,故城即今江苏砀山县东。[2]郄:与"郤"、"隙"三字均同。[3]魏豹始归汉,及汉败彭城,遂叛。韩信击虏之。

汉三年，项羽急围汉王荥阳，汉王恐忧，与郦食其谋桡[1]楚权。食其曰："昔汤伐桀，封其后于杞[2]。武王伐纣，封其后于宋[3]。今秦失德弃义，侵伐诸侯社稷，灭六国之后，使无立锥之地。陛下诚能复立六国后世，毕已受印，此其君臣百姓必皆戴陛下之德，莫不乡[4]风慕义，愿为臣妾。德义已行，陛下南向称霸，楚必敛衽而朝。"汉王曰："善。趣[5]刻印，先生因行佩之矣。"食其未行，张良从外来谒。汉王方食，曰："子房前！客有为我计桡楚权者。"具以郦生语告于子房，曰："何如？"良曰："谁为陛下画此计者？陛下事去矣。"汉王曰："何哉？"张良对曰："臣请藉前箸为大王筹之[6]。"曰："昔者汤伐桀，而封其后于杞者，度能制桀之死命也。今陛下能得项籍之死命乎？"曰："未能也。""其不可一也。武王伐纣，封其后于宋者，度能得纣之头也。今陛下能得项籍之头乎？"曰："未能也。""其不可二也。武王入殷，表商容[7]之闾，释箕子[8]之拘，封比干[9]之墓。今陛下能封圣人之墓，表贤者之闾，式智者之门乎？"曰："未能也。""其不可三也。发巨桥[10]之粟，散鹿台[11]之钱，以赐贫穷。今陛下能散府库以赐贫穷乎？"曰："未能也。""其不可四也。殷事已毕，偃革为轩[12]，倒置干戈，覆以虎皮，以示天下不复用兵。今陛下能偃武修文，不复用兵乎？"曰："未能也。""其不可五也。休马华山[13]之阳，示以无所为。今陛下能休马无所为乎？"曰："未能也。""其不可六也。放牛桃林之阴[14]，以示不复输积[15]。今陛下能放牛不复输积乎？"曰："未能也。""其不可七也。且天下游士，离其亲戚，弃坟墓，去故旧，从陛下游者，徒欲日夜望咫尺之地。今复六国，立韩、魏、燕、赵、齐、楚之后，天下游士，各归事其主，从其亲戚，反其故旧、坟墓，陛下与谁取天下乎？其不可八矣。且夫楚唯无强，六国立者，复桡而从之[16]，陛下焉得而臣之？诚用客之谋，陛下事去矣。"汉王辍食吐哺，骂曰："竖儒，几败而公事！"令趣销印。

[1]桡：音"闹"，屈抑也。[2]杞：在今河南杞县。[3]宋：在今河南商丘县。[4]乡：与"向"同。[5]趣：音"促"，催促也。[6]请将所食之箸为指画也。[7]商容：纣时贤臣，以直谏被贬。[8]箕子：纣之诸父，谏不听，恐被诛，佯狂为奴，纣囚之。[9]比干：亦为纣诸父，谏纣不听，被剖心而死。[10]巨桥：仓名，纣王厚赋税以盈仓粟。其遗址在今河北曲周县东北，武王灭纣，发以济民。[11]鹿台：纣王聚财之所，其遗址在今河南淇县。[12]废兵车为乘车，极言偃武修文也。[13]华山：为五岳之一，今陕西华阴县。[14]桃林：地名，今更名桃原，自函谷以西至潼关二三百里间，皆其地。[15]输积：转运贮藏之谓也。[16]惟当使楚无强，强则六国屈弱从之矣。

汉四年，韩信破齐，而欲自立为齐王，汉王怒。张良说汉王，汉王使良授齐王信印。语在淮阴事中。其秋，汉王追楚至阳夏南，战不利，而壁固陵[1]，诸侯期不至。良说汉王，汉王用其计，诸侯皆至。语在项籍事中。

[1]阳夏、固陵，均见前《项羽本纪》注中。

汉六年正月，封功臣。良未尝有战斗功，高帝曰："运筹策帷帐中，决胜千里外，子房功也。自择齐三万户。"良曰："始臣起下邳，与上会留，此天以臣授陛下。陛下用臣计，幸而时中，臣愿封留足矣，不敢当三万户。"乃封张良为留侯，与萧何等俱封。

（六年）上已封大功臣二十余人，其余日夜争功不决，未得行封。上在雒阳南宫，从复道[1]望见诸将，往往相与坐沙中语。上曰："此何语？"留侯曰："陛下不知乎？此谋反耳。"上曰："天下属安定，何故反乎？"留侯曰："陛下起布衣，以此属取天下，今陛下为天子，而所封皆萧、曹故人所亲爱，而所诛者皆生平所仇怨。今军吏计功，以天下不足遍封，此属畏陛下不能尽封，恐又见疑平生过失及诛，故即相聚谋反耳。"上乃忧曰："为之奈何？"留侯曰："上平生所憎，群臣所共知，谁最甚者？"上曰："雍齿与我故[2]，数尝窘辱我。我欲杀之，为其功多，故不忍。"留侯曰："今急先封雍齿，以示群臣。群臣见雍齿封，则人人自坚矣。"于是上乃置酒，封雍齿为什方侯[3]，而急趣丞相、御史定功行封。群臣罢酒，皆喜曰："雍齿尚为侯，我属无患矣。"

[1]楼阁通行之道上下有道，故称"复道"。[2]微时有旧怨曰"故"。
[3]什方：汉县名，故城即今四川什邡县南。

刘敬说高帝曰："都关中。"上疑之。左右大臣皆山东人，多劝上都雒阳："雒阳东有成皋[1]，西有殽、黾[2]，倍河[3]，向伊、洛[4]，其固亦足恃。"留侯曰："雒阳虽有此固，其中小，不过数百里，田地薄，四面受敌，此非用武之国也。夫关中左殽函[5]，右陇蜀[6]，沃野千里，南有巴蜀之饶[7]，北有胡苑之利[8]，阻三面而守，独以一面专制诸侯。诸侯安定，河、渭[9]漕輓天下，西给京师。诸侯有变，顺流而下，足以委输。此所谓金城千里，天府之国也[10]。刘敬说是也。"于是高帝即日驾，西都关中[11]。留侯从入关。留侯性多病，即道引不食谷[12]，杜门不出，岁余。

[1]成皋：即今河南汜水县，春秋时之郑，战国时之韩，皆以此为重地。楚汉亦相持于此。[2]殽：即殽山。黾：即黾厄，皆在今河南信阳县，为战国要塞。[3]河：指黄河也。[4]伊、洛：二水名。[5]函：即函谷关也。
[6]陇：山名，在今陕西陇县，北跨甘肃清水县，南连蜀崦山，故称陇蜀。

[7] 饶：富足也。[8] 苑：牧马场，因北接胡地，故马产于胡最佳。[9] 渭水，源出四川，入陕西，终纳洛水至潼关入河。[10] 天府：坚如金城，肥沃险固之谓。[11] 高帝平项羽后，先在雒阳，由刘敬之说遂西都关中。言即日者，谓即日定计，非即日遂行之谓也。[12] 服辟谷之药，而静居行气，曰"道引不食谷"。

上欲废太子，立戚夫人子赵王如意[1]。大臣多谏争，未能得坚决者也。吕后恐，不知所为。人或谓吕后曰："留侯善画计策[2]，上信用之。"吕后乃使建成侯吕泽[3]劫留侯曰："君常为上谋臣，今上欲易太子，君安得高枕而卧乎？"留侯曰："始上数在困急之中，幸用臣策。今天下安定，以爱欲易太子，骨肉之间，虽臣等百余人，何益。"吕泽强要曰："为我画计。"留侯曰："此难以口舌争也。顾上有不能致者，天下有四人。四人者，年老矣，皆以为上慢侮人，故逃匿山中，义不为汉臣。然上高此四人。今公诚能无爱金、玉、璧、帛，令太子为书，卑辞安车，因使辩士固请，宜来。来以为客，时时从入朝，令上见之，则必异而问之。问之，上知此四人贤，则一助也。"于是吕后令吕泽使人奉太子书，卑辞厚礼，迎此四人。四人至，客建成侯所。

[1] 高帝姬，戚夫人，生如意，封赵王。高帝崩，母子皆被吕后所杀。[2] 筴：同"策"。[3] 周吕侯，封吕泽。吕释之封建成侯。此吕泽恐为吕释之之误。

汉十一年，黥布反，上病，欲使太子将往击之。四人相谓曰："凡来者，将以存太子。太子将兵，事危矣。"乃说建成侯曰："太子将兵，有功，则位不益，太子无功，还，则从此受祸矣。且太子所与俱诸将，皆尝与上定天下，枭将也，今使太子将之，此无异使羊将狼也，皆不肯为尽力，其无功必矣。臣闻'母爱者子抱[1]',今戚夫人日夜待御,赵王如意常抱居前,上曰'终不使不肖子居爱子之上[2]',明乎其代太子位必矣。君何不急请吕后,承间为上泣言:'黥布,天下猛将也,善用兵,今诸将皆陛下故等夷[3],乃令太子将此属,无异使羊将狼,莫肯为用,且使布闻之,则鼓行而西耳[4]。上虽病,强载辎车[5],卧而护之,诸将不敢不尽力。上虽苦,为妻子自强。'"于是吕泽立夜见吕后,吕后承间为上泣涕而言,如四人意。上曰:"吾惟竖子固不足遣,而公自行耳。"于是上自将兵而东,群臣居守,皆送至灞上。留侯病,自强起,至曲邮[6],见上,曰:"臣宜从,病甚。楚人剽疾,愿上无与楚人争锋。"因说上曰:"令太子为将军,监关中兵。"上曰:"子房虽病,强卧而傅太子。"是时叔孙通为太傅,留侯行少傅事。汉十二年,上从击破布军归,疾益甚,愈欲易太子。留侯谏,不听,因疾不视事。叔孙太傅称说引古今,以死争太子。上详许之[7],犹欲易之。及燕,置酒,太子侍。四人从太子,年皆八十有余,须眉皓白,衣冠甚伟。上怪之,问曰:"彼何为者?"四人前对,各言名姓,曰:"东园公,甪里先生,绮里季,夏黄公[8]。"上乃大惊曰:"吾求公数岁,公辟逃我,今公何自从吾儿游乎?"四人皆曰:"陛下轻士,善骂,臣等义不受辱,故恐而亡匿。窃闻太子为人,仁孝恭敬,爱士,天下莫不延颈欲为太子死者,故臣等来耳。"上曰:"烦公幸卒调护太子。"四人为寿已毕,趋去。上目送之,召戚夫人,指示四人者,曰:"我欲易之,彼四人辅之,羽翼已成,难动矣。吕后真而主矣。"戚夫人泣,上曰:"为我楚舞,吾为若楚歌。"歌曰:"鸿雁高飞,一举千里。羽翮已就,横绝四海。横绝四海,当可奈何!虽为矰缴[9],尚安所施!"歌数阕[10],戚夫人嘘唏流涕[11],上起去,罢酒。

竟不易太子者，留侯本招此四人之力也。

[1] 语出《韩非子》，言能爱其母，则必爱其子而抱之。[2] 高帝常作此言。[3] 等夷：言彼此平均也。[4] 鼓行西向，极言无所畏也。[5] 有衣之车曰"辎车"，乘之安适。[6] 曲邮：长安之东，有聚名曰"曲邮"。[7] 详：与"佯"通，诈也。[8] 角：音"六"，或作"甪"。四名皆为号，称"商山四皓"。[9] 矰：音"增"，矢也。缴：音"灼"，以绳系矢而射也。[10] 阕：音"缺"。一阕一曲歌也。[11] 歔欷：悲泣而太息也。

留侯从上击代，出奇计马邑下[1]，及立萧何相国[2]，所与上从容言天下事甚众，非天下所以存亡，故不著。

[1] 马邑：在今山西朔县地，出奇计下马邑。[2] 汉代以何先为丞相，至是良劝上立为相国。

留侯乃称曰："家世相韩，及韩灭，不受（按：疑"受"应作"爱"）万金之资，为韩报仇强秦，天下振动。今以三寸舌为帝者师，封万户，位列侯，此布衣之极，于良足矣。愿弃人世事，欲从赤松子游耳[1]。"乃学辟谷，道引轻身。会高帝崩，吕后德留侯，乃强食之，曰："人生一世间，如白驹过隙[2]，何至自苦如此乎！"留侯不得已，强听而食。后八年，卒，谥为"文成侯"。子不疑代侯。子房始所见下邳圯上老父与《太公书》者，后十三年，从高帝过济北，果见谷城山下黄石，取而葆[3]祠之。留侯死，并葬黄石。每上冢伏腊[4]，祠黄石。留侯不疑，孝文帝五年，坐不敬，国除。

[1] 古有仙人，名曰"赤松子"。[2] 白驹：日影。隙：壁隙，极喻光阴过去之速也。[3] 葆：与"宝"同。[4] 伏日在夏，腊日在冬。秦汉时令节，伏日在夏，腊日在冬。

太史公曰：学者多言无鬼神，然言有物[1]。至如留侯所见老父予书，亦可怪矣。高祖离[2]困者数矣，而留侯常有功力焉，岂可谓非天乎？上曰："夫运筹策帷帐之中，决胜千里外，吾不如子房。"余以为其人计魁梧[3]奇伟，至见其图，状貌如妇人好女。盖孔子曰："以貌取人，失之子羽[4]。"留侯亦云[5]。

[1] 物：状精怪及药物也。[2] 离：遭遇也。[3] 魁梧：伟大也。[4] 子羽：孔子弟子，字澹台灭明。子羽貌甚恶，而行成君子。孔子见其貌，不料其有君子之行，故作此语。[5] 留侯状貌如妇人好女，而智勇如是，亦云然已。

伯夷列传[1]

　　夫学者载籍极博，犹考信于六艺[2]。《诗》、《书》虽缺[3]，然虞、夏之文可知也[4]。尧将逊位，让于虞舜，舜、禹之间，岳牧咸荐[5]，乃试之于位，典职[6]数十年，功用既兴，然后授政。示天下重器，王者大统[7]，传天下若斯之难也。而说者曰："尧让天下于许由，许由不受，耻之，逃隐。及夏之时，有卞随、务光者[8]。"此何以称焉[9]？太史公曰[10]："余登箕山[11]，其上盖有许由冢"云。孔子序列古之仁圣贤人，如吴太伯[12]、伯夷之伦详矣。余以所闻由、光义至高，其文辞不少概见[13]，何哉？孔子曰："伯夷、叔齐，不念旧恶，怨是用希[14]。""求仁得仁，又何怨乎[15]？"余悲伯夷之意，睹轶诗可异焉[16]。

　　[1]列传：其人行迹可序列也。[2]六艺：见前《孔子世家》注。[3]《诗》、《书》孔子删定，及始皇焚书，后多有缺亡。[4]《书》凡尧、舜二典，大禹一《谟》，皆备言禅让事，故云虞夏之文可知。[5]四岳：掌四方之诸侯，九牧：九州之长，言岳牧皆举舜与禹也。[6]舜与禹典职事二十余年，然后授政为帝也。[7]谓天下重器，王者乃大统也。[8]许由：尧时隐士也。汤让天下于卞随、务光，二人皆不受而逃。[9]言许由、卞随、务光三人，六经中孔子所不道，得何从称说而征信之。[10]盖此乃司马迁引父之言。迁父名谈，为太史令。但他处"太史公曰"字，皆多后人所加，系指迁也。[11]今河南登封县南有箕山。[12]吴太伯：周太王之长子，让位于弟季历，自逃于吴，孔子称为至德。语见《论语·泰伯》。[13]言《诗》、《书》文辞中，三人之梗概亦不少见。[14]不念旧恶：不念过去之恶事。[15]此亦孔子论伯夷语，见《论语·述而》章。[16]轶诗：指夷齐歌辞。孔子谓求仁得仁，无怨，观其诗似有怨意，是可异也。

其传曰：伯夷、叔齐，孤竹[1]君之二子也。父欲立叔齐，及父卒，叔齐让伯夷。伯夷曰："父命也。"遂逃去。叔齐亦不肯立而逃之。国人立其中子。于是伯夷、叔齐闻西伯昌[2]善养老，盍往归焉。及至，西伯卒，武王载木主[3]，号为"文王"，东伐纣[4]。伯夷、叔齐叩马而谏曰："父死不葬，爰及干戈，可谓孝乎？以臣弑君，可谓仁乎？"左右欲兵之[5]。太公[6]曰："此义人也。"扶而去之。武王已平殷乱[7]，天下宗周[8]，而伯夷、叔齐耻之，义不食周粟，隐于首阳山[9]，采薇而食之[10]。及饿且死，作歌。其辞曰："登彼西山兮[11]，采其薇矣。以暴易暴兮，不知其非矣。神农[12]、虞、夏，忽焉没兮，我安适归矣？于嗟徂兮[13]，命之衰矣！"遂饿死于首阳山[14]。由此观之，怨邪非邪？

[1]孤竹：商汤所封国名。[2]周文王，姬姓，名昌，时为西伯，西伯者，西方诸侯之长也。[3]文王子武王，名发，伐殷纣而有天下，木主：指文王之神主，载之以行，以示奉文王出师也。[4]纣：商末王，以暴虐亡国。[5]兵之：以兵器击人也。[6]太公：即姜尚，相武王伐纣。[7]商王盘庚都殷墟，故后称商曰"殷"。[8]宗周：天下皆宗于周也。[9]首阳山：在今山西永济县南。[10]薇：蕨，野菜，可食。[11]西山：即首阳山。[12]神农是古代帝名，始兴农事医药。[13]于：同"吁"。徂：与"殂"同，死也。[14]夷、齐二人，饿死于西山，后人多疑为时人所造。

或曰："天道无亲，常与善人。"若伯夷、叔齐，可谓善人者非邪？积仁絜[1]行如此，而饿死！且七十子之徒[2]，仲尼独荐颜渊为好学[3]。然回也屡空[4]，糟糠不厌[5]，而卒蚤夭[6]。天之报施善人，其何如哉？盗跖[7]日杀不辜，肝人之肉[8]，暴戾恣睢[9]，聚党数千人，横行天下，竟以寿终。是遵何德哉？此其尤大彰明较著者也。若至近世，行操不轨，专犯忌讳[10]，而终身逸乐富厚,累世不绝。或择地而蹈之[11],时然后出言[12],行不由径[13],非公正不发愤[14],而遇祸灾者,不可胜数也。余甚惑焉,傥所谓天道,是邪非邪?子曰"道不同,不相为谋[15]",亦各从其志[16]也。故曰:"富贵如可求,虽执鞭之士,吾亦为之。如不可求,从吾所好[17]。""岁寒,然后知松柏之后凋[18]。"举世混浊,清士乃见。岂以其重若彼,其轻若此哉[19]?

[1] 絜:与"洁"同。[2] 孔子弟子身通六艺者七十二人也。[3] 孔子弟子,颜渊,名回,鲁哀公问弟子孰好学者,孔子以渊对。[4] 空:穷乏也。[5] 糟糠:为贫者之食。不厌:不饱也。[6] 不得尽其天年而死曰"夭"。颜回卒时,年尽(按:疑"尽"应为"仅"。)三十二,孔子哭之恸。[7] 盗跖:黄帝时大盗。[8] 肝人之肉:谓脍人肝而铺之。[9] 凶暴:恶戾。恣音怒视也。[10] 凡避忌讳言之事,曰"忌讳"。[11] 履践甚谨,择正当无嫌之地而蹈之也。[12] 当其时然后发言,不作游言也。[13] 小道曰"径",不由径,极言其方正也。[14] 非遇有公正之事,不发愤也。[15] 见《论语·卫灵公》。[16] 此句引"道不同"二语作注脚,言圣贤所重者在行成名立,一时之丰悴荣辱,不足以乱其德。[17] 数语见《论语·述而》篇。[18] 数语见《论语·子罕》篇。[19] 盖自圣贤言之,岂以若彼富贵逸乐为重,若此之困穷灾厄为轻。故君子所谓重轻与俗异,有"道不同不相为谋"之说也。

"君子疾没世而名不称焉[1]。"贾子[2]曰:"贪夫徇财,烈士徇名,夸者死权,累庶冯生[3]。""同明相照,同类相求。""云从龙,风从虎,圣人作而万物睹[4]。"伯夷、叔齐虽贤,得夫子而名益彰。颜渊虽笃学,附骥尾而行益显。岩穴之士,趋舍有时若此类[5],名湮灭而不称,悲夫[6]!闾巷之人,欲砥行[7]立名者,非附青云之士,恶能施于后世哉?

[1] 疾:病也。没世:终身也。[2] 贾子:即贾谊也。[3] 徇:与"殉"

通，以身殉之也。夸：矜也。贪权衿势以夸人者，必至死不休，故曰"死权"也。冯：读作"凭"，任也。谓众庶任生之，所谓油然以生而不知其所以生也。[4] 此语见《易·乾卦》。[5] 趋：向也。舍：废也。言岩穴隐处之士，或成名，或见弃，有类如此者可悲也。[6] 言当时既遭穷困，后世又无称者，尤足悲也。[7] 砥：音"旨"，磨刀之石。砥行：磨砺品行也。

管晏列传

　　管仲夷吾者[1]，颍上人也[2]。少时常与鲍叔牙游[3]，鲍叔知其贤。管仲贫困，常欺鲍叔[4]，鲍叔终善遇之，不以为言。已而鲍叔事齐公子小白，管仲事公子纠[5]。及小白立为桓公，公子纠死，管仲囚焉。鲍叔遂进管仲[6]。管仲既用，任政于齐，齐桓公以霸，九合诸侯[7]，一匡天下[8]，管仲之谋也。

　　[1]管仲：春秋齐桓公之贤相，名夷吾，字敬仲，姬姓之后，相桓公霸诸侯，称"仲父"。[2]颍：水名。源出河南迳安徽入淮。[3]鲍叔：字叔牙，春秋齐人，仕为大夫，与管仲友善，姒姓之后。[4]欺：取多利也。[5]纠：小白庶兄也。[6]齐将乱，鲍叔奉小白奔于莒。管仲召忽奉纠奔于鲁。乱作，小白先入莒。鲁纳纠，小白以齐师战，败鲁师。杀纠。召忽死，管仲囚，鲍叔遂保，荐于小白而用之。[7]桓公凡会合诸侯九次。[8]匡：正也，辅助也，言桓公率诸侯尊周室，天下为之一正也。

　　管仲曰："吾始困时，尝与鲍叔贾，分财利，多自与，鲍叔不以我为贪，知我贫也。吾尝为鲍叔谋事，而更穷困，鲍叔不以我为愚，知时有利不利也。吾尝三仕三见逐于君，鲍叔不以我为不肖，知我不遭时也。吾尝三战三走，鲍叔不以我为怯，知我有老母也。公子纠死，召忽死之[1]，吾幽囚受辱，鲍叔不以我为无耻，知我不羞小节，而耻功名不显于天下也。生我者父母，知我者鲍子也。"鲍叔既进管仲，以身下之[2]。子孙世禄于齐，有封邑者十余世，常为名大夫。天下不多[3]管仲之贤，而多鲍叔能知人也。

　　[1]公子纠之傅名召忽。[2]言愿位居管仲之下。[3]多：称美之词也。

管仲既任政相齐，以区区之齐在海滨，通货，积财，富国，强兵，与俗同好恶。故其称曰："仓廪实而知礼节，衣食足而知荣辱，上服度，则六亲固。四维不张，国乃灭亡[1]。"下令如流水之原，令顺民心。故论卑而易行。俗之所欲，因而予之；俗之所否，因而去之。其为政也，善因祸而为福，转败而为功。贵轻重，慎权衡[2]。桓公实怒少姬，南袭蔡，管仲因而伐楚，责包茅不入贡于周室[3]。桓公实北征山戎，而管仲因而令燕修召公之政[4]。于柯之会，桓公欲背曹沫之约，管仲因而信之[5]，诸侯由是归齐。故曰："知与之为取，政之宝也[6]。"

[1] 数语见《管子》。服：行政也。上所行有法度。六亲：谓父母妻子兄弟。四维：谓礼仪廉耻。[2] 轻重：耻辱之谓。权衡：钧石之类，能与民和平之意也。[3] 桓公之姬：有少姬，蔡出也，忤公，公归之蔡而未绝。蔡人复嫁之。故伐蔡。包：裹也。茅：青茅也，为祭祀之品，向为荆地所贡。仲以包茅不入于贡于周，因袭蔡之便而更伐楚。示用兵不为少姬之事而有正大之义也。[4] 山戎：或云"北戎"，在今河北迁安县境，常为燕齐患。山戎侵燕，桓公救燕因而伐之，便令燕修召公旧政，益示其能主持正义。周武王封召公于蓟，是为北燕。[5] 柯：地名，在今山东。曹沫：亦作"曹刿"。柯之会，沫以匕首劫桓公，求反鲁之侵地。桓公许之。后欲背约，从管仲之言，示信而与之也。[6] 老子："将欲取之，必固与之。"是知此语为为政之宝也。

管仲富拟于公室[1]，有三归、反坫[2]，齐人不以为侈。管仲卒，齐国遵其政，常强于诸侯。后百余年而有晏子焉[3]。

[1] 诸侯曰"公室"。[2] 管仲娶三姓女曰"三归"。妇人谓嫁曰"归"。或云"三归"为台名。坫：音"店"，古时燕享所设之具，以土为之，献酬礼毕，则反爵于其上。[3] 管、晏相去只九十年。

晏平仲婴者[1]，莱之夷维人也[2]。事齐灵公、庄公、景公[3]，以节俭力行重于齐。既相齐，食不重肉[4]，妾不衣帛。其在朝，君语及之，即危言[5]；语不及之，即危行[6]。国有道，即顺命；无道，即衡命[7]。以此三世[8]显名于诸侯。

[1]晏平仲：名婴，字仲，平，谥也。[2]莱：郡名，在今山东。汉时为东莱郡，后为州，今掖县其旧治也。夷维莱邑名。[3]灵公：名环。庄公：名光。景公：名杵臼。[4]不重肉：不兼数味也。[5]危言：慎言之意。[6]危行：慎行之意。[7]衡：秤也。谓国若无道，则衡量事之可行而后行。[8]三世：灵、庄、景也。

越石父贤，在缧绁中[1]。晏子出，遭之涂，解左骖赎之[2]，载归。弗谢[3]。入闺[4]久之，越石父请绝[5]。晏子戄然[6]，摄衣冠[7]谢曰："婴虽不仁，免子于厄，何子求绝之速也？"石父曰："不然。吾闻君子诎于不知己而信于知己者[8]。方吾在缧绁中，彼不知我也。夫子既已感悟而赎我，是知己；知己而无礼，固不如在缧绁之中。"晏子于是延入为上客。

[1]缧：黑索。绁：系也。所以系罪人者。[2]驾车之马在两旁者曰"骖"。[3]石父弗申谢也。[4]户曰"闺"。晏子入闺久之而出也。[5]绝交无来往也。[6]戄：音"攫"，惊异貌。[7]引持曰"摄"。[8]诎：与"屈"同。信：与"伸"同。

晏子为齐相，出，其御之妻从门间而窥其夫[1]。其夫为相御，拥大盖[2]，策驷马，意气扬扬，甚自得也。既而归，其妻请去。夫问其故。妻曰："晏子长不满六尺，身相齐国，名显诸侯。今者妾观其出，志念深矣，常有以自下者[3]。今子长八尺，乃为人仆御，然子之意自以为足，妾是以求去矣。"其后夫自抑损。晏子怪而问之，御以实对。晏子荐以为大夫。

[1] 闚:与"窥"同,伺隙而窥也。[2] 车盖所以御雨蔽日也。[3] 常表示谦让有礼之态度也。

太史公曰:吾读管氏《牧民》、《山高》、《乘马》、《轻重》、《九府》[1],及《晏子春秋》[2],详哉其言之也。既见其著书,欲观其行事,故次其传。至其书,世多有之,是以不论,论其轶事[3]。管仲世所谓贤臣,然孔子小之。岂以为周道衰微,桓公既贤,而不勉之至王,乃称霸哉?语曰:"将顺其美,匡救其恶,故上下能相亲也。"[4]岂管仲之谓乎?方晏子伏庄公尸,哭之成礼,然后去[5],岂所谓"见义不为无勇"者邪?至其谏说,犯君之颜,此所谓"进思尽忠,退思补过"者哉!假令晏子而在,余虽为之执鞭,所忻[6]慕也。

[1] 此五者,皆管仲所著书之篇名。[2]《晏子春秋》,晏子所著之书名,后人皆斥为伪书。[3] 孔子谓管仲器小,见《论语·八佾》篇。[4] 数语见《孝经·事君章》。将顺:谓顺而行之也。[5] 崔杼弑庄公,晏子入,枕公尸股而哭,成礼后而出。[6] 忻:与"欣"同。

老庄申韩列传

老子[1]者,楚苦县厉乡曲仁里人也[2],姓李氏,名耳,字伯阳,谥曰"聃",周守藏室之史也[3]。

[1] 老子:老,寿考也。子,古者男子之美称。[2] 苦县:故城在今河南鹿邑县东。厉:或作"赖"。[3] 藏室:藏书之室。掌书之官古曰"史"。

孔子适周,将问礼于老子。老子曰:"子所言者,其人与骨皆已朽矣,独其言在耳。且君子得其时则驾,不得其时,则蓬累而行[1]。吾闻之,'良贾深藏若虚[2],君子盛德,容貌若愚'。去子之骄气与多欲,态色与淫志,是皆无益于子之身。吾所以告子,若是而已。"孔子去,谓弟子曰:"鸟,吾知其能飞;鱼,吾知其能游;兽,吾知其能走。走者可以为罔[3],游者可以为纶[4],飞者可以为矰[5]。至于龙,吾不能知其乘风云而上天。吾今日见老子,其犹龙邪!"老子修道德,其学以自隐无名为务。

[1] 车驾也。蓬:蔓草也,细叶,生沙漠中,风吹则根断而随风转移,极言君子得其时,则驾车而行,不遭时,若蓬草之随风转移也。[2] 善贾者深隐其货藏,若无所有也。[3] 罔:是网。[4] 纶:是钓丝。[5] 矰:以生丝系矢射鸟雀也。

居周久之,见周之衰,乃遂去。至关[1],关令尹喜[2]曰:"子将隐矣,强为我著书。"于是老子乃著书上下篇,言道德之意五千余言而去,莫知其所终。或曰,"老莱子[3]亦楚人也,著书十五篇,言道家之用,与孔子同时"云。盖老子百有六十余岁,或言二百余岁,以其修道而养寿也。自孔子死之后百二十九年,而史记周太史儋见秦献公[4]曰:"始秦与周合而离,离五百岁而复合,合七十岁而霸王者出焉[5]。"或曰:"儋即老子。"或曰:"非也。"世莫知其然否。老子,隐君子也[6]。

[1]指函谷关,或谓散关。[2]关令姓尹,名喜,字公度。[3]老莱子:避世乱隐居不出,见《列仙传》。[4]秦献公:名师隰。[5]此为史家儋之预言。[6]史公点出本意,以明老莱子及儋二说皆不足信也。

老子之子名宗,宗为魏将,封于段干[1]。宗子注,注子宫,宫玄孙假[2],假仕于汉孝文帝。而假之子解为胶西王卬[3]太傅,因家于齐焉[4]。

[1]段干:地名,属魏邑。[2]假:读作"霞"。[3]高祖庶子曰"卬",悼惠王子曰"齐"。文帝封为胶西王。[4]传中独详国乡里姓名字谥,及其子孙封爵时代,以世传老子成仙,故著之以明其不然也。

世之学老子者,则绌[1]儒学,儒学亦绌老子。"道不同,不相为谋",岂谓是邪?李耳无为自化,清静自正[2]。

[1]绌:与"黜"同。[2]李耳之道无为自能顺化,能清静自得其正也。此史公之所以赞老子。

庄子者,蒙人也[1],名周。周尝为蒙漆园吏[2],与梁惠王、齐宣王同时[3]。其学无所不窥,然其要本归于老子之言。故其著书十余万言,大抵率寓言也[4]。作《渔父》、《盗跖》、《胠箧》[5],以诋訿孔子之徒[6],以明老子之术。畏累虚、亢桑子之属,皆空语无事实[7]。然善属书离辞[8],指事类情,用剽剥儒、墨[9],虽当世宿学,不能自解免也。其言洸洋自恣以适己[10],故自王公大人不能器之[11]。

[1]蒙:即宋邑,今河南商邱县东北有蒙县故城,即其地也。[2]漆园:地名,属蒙。[3]䓨:梁惠王名。辟疆:齐宣王名。[4]率:读作"律",类也。寓言:有所寄意之言也。[5]胠箧:音"祛愜",皆《庄子》篇名。[6]诋:

音"低",毁辱也。訾:音"子",亦毁也。[7] 畏累:山名。虚:大丘也。亢:音"庚"。亢桑子:人名,即亢桑楚,居畏累山。实无其人其山,皆寓言也。[8] 连属曰"属",文字曰"书"。《庄子》之文,辄以意连合二字,不见于他书者甚多。可谓善属书也。离:丽也。离辞:使辞与事相附丽也。[9] 剽剥:攻击也。[10] 浩漫放恣,以适己之情性也。[11] 器之:重其人用之也。

楚威王闻庄周贤,使使厚币迎之,许以为相。庄周笑谓楚使者曰:"千金重利,卿相尊位也。子独不见郊祭之牺牛乎[1]?养食之数岁,衣以文绣,以入太庙。当是之时,虽欲为孤豚[2],岂可得乎?子亟去,无污我。我宁游戏污渎之中自快,无为有国者所羁,终身不仕,以快吾志焉。"

[1] 郊祭天地也。牺牛:纯色之牛,祭祀时所用也。[2] 孤豚:小猪也。

申不害者,京[1]人也,故郑之贱臣。学术[2]以干韩昭侯,昭侯用为相。内修政教,外应诸侯,十五年。终申子之身,国治兵强,无侵韩者。

[1] 京:属郑邑,地在今河南荥阳县东南。[2] 术为法家之学。干:求也。

申子之学,本于黄老[1],而主刑名[2]。著书六篇,号曰《申子》。

[1] 黄老:即黄帝、老子也。其法不尚繁华,以清简无为为主。[2] 刑名:研究刑法名辩之学。

韩非者,韩之诸公子也。喜刑名,法术之学,而其归本于黄老。非为人口吃,不能道说,而善著书。与李斯俱事荀卿,斯自以为不如非。

非见韩之削弱,数以书陈韩王[1],韩王不能用。于是韩非疾治国不务修明其法制,执势以御其臣下,富国强兵,而以求人任贤,反举浮淫之蠹,而加之于功实之上[2]。以为儒者用文乱法,而侠者以武犯禁。宽则宠名誉之人,急则用介胄之士[3]。今者所养非所用[4],所用非所养[5]。悲廉直不容于邪枉之臣,观往者得失之变[6],故作《孤愤》、《五蠹》、《内外储》、《说林》、《说难》十余万言[7]。然韩非知说之难为说难,书甚具,终死于秦,不能自脱。

[1] 韩王安也。[2] 指奸邪之臣,位高在真实事功之上也。[3] 甲曰"介",战士之冠曰"胄"。[4] 所禄养,皆非忠勇能折冲御侮之臣。[5] 人主所任用,非常时禄养者,故难使尽其死力。[6] 因见安不用忠良,使国日弱,观古之国君得失之变异而著书。[7] 此五者皆韩非所著书之篇名。孤愤:愤孤直不得容于世。五蠹:蠹政事有五。内外储者,内储言明君当执术以制臣下,利在己,故曰"内"。外储言明君观听臣下之言行,以断赏罚,赏罚在彼,故曰"外"。说林:广说诸事,多若林也。说:读作"税"。说难者,谓游说之难而陈其方术也。

人或传其书至秦。秦王见《孤愤》、《五蠹》之书曰:"嗟乎,寡人得见此人与之游,死不恨矣!"李斯曰:"此韩非之所著书也。"秦因急攻韩。韩王始不用非,及急,乃遣非使秦。秦王悦之,未信用。李斯、姚贾害之,毁之曰:"韩非,韩之诸公子也。今王欲并诸侯,非终为韩,不为秦,此人之情也。今王不用,久留而归之,此自遗患也,不如以过法诛之。"秦王以为然,下吏治非。李斯使人遗非药,使自杀。韩非欲自陈,不得见。秦王后悔之,使人赦之,非已死矣。申子、韩子皆著书传于后世,学者多有。余独悲韩子为《说难》,而不能自脱耳。

太史公曰:老子所贵道,虚无因应,变化于无为,故著书辞称微妙难识。庄子散道德放论,要亦归之自然。申子卑卑,施之于名实。韩子引绳墨,切事情,明是非,其极惨礉[1]少恩。皆原于道德之意,而老子深远矣。

[1] 礉:音"核",深刻也。

伍子胥列传

伍子胥者，楚人也，名员。员父曰伍奢，员兄曰伍尚。其先曰伍举[1]，以直谏事楚庄王有显，故其后世有名于楚。楚平王有太子，名曰建，使伍奢为太傅，费无忌[2]为少傅。无忌不忠于太子建。平王使无忌为太子取妇于秦，秦女好，无忌驰归报平王曰："秦女绝美，王可自取，而更为太子取妇。"平王遂自取秦女，而绝爱幸之，生子轸。更为太子取妇。无忌既以秦女自媚于平王，因去太子而事平王。恐一旦平王卒而太子立，杀己，乃因谗太子建。建母，蔡女也，无宠于平王。平王稍益疏建，使建守城父[3]，备边兵。顷之，无忌又日夜言太子短于王曰："太子以秦女之故，不能无怨望[4]，愿王少自备也。自太子居城父将兵，外交诸侯，且欲入为乱矣。"平王乃召其太傅伍奢考问之。伍奢知无忌谗太子于平王，因曰："王独奈何以谗贼小臣，疏骨肉之亲乎？"无忌曰："王今不制，其事成矣。王且见禽。"于是平王怒，囚伍奢，而使城父司马奋扬往杀太子。行未至，奋扬使人先告太子："太子急去，不然，将诛。"太子建亡奔宋。

[1]楚大夫，邑于椒，亦曰"椒举"。[2]左氏作"无极（按：疑"极"应为"忌"），好谗，后为囊瓦所杀，灭其族"。[3]楚邑，故城在今河南宝丰县。[4]怨恨冀望之意。

无忌言于平王曰："伍奢有二子，皆贤，不诛，且为楚忧。可以其父质而召之，不然，且为楚患。"王使使谓伍奢曰："能致汝二子，则生，不能，则死。"伍奢曰："尚为人仁，呼必来。员为人刚戾忍诟[1]，能成大事，彼见来之并禽，其势必不来。"

王不听，使人召二子，曰："来，吾生汝父；不来，今杀奢也。"伍尚欲往，员曰："楚之召我兄弟，非欲以生我父也，恐有脱者[2]，后生患，故以父为质，诈召二子。二子去，则父子俱死。何益父之死？往而令仇不得报耳。不如奔他国，借力以雪父之耻，俱灭，无为也。"伍尚曰："我知往，终不能全父命。然恨父召我以求生，而不往，后不能雪耻，终为天下笑耳。"谓员："可去矣！汝能报杀父之仇，我将归死。"尚既就执，使者捕伍胥。伍胥贯[3]弓执矢向使者，使者不敢进，伍胥遂亡。闻太子建之在宋，往从之。奢闻子胥之亡也，曰："楚国君臣，且苦兵矣。伍尚至楚，楚并杀奢与尚也。"

[1]与"诟"同。骂也，耻辱也。[2]言恐其有脱亡也。[3]音"弯"，谓张满弓也。

伍胥既至宋，宋有华氏之乱[1]，乃与太子建俱奔于郑。郑人甚善之。太子建又适晋，晋顷公曰："太子既善郑，郑信太子。太子能为我内应，而我攻其外，灭郑必矣。灭郑而封太子。"太子乃还郑。事未会[2]，会自私欲杀其从者，从者知其谋，乃告之于郑。郑定公与子产[3]诛杀太子建。建有子名胜。伍胥惧，乃与胜俱奔吴。到昭关[4]，昭关欲执之。伍胥遂与胜独身步走，几不得脱。追者在后。至江，江上有一渔父乘船，知伍胥之急，乃渡伍胥。伍胥既渡，解其剑曰："此剑直百金，以与父。"父曰："楚国之法，得伍胥者，赐粟五万石，爵执珪，岂徒百金剑邪！"不受。

[1]《春秋》昭二十年，宋华亥、向宁华定，与君争而出奔是也。[2]谓事未得当也。[3]春秋郑大夫，公孙侨也，子产其字。居于东里，又称"东里子产"，博学多闻，长于政治，自郑简公时当国，历定公、献公、声公，

凡四十余年，皆有政声。[4] 山名，在今安徽含山县北，春秋时吴楚之界，因山为关，乃往来之冲。

伍胥未至吴而疾，止中道乞食。至于吴，吴王僚方用事，公子光为将。伍胥乃因公子光[1]，以求见吴王。久之，楚平王以其边邑钟离[2]与吴边邑卑梁[3]氏俱蚕，两女子争桑相攻，乃大怒，至于两国举兵相伐。吴使公子光伐楚，拔其钟离、居巢[4]而归。伍子胥说吴王僚曰："楚可破也。愿复遣公子光。"公子光谓吴王曰："彼伍胥父兄为戮于楚，而劝王伐楚者，欲以自报其仇耳。伐楚未可破也。"伍胥知公子光有内，志欲杀王而自立，未可说以外事，乃进专诸于公子光，退而与太子建之子胜耕于野。五年而楚平王卒。初平王所夺太子建秦女，生子轸，及平王卒，轸竟立为后，是为昭王。吴王僚因楚丧，使二公子[5]将兵往袭楚。楚发兵绝吴兵之后，不得归。吴国内空[6]，而公子光乃令专诸袭刺吴王僚[7]而自立，是为吴王阖庐。阖庐既立，得志，乃召伍员以为行人[8]，而与谋国事。楚诛其大臣郤宛、伯州犁[9]，伯州犁之孙伯嚭亡奔吴，吴亦以嚭为大夫。前王僚所遣二公子将兵伐楚者道绝，不得归。后闻阖庐弑王僚自立，遂以其兵降楚，楚封之于舒[10]。阖庐立三年，乃兴师与伍胥、伯嚭伐楚，拔舒，遂禽故吴反二将军。因欲至郢[11]，将军孙武曰[12]："民劳未可，且待之。"乃归。四年，吴伐楚，取六[13]与潜[14]。五年，伐越，败之。六年，楚昭王使公子囊瓦[15]将兵伐吴。吴使伍员迎击，大破楚军于豫章[16]，取楚之居巢。九年，吴王阖庐谓子胥、孙武曰："始子言郢未可入，今果何如？"二子对曰："楚将囊瓦贪，而唐、蔡皆怨之。王必欲大伐之，必先得唐、蔡乃可。"阖庐听之，悉兴师与唐、蔡伐楚，与楚夹汉水而陈。吴王之弟夫概将兵请从，王不听，遂以其属五千人击楚将子常^[17]。子常败走，奔郑。于是吴乘胜而前，五战，遂至郢。己卯，楚昭王出奔。庚辰，吴王入郢。昭王出亡。伍子胥求昭王，既不得，乃掘楚平王墓，出其尸，鞭之三百，然后已。

[1] 吴王阖庐名。[2] 故城在今安徽凤阳县。[3] 吴邑：与钟离接境。[4] 故城在今安徽巢县。[5] 公子烛庸及盖余也。[6] 言吴国内无兵士也。[7] 公子光欲刺吴王，乃伏甲窟室以享王，使专诸匿匕首鱼腹中刺之，诸亦为王左右所杀。公子光出其伏甲格杀左右，遂自立为王。[8] 官名，掌朝觐聘问之事。[9] 沈蛟门云，伯州犁者，晋伯宗之子也。伯州犁之子曰郤宛，郤宛之子曰伯嚭。宛亦姓伯。[10] 楚地名，故城在今安徽舒城县。[11] 楚都，在今湖北江陵县东北。[12] 春秋齐人，以兵法见吴王阖庐，王出宫中美人百八十人使武教之战，孙子分为二队，以王宠姬为队长，皆令持戟。令而鼓之，妇人大笑，斩二队长以徇。复鼓之，妇人左右前后跪起，能中规矩绳墨。吴王用为将，西破强楚，北威齐晋，显名诸侯。著有《兵法》十三篇。[13] 古国名，在今安徽六安县。[14] 春秋楚地，在今安徽潜山县。[15] 春秋楚庄王子子囊后，字子常，仕平王，为令尹。平王卒，昭王立，蔡昭侯有佩与裘，唐成公有两肃爽马。二君如楚，囊瓦欲之，弗与，皆止之。及唐人献马，蔡人献佩，乃归蔡侯、唐侯。后二君从吴伐楚。囊瓦三战不克，遂奔郑，吴人入郢。[16] 地名，在淮南江北之界，后徙其名于江南也。[17] 囊瓦字。

吴伐越。越王勾践迎击，败吴于姑苏^[1]，伤阖庐指，军却。阖庐病创，将死，谓太子夫差曰："尔忘勾践杀尔父乎？"夫差对曰："不敢忘。"是夕，阖庐死。夫差既立为王，以伯嚭为太宰，习战射。二年，后伐越，败越于夫湫^[2]。越王勾践乃以余兵五千人栖于会稽^[3]之上，使大夫种^[4]厚币遗吴太宰嚭，以请和，求委国为臣妾[5]。吴王将许之。伍子胥谏曰："越王为人，能辛苦。今王不灭，后必悔之。"吴王不听，用太宰嚭计，与越平。其后五年，而吴王闻齐景公死，而大臣争宠，新君弱，乃兴师北伐齐。伍子胥谏曰："勾践食不重味，吊死问疾，且欲有所用之也。此人不死，必为吴患。今吴之有越，犹人之有腹心疾也。而王不先越而乃务齐，不亦谬乎！"吴王不听，伐齐，大败齐师于艾陵[6]，遂灭邹、鲁[7]之君以归。益疏子胥之谋。其后四年，吴王将北伐齐，越王勾践用子贡[8]之谋，乃率其众以助吴，而重宝以献遗太宰嚭。太宰嚭既数受越赂，其爱信越殊甚，日夜为言于吴王。吴王信用嚭之计。伍子胥谏曰："夫越，腹心之病，今信其浮辞诈伪[9]，其贪齐。破齐，譬犹石田[10]，无所用之。且《盘庚》[11]之诰曰：'有颠越不恭，劓殄灭之，俾无遗育，无使易种于兹邑。'此商之所以兴。愿王释齐而先越；若不然，后将悔之无及。"而吴王不听，使子胥于齐。子胥临行，谓其子曰："吾数谏王，王不用，吾今见吴之亡矣。汝与吴俱亡，无益也。"乃属其子于齐鲍牧，而还报吴。

[1]在今之江苏吴县。[2]山名，在今江苏吴县西太湖中。湫：音"椒"。[3]春秋越都，在今浙江绍县。[4]文种也，越之谋臣，勾践灭吴，种谋为多，功成，范蠡劝之去，种不听，被杀。[5]谓以越事吴，如臣妾之礼。[6]春秋齐地，在今山东泰安县、博望县故城南。[7]二国名。邹：今山东邹县。鲁：今山东曲阜县。[8]姓端木，名赐，孔子弟子。[9]谓言辞虚伪而不核实也。[10]不可耕种，喻无用也。[11]商王名，商都河北已久，宫室奢侈，居民蛰隘，水泉泄卤，不可行政化。王欲徙成汤故都，臣民安土重迁，咸相怨望，乃作书告喻。即《尚书·盘庚》三篇是也。渡河而南，复居于亳。

吴太宰嚭既与子胥有隙，因谗曰："子胥为人，刚暴少恩猜贼，其怨望，恐为深祸也。前日王欲伐齐，子胥以为不可，王卒伐之而有大功。子胥耻其计谋不用，乃反怨望。而今王又复伐齐，子胥专愎[1]强谏，沮毁[2]用事，徒幸吴之败以自胜其计谋耳。今王自行，悉国中武力以伐齐，而子胥谏不用，因辍谢，详病不行。王不可不备，此起祸不难。且嚭使人微伺之，其使于齐也，乃属其子于齐之鲍氏。夫为人臣，内不得意，外倚诸侯，自以为先王之谋臣，今不见用，常鞅鞅[3]怨望。愿王早图之。"吴王曰："微子之言，吾亦疑之。"乃使使赐伍子胥属镂[4]之剑，曰："子以此死。"伍子胥仰天叹曰："嗟乎！谗臣嚭为乱矣，王乃反诛我。我令若父霸。自若未立时，诸公子争立，我以死争之于先王，几不得立。若既得立，欲分吴国予我，我顾不敢望也。然今若听谀臣言以杀长者。"乃告其舍人曰："必树吾墓上以梓，令可以为器[5]。而抉吾眼，县吴东门之上，以观越寇之入灭吴也。"乃自刭死。吴王闻之大怒，乃取子胥尸，盛以鸱夷革[6]，浮之江中。吴人怜之，为立祠于江上，因命曰"胥山[7]"。

[1]很戾也，意气自用，故与人反对之谓。[2]谓沮败毁谤也。[3]犹怏怏，志不满也。[4]剑名。[5]棺也，言伍必亡也。[6]革：囊也。[7]在江苏吴县西南。

孙子吴起列传

孙子武者,齐人也[1]。以兵法见于吴王阖庐[2]。阖庐曰:"子之十三篇,吾尽观之矣[3],可以小试勒兵乎[4]?"对曰:"可。"阖庐曰:"可试以妇人乎?"曰:"可。"于是许之,出宫中美女,得百八十人。孙子分为二队,以王之宠姬二人,各为队长,皆令持戟。令之曰:"汝知而心[5]与左右手背乎?"妇人曰:"知之。"孙子曰:"前则视心,左视左手,右视右手,后即视背。"妇人曰:"诺。"约束既布,乃设铁钺[6],即三令五申之[7]。于是鼓之右[8],妇人大笑。孙子曰:"约束不申,明令不熟,将之罪也。"复三令五申而鼓之左,妇人复大笑。孙子曰:"约束不明,申令不熟,将之罪也。既已明而不如法者,吏士之罪也。"乃欲斩左右队长。吴王从台上观,见且斩爱姬,大骇。趣[9]使使下令曰:"寡人已知将军能用兵矣。寡人非此二姬,食不甘味,愿勿斩也。"孙子曰:"臣既已受命为将,将在军,君命有所不受。"遂斩队长二人以徇[10]。用其次为队长,于是复鼓之。妇人左、右、前、后、跪、起,皆中规矩绳墨,无敢出声。于是孙子使使报王曰:"兵既整齐,王可试下观之,唯王所欲用之,虽赴水、火犹可也。"吴王曰:"将军罢休就舍,寡人不愿下观。"孙子曰:"王徒好其言,不能用其实。"于是阖庐知孙子能用兵,卒以为将。西破强楚,入郢[11],北威齐晋,显名诸侯,孙子与有力焉[12]。

[1] 或说武吴人。[2] 吴王阖庐,光名。[3] 孙子有《兵法》十三篇。[4] 谓可依《兵法》勒兵士以小试之也。[5] 而:即"汝"也。[6] 铁:即"斧"。钺:大斧。设之刑以不奉约束者。[7] 将约束之条例再三告诫妇人也。[8] 鼓之使向右转也。[9] 趣:音"促",急催也。[10] 以巡示众曰"徇"。

[11] 郢:楚都,故城在今湖北江陵县北。[12] 阖庐之强,有伍员等为之谋。不止孙子一人之功,故曰"与",谓别人也有焉。

　　孙武既死,后百余岁有孙膑。膑生阿、鄄[1]之间,膑亦孙武之后世子孙也。孙膑尝与庞涓俱学兵法。庞涓既事魏,得为惠王[2]将军,而自以为能不及孙膑,乃阴使召孙膑。膑至,庞涓恐其贤于己,疾之,则以法刑断其两足而黥之[3],欲隐勿见。齐使者如梁,孙膑以刑徒阴见,说齐使。齐使以为奇,窃载与之齐。齐将田忌善而客待之。忌数与齐诸公子驰逐重射[4]。孙子见其马足不甚相远[5],马有上、中、下辈。于是孙子谓田忌曰:"君弟[6]重射,臣能令君胜。"田忌信然之,与王及诸公子逐射千金[7]。及临质[8],孙子曰:"今以君之下驷,与彼上驷;取君上驷,与彼中驷;取君中驷,与彼下驷。"既驰三辈毕,而田忌一不胜而再胜[9],卒得王千金。于是忌进孙子于威王。威王问兵法,遂以为师。

　　[1] 阿:属齐地,在今山东东阿县西。鄄:音"绢",地在今山东濮县东。[2] 惠王:名曰"䓖"。[3] 黥:古之刑名,又有刺字于面,涅之以墨,又称墨刑。[4] 重射:好射击也。[5] 见马之足力,高下相差无多也。[6] 弟:与"第"同,且也。[7] 谓随逐射之,用千金赌胜负也。[8] 质:对也,及对准将射之时。[9] 以君下辈之马,比彼上辈之马而一不胜,再以君中辈之马,比彼下辈之马,以上辈之马,比彼中辈之马,由是而再胜。必胜二负一,总决为胜也。

　　其后魏伐赵,赵急,请救于齐。齐威王[1]欲将孙膑,膑辞谢曰:"刑余之人,不可。"于是乃以田忌为将,而孙子为师,居辎车中[2],坐为计谋。田忌欲引兵之赵,孙子曰:"夫解杂乱纷纠者不控卷[3],救斗者不搏撠[4],批亢捣虚[5],形格势禁,则自为解耳[6]。今梁赵相攻，轻兵、锐卒必竭于外，老、弱罢于内[7]。君不若引兵疾走大梁[8]，据其街路，冲其方虚，彼必释赵而自救。是我一举解赵之围，而收弊于魏也[9]。"田忌从之，魏果去邯郸[10]，与齐战于桂陵[11]，大破梁军。

[1] 齐威王：名因齐。[2] 有衣之车曰"辎车"，乘之安适。[3] 卷：通"拳"。言有杂乱纷纠，当手善解之，不可以拳击之。[4] 㧙：与"击"通。言救斗者当善为解之，毋去相助搏击，使益激其怒也。[5] 批亢捣虚：谓击其要害，攻其不备也。[6] 即击其要害，攻其不备。则彼事必形阻格，其势自止，不能不解也。[7] 罢：与"疲"同。[8] 魏都大梁：即今河南开封县。[9] 言能收弊魏之功也。[10] 邯郸：赵都也。[11] 桂陵：地名，在今山东荷泽县东北。

后十五年，魏与赵攻韩，韩告急于齐。齐使田忌将而往，直走大梁[1]。魏将庞涓闻之，去韩而归，齐军既已过而西矣。孙子谓田忌曰："彼三晋之兵[2]，素悍勇而轻齐，齐号为怯，善战者因其势而利导之[3]。兵法，百里而趣利者[4]，蹶[5]上将，五十里而趣利者，军半至。使齐军入魏地为十万灶，明日，为五万灶，又明日，为三万灶。"庞涓行三日，大喜曰："我固知齐军怯，入吾地三日，士卒亡者过半矣。"乃弃其步军，与其轻锐倍日并行逐之。孙子度其行，暮当至马陵[6]。马陵道狭，而旁多阻隘，可伏兵，乃斫大树，白而书之曰"庞涓死于此树之下"。于是令齐军善射者万弩，夹道而伏，期[7]曰："暮见火举而俱发"。庞涓果夜至斫木下，见白书，乃钻火烛之。读其书未毕，齐军万弩俱发[8]，魏军大乱，相失。庞涓自知智穷兵败，乃自刭曰："遂成竖子之名[9]！"齐因乘胜尽破其军，虏魏太子申以归。孙膑以此名显天下，世传其《兵法》。

[1]大梁：古地名，今河南开封县，战国魏都。[2]赵韩魏三分晋地立国，故曰"三晋"。[3]量勇怯互殊之势,善用之以致胜也。[4]趣：音"娶"。有一定之方向而疾行以赴也。[5]蹶：挫也。[6]马陵：地名，属春秋卫国，在今河北大名县东南。[7]期：相约也。[8]见火而弩发也。[9]竖子：指孙膑也。

吴起者，卫人也，好用兵。尝学于曾子[1]，事鲁君。齐人攻鲁，鲁欲将吴起，吴起取[2]齐女为妻，而鲁疑之。吴起于是欲就名，遂杀其妻，以明不与齐也。鲁卒以为将。将而攻齐，大破之。鲁人或恶吴起曰："起之为人，猜忍人也。其少时，家累千金，游仕不遂，遂破其家，乡党笑之，吴起杀其谤己者三十余人，而东出卫郭门。与其母诀，啮臂而盟曰：'起不为卿相，不复入卫。'遂事曾子。居顷之，其母死，起终不归。曾子薄之，而与起绝。起乃之鲁，学兵法以事鲁君。鲁君疑之，起杀妻以求将。夫鲁小国，而有战胜之名，则诸侯图鲁矣。且鲁、卫兄弟之国也，而君用起，则是弃卫。"鲁君疑之，谢吴起。

[1]曾子：名参，孔子弟子。[2]取：与"娶"同。

吴起于是闻魏文侯贤[1]，欲事之。文侯问李克曰："吴起何如人哉？"李克曰："起贪而好色，然用兵，司马穰苴[2]不能过也。"于是魏文候以为将，击秦，拔五城。起之为将，与士卒最下者同衣食。卧不设席，行不骑乘，亲裹赢粮[3]，与士卒分劳苦。卒有病疽者，起为吮之[4]。卒母闻而哭之。人曰："子卒也，而将军自吮其疽，何哭为？"母曰："非然也。往年吴公吮其父，其父战不旋踵，遂死于敌。吴公今又吮其子，妾不知其死所矣。是以哭之。"文侯以吴起善用兵，廉平尽能得士心[5]，乃以为西河守[6]，以拒秦韩。

[1]魏文侯：名曰"斯"。[2]司马穰苴：春秋时齐将，本姓田，为大司马，齐景公时为将，善兵法。[3]赢粮：担负粮食也。[4]吮：以口吸之也。[5]廉洁清平完全能得士卒之心。[6]西河：在今陕西，即旧同州地，在黄河西。

魏文侯既卒，起事其子武侯[1]。武侯浮西河而下，中流，顾而谓吴起曰："美哉乎，山河之固，此魏国之宝也！"起对曰："在德不在险。昔三苗氏[2]左洞庭[3]，右彭蠡[4]，德义不修，禹灭之。夏桀之居，左河济[5]，右泰华[6]，伊阙在其南[7]，羊肠在其北[8]，修政不仁，汤放之。殷纣之国，左孟门[9]，右太行[10]，常山在其北[11]，大河经其南[12]，修政不德，武王杀之。由此观之，在德不在险。若君不修德，舟中之人，尽为敌国也。"武侯曰："善。"即封吴起为西河守[13]，甚有声名。

[1]武侯：名曰"击"。[2]三苗：古之国名。[3]洞庭：湖名，今在湖南。[4]彭蠡：即今江西鄱阳湖。[5]河：即黄河。济：即济水。[6]泰华：山名，又曰"华山"，今陕西华阴县南。[7]伊阙：山名，在今河南雒阳县南。[8]羊肠：坂名，在今山西交城县东南，战国时为赵之要塞。[9]孟门：山名，在今太行山东。[10]太行：山名，在今河南、河北间。[11]常山：即恒山，在今河北曲阳县西北。[12]大河：指黄河。[13]封吴起为西河守。

魏置相，相田文[1]。吴起不悦，谓田文曰："请与子论功，可乎？"田文曰："可。"起曰："将三军，使士卒乐死，敌国不敢谋，子孰与起？"文曰："不如子。"起曰："治百官，亲万民，实府库，子孰与起？"文曰："不如子。"起曰："守西河而秦兵不敢东向，韩、赵宾从[2]，子孰与起？"文曰："不如子。"起曰："此子三者，皆出吾下[3]，而位加吾上，何也？"文曰："主少，国疑，大臣未附，百姓不信，方是之时，属之于子乎？属之于我乎？"

起默然良久,曰:"属之子矣。"文曰:"此乃吾所以居子之上也。"吴起乃自知弗如田文。

[1] 田文:按《吕氏春秋》作商文。[2] 宾从:恭敬服从也。[3] 意谓此三者子皆出吾下也。

田文既死,公叔为相[1],尚魏公主,而害吴起。公叔之仆曰:"起易去也。"公叔曰:"奈何?"其仆曰:"吴起为人节廉而自喜名也。君因先与武侯言曰:'夫吴起,贤人也,而侯之国小,又与强秦壤界,臣窃恐起之无留心也。'武侯即曰:'奈何?'君因谓武侯曰:'试延以公主,起有留心,则必受之。无留心,则必辞矣。以此卜之。'君因召吴起而与归,即令公主怒而轻君。吴起见公主之贱君也,则必辞。"于是吴起见公主之贱魏相,果辞魏武侯。武侯疑之而弗信也。吴起惧得罪,遂去,即之楚。

[1] 公叔:即公孙痤也。

楚悼王[1]素闻起贤,至,则相楚。明法审令,捐不急之官,废公族疏远者,以抚养战斗之士。要在强兵,破驰说之言纵横者。于是南平百越[2],北并陈蔡[3],却三晋,西伐秦。诸侯患楚之强[4]。故楚之贵戚尽欲害吴起。及悼王死,宗室大臣作乱,而攻吴起,吴起走之王尸而伏之。击起之徒因射刺吴起,并中悼王。悼王既葬,太子立[5],乃使令尹[6]尽诛射吴起而并中王尸者。坐射起而夷宗[7]死者七十余家。

[1] 楚悼王:名熊疑。[2] 百越:种族名,亦作"百粤",居今浙、闽、粤之地。[3] 陈蔡二国,已亡前楚惠王时,此殆误也。[4] 数语应上抚养战士及平百越等。[5] 太子:为肃王臧也。[6] 令尹:楚之执政者曰"令尹"。[7] 诛灭宗族曰"夷宗"。

太史公曰:世俗所称师旅[1],皆道《孙子》十三篇,吴子《兵法》，世多有，故弗论，论其行事所施设者。语曰："能行之者，未必能言；能言之者，未必能行。"孙子筹策庞涓，明矣，然不能蚤救患于被刑。吴起说武侯以形势不如德，然行之于楚，以刻暴少恩亡其躯。悲夫！

　　[1] 师旅：谓治军之事也。

孟子荀卿列传

　　太史公曰：余读孟子书[1]，至梁惠王问何以利吾国[2]，未尝不废书而叹也。曰："嗟乎，利诚乱之始也！夫子罕言利者[3]，常防其原也。故曰'放于利而行，多怨[4]'。"自天子至于庶人，好利之弊，何以异哉！

　　[1]《孟子》书，为孟子所著之书。[2] 在《孟子》，见《梁惠王》首章。[3] 见《论语》，"子罕言：利与命与仁"。[4] 孔子语，见《论语·里仁》章。

　　孟轲，邹人也[1]。受业子思之门人[2]。道既通，游事齐宣王，宣王不能用。适梁，梁惠王不果所言[3]，则见以为迂远而阔于事情。当是之时，秦用商君，富国强兵[4]。楚、魏用吴起，战胜弱敌。齐威王、宣王用孙子、田忌之徒，而诸侯东面朝齐[5]。天下方务于合从连衡，以攻伐为贤[6]，而孟轲乃述唐、虞、三代之德，是以所如者不合。退而与万章之徒[7]，序《诗》、《书》[8]，述仲尼之意，作《孟子》七篇。其后有驺子之属。

　　[1] 孟轲：字子舆，战国时人。邹：鲁地，今山东邹县。[2] 子思：孔子孙，名伋。[3] 果：信也。[4] 商君：名鞅，魏亡入秦，姓公孙，卫庶公子，相秦孝公，变法，置县，开阡陌，致秦大强，封于商，故号"商君"。[5] 孙子、田忌：见《孙子吴起列传》。文中所引诸人，时固不同，约言之，其中独重言齐，以孟子游齐事宣王故也。[6] 合从：合南北之谓，一作"合纵"。战国时苏秦以此策说诸侯，使齐燕楚赵韩魏同盟拒秦，谓之"合纵"。连衡：亦作"连横"，合六国以事秦之策也，张仪主之。[7] 万章：姓名，孟子门人，尚有公明高等，亦孟子门人。[8] 孟子当时未尝序《诗》、《书》，句谓援引《诗》、《书》之言。

齐有三驺子[1]。其前驺忌[2]，以鼓琴干威王，因及国政，封为成[3]侯而受相印，先孟子。其次驺衍，后孟子。驺衍睹有国者益淫侈，不能尚德，若《大雅》"整之于身，施及黎庶"矣[4]。乃深观阴阳消息，而作怪迂之变[5]，《终始》、《大圣》之篇，十余万言[6]。其语闳大不经，必先验小物，推而大之，至于无垠[7]。先序今以上，至黄帝，学者所共术[8]，大并世盛衰，因载其禨祥[9]、度制，推而远之，至天地未生，窈冥不可考而原也。先列中国名山、大川、通谷、禽、兽，水土所殖，物类所珍，因而推之及海外，人之所不能睹。称引天地剖判以来，五德转移[10]，治各有宜，而符应若兹。以为儒者所谓中国者，于天下乃八十一分居其一分耳。中国名曰"赤县神州"。赤县神州内自有九州，禹之序九州是也[11]，不得为州数。中国外如赤县神州者九，乃所谓九州也。于是有裨海环之[12]，人民禽兽莫能相通者，如一区中者，乃为一州。如此者九，乃有大瀛海环其外，天地之际焉。其术皆此类也。然要其归，必止乎仁、义、节、俭、君、臣、上、下、六亲之施，始也滥耳[13]。王公大人初见其术，惧然顾化[14]，其后不能行之。是以驺子重于齐。适梁，梁惠王郊迎，执宾主之礼。适赵，平原君侧行襒席[15]。如燕，昭王拥彗先驱[16]，请列弟子之座而受业，筑碣石宫，身亲往师之。作《主运》[17]。其游诸侯见尊礼如此，岂与仲尼菜色陈、蔡，孟轲困于齐、梁同乎哉[18]！故武王以仁义伐纣而王，伯夷饿不食周粟；卫灵公问陈，而孔子不答[19]；梁惠王谋欲攻赵，孟轲称太王去邠[20]。此岂有意阿[21]世俗苟合而已哉！持方枘欲内圜凿，其能入乎[22]？或曰，伊尹负鼎，而勉汤以王[23]，百里奚饭牛车下，而缪公用霸[24]，作先合[25]，然后引之大道。驺衍其言虽不轨，傥亦有牛鼎之意乎？

[1] 驺忌、驺衍、驺奭，曰"三驺子"。[2] 邹：与"驺"同。[3] 成：今江苏邳县地名。[4] 不能如前人之大雅怀德，能旁施于民也。[5] 变：异端之变也。[6]《终始》、《大圣》：邹衍书之篇名。[7] 垠：音"银"，涯际也。[8] 术：与"述"同。[9] 禨：祥也。[10] 五行之德曰"五德"，金木水火土循环之道也。[11] 禹贡九州：冀、青、兖、荆、梁、雍、豫、徐、扬也。[12] 小海曰"裨海"。[13] 滥：泛泛无节之意。谓衍之言必归于仁义君臣之施，颇觉泛滥无节耳。[14] 惧然：惊而动心也。顾化：欲留意所言而从之也。[15] 平原君：赵之诸公子，为相，名胜。襒：音"撇"，拂拭也。[16] 昭王：名曰"平"。彗：即帚，谓拥帚却行，恐尘扬及，致干失敬也。[17]《主运》：亦为邹子书之篇名。[18] 菜色：因饥困致面色黄暗如菜叶也。孔子在陈蔡尝绝粮。孟子在齐梁不遇之以礼。[19] 陈：同"阵"，灵公问军旅之事，孔子置之不答。[20] 太王：为文王之祖。梁惠王攻赵，孟子称载太王居邠。狄人侵之，太王又去邠，而迁歧山之下。[21] 阿：厄歌切，曲意相附曰"阿"。[22] 枘：音"芮"，枘，方筍也。内：与"纳"同。圆凿：孔也。言工人斫木，以方枘纳圆孔，必龃龉不能入也。[23] 伊尹耕于莘，汤三使聘为相，后伐桀而放之。负鼎：以烹调之事干汤也。[24] 百里奚：虞人也。饭：饲也。秦穆公：名任好。奚始贫为人牧牛，见穆公出，歌以感之，后穆公用为相，遂霸西戎。[25] 先合：先容也。谓以术干人，得间而进也。

自驺衍与齐之稷下[1]先生，如淳于髡、慎到、环渊、接子、田骈、驺奭之徒，各著书言治乱之事，以干世主，岂可胜道哉！

[1] 自：统下词。稷：齐之城门名，下有馆，谈说之士，常会集其中，故名曰"稷下馆"。一说，稷：山名，立馆其下，故曰"稷下"。又说，稷下：地名，在今山东临淄县北。

淳于髡[1]，齐人也。博闻，强记，学无所主。其陈说慕晏婴之为人也，然而承意观色为务[2]。客有见髡于梁惠王，惠王屏左右，独坐而再见之，终无言也。惠王怪之，以让客曰："子之称淳于先生，管晏不及，及见寡人，寡人未有得也。岂寡人不足为言邪[3]？何故哉？"客以谓髡。髡曰："固也。吾前见王，王志在驱逐[4]；后复见王，王志在音声：吾是以默然。"客具以报王，王大骇曰："嗟乎，淳于先生诚圣人也！前淳于先生之来，人有献善马者，寡人未及视，会先生至，后先生之来。人有献讴者，未及试，亦会先生来。寡人虽屏人，然私心在彼，有之。"后淳于髡见，壹语连三日三夜无倦。惠王欲以卿相位待之，髡因谢去。于是送以安车驾驷，束帛加璧，黄金百镒。终身不仕[5]。

[1] 淳于：姓，名髡，滑稽多辩，数使诸侯，未尝屈辱。[2] 能承人之意，观人之色，不贸然进言也。[3] 为：与也。[4] 驱逐：乘马之事也。[5] 髡尝为仕，史言失实。

慎到，赵人。田骈、接子，齐人。环渊，楚人。皆学黄、老道德之术[1]，因发明序其指意。故慎到著十二论，环渊著上下篇，而田骈、接子皆有所论焉。

[1] 按：接子、田骈等为道家，慎到为法家，皆学黄老，因慎到由道家入法家也。

驺奭者，齐诸驺子[1]，亦颇采驺衍之术以纪文。于是齐王嘉之，自如淳于髡以下，皆命曰列大夫，为开第康[2]庄之衢，高门大屋，尊宠之。览天下诸侯宾客，言齐能致天下贤士也。

[1] 诸驺子：齐诸驺子中之一人也。[2] 筑宅舍曰"开第"，通道康庄。

荀卿,赵人[1]。年五十,始来游学于齐。驺衍之术,迂大而闳辩;奭也,文具难施[2];淳于髡久与处,时有得善言。故齐人颂曰:"谈天衍,雕龙奭,炙毂过髡[3]。"田骈之属皆已死,齐襄王时[4],而荀卿最为老师。齐尚修列大夫之缺,而荀卿三为祭酒焉[5]。

[1]荀卿:名况,卿字也。[2]谓文采具备,难施于事实也。[3]言衍五德终始、天地广大之说,尽言天事,故曰"谈天"。奭修衍之文饰,若雕龙文,故曰"雕龙"。过:当作"輠",车之盛膏器。以膏涂轴使车行无停留。炙毂过:喻髡多智,其辩论展转不穷也。[4]襄王:名曰法章。[5]祭酒:官名。三为祭酒:前后三度也。

齐人或谗荀卿,荀卿乃适楚,而春申君以为兰陵令[1]。春申君死,而荀卿废,因家兰陵。李斯尝为弟子[2],已而相秦。荀卿嫉浊世之政,亡国乱君相属,不遂大道,而营于巫祝,信禨祥,鄙儒小拘如庄周等,又猾稽乱俗,于是推儒、墨、道德之行事兴坏,序列著数万言而卒。因葬兰陵。

[1]春申君:黄姓,名歇,为楚相。兰陵:楚邑,故城在今山东峄县东。[2]李斯:始皇之相,楚上蔡人,从荀卿学帝王术。

而赵亦有公孙龙,为坚、白、同、异之辩[1],《剧子》之言[2];魏有李悝,尽地力之教[3];楚有尸子、长卢[4];阿之吁子[5]焉。自如孟子至于吁子,世多有其书,故不论其传云。盖墨翟,宋之大夫,善守御,为节用。或曰并孔子时,或曰在其后。

[1]公孙龙:为孔子弟子,著书十四篇。坚、白者,以刀剑为喻,述论理之异同也。[2]《剧子》:书篇名也。[3]悝:音"恢"。李悝相魏文侯,尽地力务农也。悝所著书名《李子》,凡三十二篇。[4]尸子:周时鲁人,名佼,为秦相商鞅客。鞅诛,亡入蜀,著书二十篇,即名《尸子》。长卢:

道家，著书九篇，名《长卢子》。[5] 阿：地名，属齐地，秦曰"东阿"。今山东阳谷县东北之阿城镇。吁子：名婴，系"芋子"之讹。为儒家，著有《芋子》十八篇。

信陵君列传

魏公子无忌者,魏昭王[1]少子,而魏安釐王[2]异母弟也。昭王薨,安釐王即位,封公子为信陵君[3]。是时范雎[4]亡魏相秦,以怨魏齐故,秦兵围大梁,破魏华阳下军,走芒卯[5]。魏王及公子患之。

[1]魏昭王:名遫。[2]安釐王:名圉。[3]信陵:属魏地,今河南宁陵县有宁陵故城,即无忌食邑。[4]范雎:魏人,为中大夫须贾客。使于齐,齐襄王闻雎口辩,赐以金及牛酒,须贾以雎泄魏事于齐,归告魏相齐。魏齐使人击雎,雎佯死,亡匿。后入秦,相秦昭王。[5]大梁:魏都也,今河南开封县。华阳:今陕西南郑县。芒卯:齐人,为魏相。按秦围大梁事在前,范雎相秦事在后。

公子为人仁而下士,士无贤、不肖,皆谦而礼交之,不敢以其富贵骄士。士以此方数千里争往归之,致食客三千人。当是时,诸侯以公子贤,多客,不敢加兵谋魏十余年。

公子与魏王博,而北境传举烽[1],言"赵寇至,且入界"。魏王释博,欲召大臣谋。公子止王曰:"赵王田猎耳,非为寇也。"复博如故。王恐,心不在博。居顷,复从北方来传言曰:"赵王猎耳,非为寇也。"魏王大惊曰:"公子何以知之?"公子曰:"臣之客有能探得赵王阴事者,赵王所为,客辄以报臣,臣以此知之。"是后魏王畏公子之贤能,不敢任公子以国政。

[1]烽火曰"烽"。古时戍守见敌至,举火为号,俾国中早得备敌也。

魏有隐士曰侯嬴,年七十,家贫,为大梁夷门监者[1]。公子闻之,往请,欲厚遗之。不肯受,曰:"臣修身洁行数十年,终不以监门困故,而受公子财。"公子于是乃置酒,大会宾客。

坐定，公子从车骑，虚左[2]，自迎夷门侯生。侯生摄敝衣冠，直上载公子[3]，上坐不让，欲以观公子。公子执辔愈恭。侯生又谓公子曰："臣有客在市屠中，愿枉车骑过之[4]。"公子引车入市，侯生下见其客朱亥，俾倪[5]，故久立与其客语，微察公子。公子颜色愈和。当是时，魏将相宗室[6]宾客满堂，待公子举酒。市人皆观公子执辔。从骑皆窃骂侯生。侯生视公子，色终不变，乃谢客就车。至家，公子引侯生坐上坐，遍赞宾客[7]，宾客皆惊。酒酣，公子起为寿侯生前[8]。侯生因谓公子曰："今日嬴之为公子亦足矣[9]。嬴乃夷门抱关者也[10]，而公子亲枉车骑，自迎嬴于众人广坐之中，不宜有所过[11]，今公子故过之。然嬴欲就公子之名，故久立公子车骑市中，过客以观公子，公子愈恭。市人皆以嬴为小人，而以公子为长者能下士也。"于是罢酒，侯生遂为上客。

[1] 夷门：为大梁城门名。监者：守门之人也。[2] 虚左：因左位尊，虚之所以待侯生也。[3] 直上公子所乘车也。[4] 枉：迂道也。[5] 俾倪：与"睥睨"同，邪视也。[6] 宗室：王族也。[7] 赞：告也。谓介绍侯生于宾客之前也。[8] 以酒祝之曰"寿"。谓举觞在侯生之前也。[9] 侯生言己之所以助公子者甚足。[10] 抱关：守门人也。[11] 不应有过隆之礼遇之。

侯生谓公子曰："臣所过屠者朱亥，此子贤者，世莫能知，故隐屠间耳。"公子往数请之，朱亥故不复谢，公子怪之。

魏安釐王二十年，秦昭王已破赵长平军[1]，又进兵围邯郸[2]。公子姊为赵惠文王弟平原君夫人，数遗魏王及公子书，请救于魏。魏王使将军晋鄙将十万众救赵。秦王使使者告魏王曰："吾攻赵，旦暮且下，而诸侯敢救者，已拔赵，必移兵先击之。"魏王恐，使人止晋鄙，留军壁邺[3]，名为救赵，实持两端以观望。平原君使者冠盖相属[4]于魏,让魏公子曰:"胜所以自附为婚姻者,以公子之高义,为能急人之困。今邯郸旦暮降秦,而魏救不至,安在公子能急人之困也!且公子纵轻胜,弃之降秦,独不怜公子姊邪?"公子患之,数请魏王,及宾客辩士,说王万端[5]。魏王畏秦,终不听公子。公子自度终不能得之于王,计不独生而令赵亡,乃请宾客,约车骑百余乘,欲以客往赴秦军,与赵俱死。

[1]长平:在今山西高平县地。长平之役,秦将白起坑杀赵卒至四十万众。[2]邯郸:赵之都也。[3]壁:本曰"军垒",此指驻军也。邺:今河南临漳县。《战国策》载有此事,言"止于荡阴",但不曰"邺"。[4]盖:车盖。属:连属。极言使者之多也。[5]说:读作"税",谓以言语喻人使从己也。

行过夷门,见侯生,具告所以欲死秦军状。辞决而行,侯生曰:"公子勉之矣,老臣不能从。"公子行数里,心不快,曰:"吾所以待侯生者备矣,天下莫不闻,今吾且死,而侯生曾无一言半辞送我,我岂有所失哉?"复引车还,问侯生。侯生笑曰:"臣固知公子之还也。"曰:"公子喜士,名闻天下。今有难,无他端,而欲赴秦军,譬若以肉投馁虎,何功之有哉?尚安事客[1]?然公子遇臣厚,公子往而臣不送,以是知公子恨之复返也。"公子再拜,因问。侯生乃屏人间语[2]曰:"嬴闻晋鄙之兵符[3],常在王卧内,而如姬最幸[4],出入王卧内,力能窃之。嬴闻如姬父为人所杀,如姬资之三年[5],自王以下,欲求报其父仇,莫能得。如姬为公子泣,公子使客斩其仇头敬进如姬。如姬之欲为公子死无所辞,顾未有路耳。公子试一开口请如姬,如姬必许诺,则得虎符,夺晋鄙军,北救赵而西却秦,此五霸之伐也[6]。"

公子从其计，请如姬。如姬果盗晋鄙兵符与公子。

[1] 言尚何需乎客。[2] 屏：除去也。间语：背人之私语也。[3] 符用竹为之，书字其上，剖而为二，有需撮合之以征言。[4] 如姬：为魏王姬人。[5] 资之：以财资人，求肯为报父仇者。[6] 五霸：齐桓、宋襄、晋文、秦穆、楚庄也。伐：功伐也。此举系抑强扶弱，功同五霸也。

公子行，侯生曰："将在外，主命有所不受，以便国家。公子即合符，而晋鄙不授公子兵而复请之，事必危矣。臣客屠者朱亥，可与俱，此人力士。晋鄙听，大善；不听，可使击之。"于是公子泣。侯生曰："公子畏死邪？何泣也？"公子曰："晋鄙嚄唶宿将[1]，往恐不听，必当杀之，是以泣耳，岂畏死哉？"于是公子请朱亥。朱亥笑曰："臣乃市井鼓刀[2]屠者，而公子亲数存之[3]，所以不报谢者，以为小礼无所用。今公子有急，此乃臣效命之秋也。"遂与公子俱。公子过谢侯生。侯生曰："臣宜从，老不能。请数公子行日，以至晋鄙军之日，北乡自刭[4]，以送公子。"

[1] 嚄：音"获"，大声也。唶：音"窄"，大呼也。宿将：老将也，言晋鄙乃声威震人之老将。[2] 鼓刀：操刀也。[3] 存：恤问也。[4]：乡：与"向"同。刭：以刀割颈也。

公子遂行。至邺，矫魏王令代晋鄙。晋鄙合符，疑之，举手视公子曰："今吾拥十万之众，屯于境上，国之重任，今单车来代之[1]，何如哉？"欲无听。朱亥袖四十斤铁椎，椎杀晋鄙，公子遂将晋鄙军。勒兵[2]，下令军中曰："父子俱在军中，父归；兄弟俱在军中，兄归；独子无兄弟，归养[3]。"得选兵八万人，进兵击秦军。秦军解去，遂救邯郸，存赵。

[1] 信陵君单车轻从，来代此重任也。[2] 部勒晋鄙之兵也。[3] 归养：

言归家养父母也。

赵王及平原君自迎公子于界[1],平原君负韣矢[2],为公子先引[3]。赵王再拜曰:"自古贤人,未有及公子者也。"当此之时,平原君不敢自比于人。

[1] 界:国界也。[2] 韣:音"兰",盛弩矢之具也。[3] 先引:为前导也。

公子与侯生决,至军,侯生果北向自刭。

魏王怒公子之盗其兵符,矫杀晋鄙,公子亦自知也。已却秦存赵,使将将其军归魏,而公子独与客留赵。

赵孝成王[1]德公子之矫夺晋鄙兵而存赵,乃与平原君计,以五城封公子。公子闻之,意骄矜而有自功之色[2]。客有说公子曰:"物有不可忘,或有不可不忘。夫人有德于公子,公子不可忘也;公子有德于人,愿公子忘之也。且矫魏王令,夺晋鄙兵以救赵,于赵则有功矣,于魏则未为忠臣也。公子乃自骄而功之,窃为公子不取也。"于是公子立自责,似若无所容者[3]。赵王埽除自迎,执主人之礼,引公子就西阶。公子侧行辞让,从东阶上[4]。自言辠过[5],以负于魏,无功于赵。赵王侍酒至暮,口不忍献五城,以公子退让也。公子竟留赵。赵王以鄗为公子汤沐邑[6],魏亦复以信陵奉公子。

[1] 赵孝成王:名丹。[2] 自功:自以为有功作骄矜态也。[3] 似不容存赵功于心目中也。[4] 古时款客,主人就东阶,客就西阶。客若降等,则就主人之阶。[5] 辠:古"罪"字。[6] 鄗:音"霍",赵地,今河北柏乡县。汤沐邑:以其地之所入供汤沐资也。

公子留赵。公子闻赵有处士毛公,藏于博徒,薛公,藏于卖浆家[1],公子欲见两人,两人自匿,不肯见公子。公子闻所在,乃间步[2]往从此两人游,甚欢。平原君闻之,谓其夫人曰:"始吾闻夫人弟公子，天下无双，今吾闻之，乃妄从博徒卖浆者游，公子妄人耳。"夫人以告公子。公子乃谢夫人去，曰："始吾闻平原君贤，故负魏王而救赵，以称平原君[3]。平原君之游，徒豪举耳，不求士也[4]。无忌自在大梁时，常闻此两人贤，至赵，恐不得见。以无忌从之游，尚恐其不我欲也，今平原君乃以为羞，其不足从游[5]。"乃装为去。夫人具以语平原君。平原君乃免冠谢，固留公子。平原君门下闻之，半去平原君归公子，天下士复往归公子，公子倾平原君客。

[1]隐居不出仕之士，曰"处士"。毛公、薛公：史中其名未详。藏于博徒：隐藏于博徒中也。卖浆家：即卖酒浆之店也。[2]间：私也。[3]称：附也。谓附平原君之贤名与盛情也。[4]徒貌为豪杰之行，不求真士也。[5]言平原君之为人，不足从游也。

公子留赵十年不归。秦闻公子在赵，日夜出兵东伐魏。魏王患之，使使往请公子。公子恐其怒之[1]，乃诫门下："有敢为魏王使通者死。"宾客皆背魏之赵，莫敢劝公子归。毛公、薛公两人往见公子曰："公子所以重于赵，名闻诸侯者，徒以有魏也。今秦攻魏，魏急，而公子不恤[2]，使秦破大梁，而夷[3]先王之宗庙，公子当何面目立天下乎？"语未及卒，公子立变色，告车趣驾[4]归救魏。魏王见公子，相与泣，而以上将军印授公子，公子遂将。魏安釐王三十年，公子使使遍告诸侯。诸侯闻公子将，各遣将将兵救魏。公子率五国之兵[5]，破秦军于河外[6]，走蒙骜[7]。遂乘胜逐秦军至函谷关，抑秦兵，秦兵不敢出。当是时，公子威振天下，诸侯之客进兵法，公子皆名之[8]，故世俗称《魏公子兵法》。

[1]公子惧魏王之怒己，恐归不能免。[2]恤：怜悯也。[3]夷：平也。

[4] 趣：与"促"同。[5] 五国：为齐、楚、燕、赵、韩也。[6] 河外：指大河之南也。[7] 蒙骜：秦之将也。[8] 凡客所进兵法，皆署公子之名也。

秦王患之，乃行金万斤于魏，求晋鄙客，令毁公子于魏王曰："公子亡在外十年矣，今为魏将，诸侯将皆属[1]，诸侯徒闻魏公子，不闻魏王。公子亦欲因此时，定南面而王，诸侯畏公子之威，方欲共立之。"秦数使反间[2]，伪贺公子得立为魏王未也。魏王日闻其毁，不能不信，后果使人代公子将。公子自知再以毁废，乃谢病不朝，与宾客为长夜饮，饮醇酒，多近妇女。日夜为乐，饮者四岁，竟病酒而卒。其岁，魏安釐王亦薨。

[1] 凡诸侯之将，皆统属于公子也。[2] 反间：伪造事端以离间人之情感也。

秦闻公子死，使蒙骜攻魏，拔二十城，初置东郡[1]。其后秦稍蚕食魏[2]，十八岁而虏魏王[3]，屠大梁。

[1] 以所拔魏之二十城置东郡，河北旧大名府、山东旧东昌府及长清县以西皆当其地。[2] 侵蚀邻国土地，如蚕食桑叶曰"蚕食"。[3] 魏王：即魏末王，名曰"假"。

高祖始微少时，数闻公子贤。及即天子位，每过大梁，常祠公子。高祖十二年，从击黥布还[1]，为公子置守冢五家[2]，世世岁以四时奉祠公子。

[1] 黥布：姓英，少时坐法黥，故称黥布。初属羽，因郦食其之说归汉，佐高祖定天下，封淮南王，后反，高祖自将击平之。[2] 指定守冢之人五家，使岁时祠公子。

太史公曰：吾过大梁之墟，求问其所谓夷门。夷门者，城之东门也。天下诸公子亦有喜士者矣，然信陵君之接岩穴隐者[1]，不耻下交,有以也。名冠诸侯,不虚耳。高祖每过之,而令民奉祠不绝也。

[1] 岩穴:喻隐藏之深,非真处岩穴中也。

廉颇蔺相如列传

廉颇者,赵之良将也。赵惠文王十六年[1],廉颇为赵将伐齐,大破之,取晋阳[2],拜为上卿,以勇气闻于诸侯。蔺相如者[3],赵人也,为赵宦者令缪贤舍人[4]。

[1] 惠文王:名何。十六年,或谓事在十五年,未详孰是。[2] 齐无晋阳,当作阳晋。因先为卫地,后属齐。故城在今山东乘氏县西北。或云当作淮北。[3] 蔺:音"吝"。[4] 舍人:为亲近左右之人,非必官名也。

赵惠文王时,得楚和氏璧[1]。秦昭王闻之[2],使人遗赵王书,愿以十五城请易璧。赵王与大将军廉颇诸大臣谋,欲予秦,秦城恐不可得,徒见欺;欲勿予,即患秦兵之来。计未定,求人可使报秦者,未得。宦者令缪贤曰:"臣舍人蔺相如可使。"王问:"何以知之?"对曰:"臣尝有罪,窃计欲亡走燕,臣舍人相如止臣,曰:'君何以知燕王?'臣语曰:'臣尝从大王与燕王会境上,燕王私握臣手曰:愿结友。以此知之,故欲往。'相如谓臣曰:'夫赵强而燕弱,而君幸于赵王,故燕王欲结于君。今君乃亡赵走燕,燕畏赵,其势必不敢留君,而束君归赵矣。君不如肉袒伏斧质[3]请罪,则幸得脱矣。'臣从其计,大王亦幸赦臣。臣窃以为其人勇士,有智谋,宜可使。"于是王召见,问蔺相如曰:"秦王以十五城请易寡人之璧,可予不?"相如曰:"秦强而赵弱,不可不许。"王曰:"取吾璧,不予吾城,奈何?"相如曰:"秦以城求璧而赵不许,曲在赵。赵予璧,而秦不予赵城,曲在秦。均之二策,宁许以负秦曲[4]。"王曰:"谁可使者?"相如曰:"王必无人,臣愿奉璧往。使城入赵而璧留秦;城不入,臣请完璧归赵。"

[1] 楚人和氏得玉璞于山中，献之楚王，理璞得玉，因命曰和氏璧。[2] 秦昭王：名稷。[3] 质：到刃曰"质"。[4] 宁许秦璧，使秦负不偿城之曲。

赵王于是遂遣相如奉璧西入秦。秦王坐章台[1]见相如，相如奉璧奏秦王。秦王大喜，传以示美人及左右，左右皆呼万岁。相如视秦王无意偿赵城，乃前曰："璧有瑕[2]，请指示王。"王授璧，相如因持璧却立倚柱，怒发上冲冠，谓秦王曰："大王欲得璧，使人发书至赵王，赵王悉召群臣议，皆曰'秦贪，负其强，以空言求璧，偿城恐不可得'。议不欲予秦璧。臣以为布衣之交，尚不相欺，况大国乎！且以一璧之故，逆强秦之驩[3]，不可。于是赵王乃斋戒五日，使臣奉璧，拜送书于庭。何者？严大国之威，以修敬也。今臣至，大王见臣列观[4]，礼节甚倨；得璧传之美人，以戏弄臣。臣观大王无意偿赵王城邑，故臣复取璧。大王必欲急臣，臣头今与璧俱碎于柱矣！"相如持其璧睨柱，欲以击柱[5]。秦王恐其破璧，乃辞谢，固请[6]，召有司，案图指从此以往十五都予赵。相如度秦王特以诈佯为予赵城，实不可得，乃谓秦王曰："和氏璧，天下所共传宝也，赵王恐，不敢不献。赵王送璧时，斋戒五日，今大王亦宜斋戒五日，设九宾于廷[7]，臣乃敢上璧。"秦王度之，终不可强夺，遂许斋五日，舍相如广成传舍[8]。相如度秦王虽斋，决负约，不偿城，乃使其从者衣褐，怀其璧，从径道亡，归璧于赵。

[1] 章台：台名。秦有章台宫，因宫中有此台，故名此也。[2] 瑕：玉病也。[3] 驩：与"欢"同。[4] 列观：为寻常之宫观，非敬礼外宾之宫观也。[5] 睨：斜视也。[6] 固请：相如固请秦王，偿前许之城也。[7] 九宾：言赞宾礼者九人也，周礼名之曰"九仪"。[8] 广成：传舍之名。传舍：在驿

站所设房舍也。

秦王斋五日后,乃设九宾礼于廷,引赵使者蔺相如。相如至,谓秦王曰:"秦自缪公以来,二十余君,未尝有坚明约束者也。臣诚恐见欺于王而负赵,故令人持璧归,间至赵矣[1]。且秦强而赵弱,大王遣一介之使至赵,赵立奉璧来。今以秦之强,而先割十五都予赵,赵岂敢留璧而得罪于大王乎?臣知欺大王之罪当诛,臣请就汤镬[2],唯大王与群臣熟计议之。"秦王与群臣相视而嘻[3]。左右或欲引相如去[4],秦王因曰:"今杀相如,终不能得璧也,而绝秦、赵之欢,不如因而厚遇之,使归赵,赵王岂以一璧之故欺秦邪!"卒廷见相如,毕礼而归之。

[1]间:是间道,即僻道也。谓从僻道归赵也。[2]汤镬:烹人之具,古之酷刑也。[3]嘻:惊惧之词。[4]欲引去而杀之也。

相如既归,赵王以为贤大夫,使不辱于诸侯,拜相如为上大夫。秦亦不以城予赵,赵亦终不予秦璧。其后秦伐赵,拔石城[1]。明年,复攻赵,杀二万人。

[1]二役实为上年璧事余波。石城:故城在今河南林县。

秦王使使者告赵王,欲与王为好会于西河外渑池[1]。赵王畏秦,欲毋行。廉颇、蔺相如计曰:"王不行,示赵弱且怯也。"赵王遂行,相如从。廉颇送至境,与王诀曰:"王行,度道里会遇之礼毕,还,不过三十日。三十日不还,则请立太子为王。以绝秦望。"王许之,遂与秦王会渑池。秦王饮酒酣,曰:"寡人窃闻赵王好音,请奏瑟。"赵王鼓瑟。秦御史前书曰"某年月日,秦王与赵王会饮,令赵王鼓瑟"。蔺相如前曰:"赵王窃闻秦王善为秦声,请奏盆缻秦王[2],以相娱乐。"秦王怒,不许。于是相如前进缶,因跪请秦王。秦王不肯击缶。相如曰:"五步之内,相如请得以颈血溅大王矣[3]！"左右欲刃相如，相如张目叱之，左右皆靡[4]。于是秦王不怿，为一击缶。相如顾召赵御史书曰"某年月日，秦王为赵王击缶"。秦之群臣曰："请以赵十五城为秦王寿。"蔺相如亦曰："请以秦之咸阳为赵王寿。"秦王竟酒，终不能加胜于赵。赵亦盛设兵以待秦，秦不敢动。

[1]渑池：今在河南渑池县。[2]奉：进也。缻：同"缶"，瓦器，可以盛酒，秦人鼓之以节歌也。[3]言以生命相搏，盖五步至近，无从抵抗也。[4]靡：披靡却退貌。

既罢，归国，以相如功大，拜为上卿，位在廉颇之右。廉颇曰："我为赵将，有攻城野战之大功，而蔺相如徒以口舌为劳，而位居我上，且相如素贱人[1]，吾羞，不忍为之下。"宣言曰："我见相如，必辱之。"相如闻，不肯与会。相如每朝时，常称病，不欲与廉颇争列。已而相如出，望见廉颇，相如引车避匿。于是舍人相与谏曰："臣所以去亲戚而事君者，徒慕君之高义也。今君与廉颇同列，廉君宣恶言，而君畏匿之，恐惧殊甚，且庸人尚羞之，况于将相乎！臣等不肖，请辞去。"蔺相如固止之，曰："公之视廉将军，孰与秦王？"曰："不若也。"相如曰："夫以秦王之威，而相如廷叱之，辱其群臣，相如虽驽[2]，独畏廉将军哉？顾吾念之，强秦之所以不敢加兵于赵者，徒以吾两人在也。今两虎共斗，其势不俱生。吾所以为此者，以先国家之急而后私仇也。"廉颇闻之，肉袒负荆[3]，因宾客至蔺相如门谢罪。曰："鄙贱之人，不知将军宽之至此也。"卒相与欢，为刎颈之交[4]。

[1]指其为舍人也。[2]驽：才能拙劣也。[3]肉袒：去上衣露肢体。荆：楚也，可以作鞭。言负荆以往，请相如鞭责，意谓请罪也。[4]刎颈之交：言以生命相许之交情也。

是岁,廉颇东攻齐,破其一军。居二年,廉颇复伐齐几[1],拔之。后三年,廉颇攻魏之防陵、安阳[2],拔之。后四年,蔺相如将而攻齐,至平邑[3]而罢。其明年,赵奢破秦军阏与下[4]。

[1] 几(按:"几"字,注本原文为"楚"字,注释却为"几"字,疑原文"楚"字为误,故改之。):邑名。 [2] 防陵、安阳:皆今之河南安阳县地。 [3] 平邑:故城,在今山东昌乐县东北。 [4] 阏与:本韩邑,后属赵,今在山西和顺县西。

赵奢者,赵之田部吏也。收租税,而平原君家不肯出租,赵奢以法治之,杀平原君用事者九人。平原君怒,将杀奢。奢因说曰:"君于赵为贵公子,今纵君家而不奉公,则法削,法削则国弱,国弱则诸侯加兵,诸侯加兵,是无赵也,君安得有此富乎?以君之贵,奉公如法,则上下平,上下平则国强,国强则赵固,而君为贵戚,岂轻于天下邪?"平原君以为贤,言之于王。王用之治国赋,国赋大平,民富而府库实。

秦伐韩军于阏与。王召廉颇而问曰:"可救不?"对曰:"道远险狭难救。"又召乐乘而问焉,乐乘对如廉颇言。又召问赵奢,奢对曰:"其道远险狭,譬之犹两鼠斗于穴中,将勇者胜。"王乃令赵奢将救之。

兵去邯郸三十里,而令军中曰:"有以军事谏者死。"秦军军武安西[1],秦军鼓噪勒兵,武安屋瓦尽振。军中候[2]有一人言急救武安,赵奢立斩之。坚壁,留二十八日不行,复益增垒。秦间来入[3],赵奢善食而遣之。间以报秦将,秦将大喜曰:"夫去国三十里而军不行,乃增垒,阏与非赵地也。"

[1] 武安:即今河南武安县。 [2] 在军中窥伺敌情者曰"候"。 [3] 以间谍,入赵之阵地也。

赵奢既已遣秦间，乃卷甲而趋之[1]，二日一夜至，令善射者去阏与五十里而军。军垒成，秦人闻之，悉甲而至。军士许历请以军事谏，赵奢曰："内之。"许历曰："秦人不意赵师至，此其来气盛，将军必厚集其阵以待之。不然必败。"赵奢曰："请受令[2]。"许历曰："请就铁质之诛。"赵奢曰："胥后令[3]。"(邯郸)欲战，许历复请谏，曰："先据北山上者胜，后至者败。"赵奢许诺，即发万人趋之。秦兵后至，争山不得上，赵奢纵兵击之，大破秦军。秦军解而走，遂解阏与之围而归。赵惠文王赐奢号为"马服君"，以许历为国尉[4]。赵奢于是与廉颇、蔺相如同位。

[1] 军久留不行，秦兵必疏备，乘其不备，遂疾行而过险狭。[2] 受令：即受教也。[3] 胥：待伺也。奢前未有计遇险，恐人以急救武安言，故令止谏。今已遇险欲战，须更谋策，前令当不适用，故许历虽请诛从前令，而奢不诛，欲更待后令也。[4] 国尉：军尉也，简讨军实之官曰"尉"。

后四年，赵惠文王卒，子孝成王立。七年，秦与赵兵相距长平，时赵奢已死，而蔺相如病笃，赵使廉颇将攻秦，秦数败赵军，赵军固壁不战。秦数挑战，廉颇不肯[1]。赵王信秦之间。秦之间言曰："秦之所恶，独畏马服君赵奢之子赵括为将耳。"赵王因以括为将，代廉颇。蔺相如曰："王以名使括，若胶柱而鼓瑟[2]耳。括徒能读其父书传，不知合变[3]也。"赵王不听，遂将之。

[1] 不肯应战也。[2] 胶柱鼓瑟：柱：瑟上之雁足，可自由移动，以调弦之缓急。不能调弦，声音难谐合也。[3] 合变：谓应付非常之变也。

赵括自少时学兵法，言兵事，以天下莫能当。尝与其父奢言兵事，奢不能难，然不谓善。括母问奢其故，奢曰："兵，死地也，而括易言之[1]。使赵不将括即已，若必将之，破赵军者必括也。"及括将行，其母上书言于王曰："括不可使将。"王曰:"何以?"对曰:"始妾事其父时,为将,身所奉饭饮而进食者以十数[2],所友者以百数,大王及宗室所赏赐者,尽以予军吏士大夫,受命之日,不问家事。今括一旦为将,东向而朝[3],军吏无敢仰视之者。王所赐金帛,归藏于家,而日视便利田宅可买者买之。王以为何如其父?父子异心,愿王勿遣。"王曰:"母置之,吾已决矣。"括母因曰:"王终遣之,即有如不称[4],妾得无随坐乎[5]?"王许诺[6]。

[1]谓其言之轻易不可信也。[2]言赵奢在时,亲奉饭饮食进者,有十数人也。[3]朝:指会见军吏也。[4]不称:是不得当,指兵事失利也。[5]随坐:言连同被罪也,彼时得不随坐否。[6]王即许其不随坐。

赵括既代廉颇,悉更约束,易置军吏。秦将白起闻之,纵奇兵,详败走,而绝其粮道,分断其军为二,士卒离心。四十余日,军饿,赵括出锐卒自搏战,秦军射杀赵括。括军败,数十万之众遂降秦,秦悉坑之。赵前后所亡凡四十五万。明年,秦兵遂围邯郸,岁余,几不得脱。赖楚、魏诸侯来救,乃得解邯郸之围。赵王亦以括母先言,竟不诛也。

自邯郸围解五年,而燕用栗腹之谋,曰"赵壮者尽于长平,其孤未壮。"举兵击赵。赵使廉颇将击,大破燕军于鄗[1],杀栗腹,遂围燕。燕割五城请和,乃听之。赵以尉文,封廉颇为信平君[2],为假相国[3]。廉颇之免长平归也,失势之时,故客尽去。及复用为将,客又复至。廉颇曰:"客退矣!"客曰:"吁!君何见之晚也?夫天下之市道交,君有势,我则从君,君无势则去,此固其理也,有何怨乎?"

[1]鄗:见前《信陵君列传》。[2]尉:官名。文:人名。言取尉文所食之邑封于颇,而号为信平君也。[3]假:暂行摄代也。

居六年，赵使廉颇伐魏之繁阳[1]，拔之。赵孝成王卒，子悼襄王立[2]，使乐乘代廉颇。廉颇怒，攻乐乘，乐乘走。廉颇遂奔魏之大梁。其明年，赵乃以李牧为将而攻燕，拔武遂、方城[3]。廉颇居梁久之，魏不能信用。赵以数困于秦兵，赵王思复得廉颇，廉颇亦思复用于赵。赵王使使者视廉颇尚可用否。廉颇之仇郭开多与使者金，令毁之。赵使者既见廉颇，廉颇为之一饭斗米，肉十斤，被甲上马，以示尚可用。赵使还报王曰："廉将军虽老，尚善饭，然与臣坐，顷之三遗矢矣[4]。"赵王以为老，遂不召。楚闻廉颇在魏，阴使人迎之。廉颇一为楚将，无功，曰："我思用赵人。"廉颇卒死于寿春[5]。

[1]繁阳：今河南临颖县西北即其故城。[2]悼襄王：名曰"偃"。[3]武遂：即今河北徐水县地。方城：即今河南县。[4]矢："屎"之本字。谓数起而便之也。[5]寿春：今安徽寿县。此段后为《李牧列传》，本篇节去。

　　太史公曰：知死必勇，非死者难也，处死者难。方蔺相如引璧睨柱，及叱秦王左右，势不过诛[1]，然士或怯懦而不敢发。相如一奋其气，威信敌国[2]，退而让颇，名重泰山，其处智勇，可谓兼之矣！

[1]言当时其势不过一死而已。[2]信：与"伸"同。

田单列传

田单者,齐诸田疏属也。湣王时,单为临菑[1]市掾[2],不见知。及燕使乐毅[3]伐破齐,齐湣王出奔,已而保莒城[4]。燕师长驱平齐,而田单走安平[5],令其宗人尽断其车轴末而傅[6]铁笼。已而燕军攻安平,城坏,齐人走,争涂,以辖[7]折车败,为燕所虏,唯田单宗人以铁笼故得脱,东保即墨[8]。燕既尽降齐城,唯独莒、即墨不下。燕军闻齐王在莒,并兵攻之。淖齿[9]既杀湣王于莒,因坚守距燕军,数年不下。燕引兵东围即墨,即墨大夫出与战,败死。城中相与推田单,曰:"安平之战,田单宗人以铁笼得全,习兵。"立以为将军,以即墨距燕。

[1] 古地名,今县,属山东省。[2] 官名。[3] 乐羊后,贤而好兵。自魏使燕,昭王以为亚卿,后拜上将军。伐齐有功,封昌国,号"昌国君"。昭王死,惠王使骑劫伐之。毅降赵,赵封之于观津,号"望诸君"。[4] 古地名,今山东莒县治。[5] 古地名,在今临淄县东。[6] 断其轴:恐长相拨也。以铁裹轴头,坚而易进也。傅者截其轴与毂齐,以铁鍱附轴末,施辖于铁中,以制毂也。[7] 音"卫",车轴突出头也。[8] 齐县名,故城在今山东平度县东南。[9] 齐人。

顷之,燕昭王卒,惠王立,与乐毅有隙。田单闻之,乃纵反间[1]于燕,宣言曰:"齐王已死,城之不拔者二耳。乐毅畏诛而不敢归,以伐齐为名,实欲连兵南面而王齐。齐人未附,故且缓攻即墨以待其事。齐人所惧,唯恐他将之来,即墨残矣。"燕王以为然,使骑劫[2]代乐毅。乐毅因归赵,燕人士卒忿。而田单乃令城中人食必祭其先祖于庭,飞鸟悉翔舞城中下食。燕人怪之。田单因宣言曰:"神来下教我。"乃令城中人曰:"当有神人为我师。"有一卒曰："臣可以为师乎？"因反走。田单乃起，引还东向坐，师事之。卒曰："臣欺君，诚无能也。"田单曰："子勿言也！"因师之。每出约束，必称神师。乃宣言曰："吾唯惧燕军之劓[3]所得齐卒，置之前行，与我战，即墨败矣。"燕人闻之，如其言。城中人见齐诸降者尽劓，皆怒坚守，唯恐见得。单又纵反间曰："吾惧燕人掘吾城外冢墓僇先人，可为寒心。"燕军尽掘垄墓，烧死人。即墨人从城上望见，皆涕泣，共欲出战，怒自十倍。

[1] 敌有间来窥我，我必先知之，或厚赂诱之，反为我用；或佯为不觉，示以伪情而纵之。则敌人之间，反我所用也。故曰反间。[2] 齐将。[3] 古刑名，割鼻也。

田单知士卒之可用，乃身操版插[1]，与士卒分功，妻妾编于行伍之间，尽散饭食飨士。令甲卒皆伏，使老弱女子乘城，遣使约降于燕，燕军皆呼万岁。田单又收民金，得千溢[2]，令即墨富豪遗燕将，曰："即墨即降，愿无虏掠吾族家妻妾，令安堵。"燕将大喜，许之。燕军由此益懈。田单乃收城中得千余牛，为绛缯衣[3]，画以五彩龙文，束兵刃于其角，而灌脂束苇于尾，烧其端。凿城数十穴，夜纵牛，壮士五千人随其后。牛尾热，怒而奔燕军，燕军夜大惊。牛尾炬火光明炫燿，燕军视之皆龙文，所触尽死伤。五千人因衔枚[4]击之，而城中鼓噪从之，老弱皆击铜器为声，声动天地。燕军大骇，败走。齐人遂夷杀其将骑劫。燕将扰乱奔走，齐人追亡逐北，所过城邑，皆畔燕而归田单，兵日益多，乘胜，燕日败亡，卒至河上[5]，而齐七十余城皆复为齐。乃迎襄王于莒，入临菑而听政。襄王封田单，号曰"安平君"。

[1]军中掘土之具。[2]与"镒"通。[3]赤色绸衣也。[4]枚形如箸，横衔口中，行军时用以禁喧哗也。[5]齐之北境地。

太史公曰：兵以正合，以奇胜。善之者，出奇无穷。奇正还相生，如环之无端。夫始如处女，适人开户[1]；后如脱兔，适不及距[2]，其田单之谓邪！

[1]言兵始如处女之软弱，则敌人轻侮开户不加备。[2]克捷之后，卷甲而趋，有如兔之得脱而疾走也。敌不及距者，若脱兔忽过而敌忘其所距也。

屈原列传

屈原者，名平，楚之同姓也[1]。为楚怀王左徒[2]。博闻强志，明于治乱，娴于辞令[3]。入则与王图议国事，以出号令；出则接遇宾客，应对诸侯。王甚任之。上官大夫[4]与之同列争宠，而心害其能。怀王使屈原造为宪令[5]，屈平属草稿[6]未定。上官大夫见而欲夺之，屈平不与，因谗之曰："王使屈平为令，众莫不知，每一令出，平伐其功[7]，曰以为'非我莫能为也'。"王怒而疏屈平。

[1]屈氏楚之后也。[2]怀王：名曰槐。左徒：楚之官名，如后世之左拾遗相似也。[3]娴：熟习也。[4]上官大夫：姓上官居大夫之职也，楚庄王少子，为上官邑大夫，后以为氏。一说，为怀王宠臣靳尚也。[5]宪令：即法令也。[6]属：音"烛"，缀辑成文之谓也。[7]伐：自称其功曰"伐"。

屈平疾王听之不聪也，谗谄之蔽明也，邪曲之害公也，方正之不容也，故忧愁幽思而作《离骚》[1]。"离骚"者，犹离忧也。夫天者，人之始也；父母者，人之本也。人穷则反本，故劳苦倦极[2]，未尝不呼天也；疾痛惨怛[3]，未尝不呼父母也。屈平正道直行，竭忠尽智，以事其君，谗人间之，可谓穷矣。信而见疑，忠而被谤，能无怨乎？屈平之作《离骚》，盖自怨生也。《国风》好色而不淫，《小雅》怨诽而不乱[4]。若《离骚》者，可谓兼之矣。上称帝喾[5]，下道齐桓，中述汤武，以刺世事。明道德之广崇，治乱之条贯，靡不毕见。其文约，其辞微，其志洁，其行廉，其称文小，而其指极大，举类迩而见义远。其志洁，故其称物芳。其行廉，故死而不容自疏。濯淖污泥之中[6]，蝉蜕[7]于浊秽，以浮游尘埃之外，不获世之滋垢[8]，皭然泥而不滓者也[9]。推此志也，虽与日月争光可也。

[1]《离骚》:为楚辞之一。离:遭也。骚:忧也。即遭逢忧患之谓也。[2]极:疲也。[3]惨:毒也。怛:多遏切,痛也。[4]《诗》分《国风》、《小雅》、《大雅》及《颂》,古之诸侯,各以其国中之民俗歌谣贡于天子而列于乐官者,谓之《国风》。雅:正也。雅乐时之用也。[5]帝喾:古之帝名。[6]濯:汗也。淖:音"闹",雨后道路沾濡难行之处。[7]蜕:音"税"。蝉蜕:蝉所脱之皮,以喻解脱也。[8]获:辱也。极言不为滋垢所辱也。[9]皭:音"嚼"。皭然:洁白之貌。滓:浊也。言屈平仕当时之浊世,能超出尘俗,不为所浼也。

屈平既绌[1],其后秦欲伐齐,齐与楚从亲,惠王患之,乃令张仪详去秦,厚币委质事楚[2],曰:"秦甚憎齐,齐与楚从亲,楚诚能绝齐,秦愿献商於之地[3]六百里。"楚怀王贪而信张仪,遂绝齐,使使如秦受地。张仪诈之曰:"仪与王约六里,不闻六百里。"楚使怒去,归告怀王。怀王怒,大兴师伐秦。秦发兵击之,大破楚师于丹、淅[4],斩首八万,虏楚将屈匄,遂取楚之汉中地[5]。怀王乃悉发国中兵,以深入击秦,战于蓝田[6]。魏闻之,袭楚,至邓[7]。楚兵惧,自秦归。而齐竟怒不救楚,楚大困。明年,秦割汉中地与楚以和。楚王曰:"不愿得地,愿得张仪而甘心焉。"张仪闻,乃曰:"以一仪而当汉中地,臣请往如楚。"如楚,又因厚币用事者臣靳尚,而设诡辨于怀王之宠姬郑袖。怀王竟听郑袖,复释去张仪。是时屈平既疏,不复在位,使于齐,顾[8]反谏怀王曰:"何不杀张仪?"怀王悔,追张仪,不及。其后诸侯共击楚,大破之,杀其将唐昧。

[1]绌:与"黜"同,贬也。[2]详:与"佯"同,诈也。质:读作"贽",古人相见之时,必以执贽为礼。诈使张仪用厚币委质以事楚也。[3]商於:秦地,今河南淅川县西。[4]丹、淅(按:原注本"淅"字作"浙"

字，据中华书局本和上文注，疑应为"渐"，故改之。）：二地，皆在今河南雒阳县西。[5] 汉中：战国楚地，即今陕西汉中兴安及湖北郧阳县等地。[6] 蓝田：今陕西有蓝田县。[7] 邓：古之国名，春秋时为楚所灭，地在今湖北襄阳县。[8] 顾：乃也。

时秦昭王与楚婚，欲与怀王会。怀王欲行，屈平曰："秦，虎狼之国，不可信，不如无行。"怀王稚子子兰劝王行，"奈何绝秦欢[1]"，怀王卒行。入武关[2]，秦伏兵绝其后，因留怀王，以求割地。怀王怒，不听。亡走赵，赵不内[3]。复之秦，竟死于秦而归葬。长子顷襄王立[4]，以其弟子兰为令尹。

[1] 语为叙述子兰劝（按：原注本"劝"字为"勤"字，疑为"劝"字之误，故改之。）王行之词，犹言"子兰为奈何绝秦欢"。 [2] 武关：即秦南关，在今陕西商县之东，为四塞之一。[3] 内：与"纳"同，入也。[4] 顷襄王：名曰"横"。

楚人既咎子兰，以劝怀王入秦而不反也。屈平既嫉之，虽放流，眷顾[1]楚国，系心怀王，不忘欲反，冀幸君之一悟，俗之一改也。其存君兴国，而欲反复之，一篇之中，三致志焉[2]。然终无可奈何，故不可以反，卒以此见怀王之终不悟也。人君无愚智贤不肖，莫不欲求忠以自为，举贤以自佐，然亡国破家相随属，而圣君治国累世而不见者，其所谓忠者不忠，而所谓贤者不贤也。怀王以不知忠臣之分，故内惑于郑袖，外欺于张仪，疏屈平，而信上官大夫、令尹子兰。兵挫地削，亡其六郡，身客死于秦，为天下笑。此不知人之祸也。《易》曰："井泄[3]不食，为我心恻，可以汲。王明并受其福。"王之不明，岂足福哉！令尹子兰闻之，大怒，卒使上官大夫短屈原于顷襄王，顷襄王怒而迁之[4]。

[1]恳切顾念之意曰"眷顾"。[2]数语指《离骚》。[3]《易·井卦》之爻辞。渫:音"泄",除去泥浊也。食:汲饮也。为:犹使也。言井既治而不汲饮,犹人之修身洁行而不见用于时,使我心恻然可痛。夫井水之可汲,实犹此人之可用,王若能明察而用之,则天下并受其福矣。[4]迁:贬谪,一说放逐也。

屈原至于江滨,被发行吟泽畔。颜色憔悴,形容枯槁。渔父见而问之曰:"子非三闾大夫欤[1]?何故而至此?"屈原曰:"举世混浊,而我独清,众人皆醉,而我独醒,是以见放。"渔父曰:"夫圣人者,不凝滞于物,而能与世推移。举世混浊,何不随其流而扬其波?众人皆醉,何不铺其糟而啜其醨[2]?何故怀瑾握瑜[3],而自令见放为?"屈原曰:"吾闻之,新沐者必弹冠,新浴者必振衣。人又谁能以身之察察,受物之汶汶者乎[4]!宁赴常流[5]而葬乎江鱼腹中耳,又安能以皓皓之白而蒙世之温蠖乎[6]!"乃作《怀沙》之赋[7]。其辞曰:"陶陶孟夏兮,草木莽莽[8]。伤怀永哀兮,汩徂南土[9]。眴兮窈窈,孔静幽墨[10]。冤结纡轸兮,离愍之长鞠[11];抚情效志兮,俛诎以自抑[12]。刓方以为圜兮,常度未替[13];易初本由兮[14],君子所鄙。章画职墨兮[15],前度未改;内直质重兮,大人所盛[16]。巧匠不斫兮,孰察其揆正[17]?玄文幽处兮,矇谓之不章[18];离娄微睇兮[19],瞽以为无明。变白而为黑兮,倒上以为下。凤皇在笯兮[20],鸡雉翔舞。同糅玉石兮,一概而相量[21]。夫党人之鄙妒兮,羌不知吾所臧[22]。任重载盛兮,陷滞而不济[23];怀瑾握瑜兮,穷不得余所示[24]。邑犬群吠兮,吠所怪也;诽俊疑桀兮[25],固庸态也。文质疏内兮[26],众不知吾之异采;材朴委积兮[27],莫知余之所有。重仁袭义兮[28],谨厚以为丰;

重华不可牾兮,孰知余之从容[29]!古固有不并兮[30],岂知其故也?汤禹久远兮,邈不可慕也。惩违改忿兮[31],抑心而自强;离湣而不迁兮,原志之有象[32]。进路北次兮[33],日昧昧其将暮;含忧虞哀兮,限之以大故[34]。乱[35]曰:浩浩沅湘兮,分流汩兮。修路幽拂兮[36],道远忽兮。曾唫恒悲兮[37],永叹慨兮。世既莫吾知兮,人心不可谓兮。怀情抱质兮,独无匹兮[38]。伯乐既没兮,骥将焉程兮[39]?人生有命兮,各有所错兮[40]。定心广志,馀[41]何畏惧兮?曾伤爱哀,永叹喟兮。世溷不吾知,心不可谓兮。知死不可让兮,愿勿爱兮。明以告君子兮,吾将以为类兮[42]。"于是怀石,遂自投汩罗以死[43]。

[1]三闾大夫:楚之官名。闾者,即聚族而居之义也。使掌王族昭、屈、景三姓。[2]餔:通作"醑",饮食之意。糟:滓也。歠:尝也。醨:薄酒也。[3]瑾瑜:美玉也,喻人美善之才德。[4]察察:洁净之意。汶汶:读作"门门",污辱之意。[5]常流:即长流之水也。[6]温蠖:惛愦也。[7]怀沙砾以沉于水,因以为篇名也。[8]陶陶:盛阳貌。莽莽:草深貌。[9]汩:音"骨",疾行曰"汩"(按:原注本"汩"字为"骨"字,疑误,故改之。),往曰"徂"。[10]眴:与"瞬"同,目动貌。孔:甚也。墨:与"默"同,无声也。[11]二句言冤屈痛苦,遭难而终穷已。[12]俛:通作"俯"。诎:与"屈"同。[13]刓:乌桓切,削也。度:法度也。替:废夷也。[14]易初:变易其初心也。本:常也。由:道也。极言变易初心,违离常道也。[15]章画:章明分画也。职:一作"志"。志:识也。志墨:认识分画之墨痕也。[16]人之质性敦厚,大人君子所盛称美也。[17]揆正:言法度正则也。[18]玄:黑色。瞍:有眸子而无见章明也。言被著黑文而又处于幽暗之地。[19]离娄:古之明目者。睇:小视也。[20]笯:音"奴",鸟笼也。[21]糅:杂也。言与玉石相错杂,美恶不分也。[22]党人:为奸邪朋比之流。羌:语词。臧:善也。[23]党

人之流才多拙，反任重载盛，以致阻滞不济事也。[24] 示：施也。有才德兼备者，反遭穷困不得施展也。[25] 桀：与"杰"同。[26] 文质：朴素之意。疏：迂阔。内：木讷之义也。[27] 材质充实喻自己也。[28] 重：累也。袭：亦重之义也。[29] 重华：舜也。悟：五路切，逢也。从容：从容于道德仁义也。[30] 言圣君贤臣，常不并时而生也。[31] 惩：戒也。违：恨也。[32] 象：效法也。[33] 次：舍也。[34] 虞：娱也。大故：死亡人。[35] 乱：理也，治也。谓总摄其要也。[36] 拂：释作蔽。[37] 曾：同"层"，重叠也。[38] 此四句，言世莫能知我之怀抱与才质也。[39] 古有善相马者，名伯乐，量才试用曰"程"。[40] 错：安也，置也。[41] 馀：亦通作"余"。[42] 类：法也，例也。明告以为忠臣当不事乱君之例。[43] 汨：音"觅"。汨罗：二水名，合流曰汨罗江，今在湖南湘阴县北，而流入湘。

　　屈原既死之后，楚有宋玉、唐勒、景差之徒者[1]，皆好辞，而以赋见称。然皆祖屈原之从容辞令，终莫敢直谏。其后楚日以削，数十年，竟为秦所灭。……

　　[1] 宋玉：战国楚人，屈原弟子，为楚大夫。唐勒：亦楚大夫。景差：与宋玉同时，未详其职。

聂政列传

聂政者，轵深井[1]里人也。杀人避仇，与母姊如齐，以屠为事。久之，濮阳[2]严仲子[3]事韩哀侯，与韩相侠累[4]有隙。严仲子恐诛，亡去游，求人可以报侠累者。至齐，齐人或言聂政，勇敢士也，避仇，隐于屠者之间。严仲子至门请，数反，然后具酒自畅聂政母前。酒酣，严仲子奉黄金百镒[5]，前为聂政母寿。聂政惊怪其厚，固谢严仲子。严仲子固进，而聂政谢曰："臣幸有老母，家贫客游，以为狗屠[6]，可以旦夕得甘毳[7]以养亲。亲供养备，不敢当仲子之赐。"严仲子辟人，因为聂政言曰："臣有仇，而行游诸侯众矣；然至齐，窃闻足下义甚高，故进百金者，将用为大人粗粝[8]之费，得以交足下之欢，岂敢以有求望邪！"聂政曰："臣所以降志辱身，居市井屠者，徒幸以养老母。老母在，政身未敢以许人也。"严仲子固让，聂政竟不肯受也。然严仲子卒备宾主之礼而去。

[1]按《地理志》，河内有轵县，故城在今河南济源县东南十三里，今名轵城镇。深井：轵县之里名也。[2]古地名，今县属河北省。[3]严遂字仲子。[4]名傀，傀相韩，严遂重于君，二人相害也。严遂举韩傀之过，韩傀叱之于朝，严遂拔剑趋之以救解，是有隙之由也。[5]古衡名，一镒二十四两也。[6]以屠狗为业者。[7]谓美食也。毳：与"脆"通。[8]食米之不精者，犹俗言糙米也。

久之，聂政母死。既已葬，除服，聂政曰："嗟乎！政乃市井[1]之人，鼓刀以屠；而严仲子乃诸侯之卿相也，不远千里，枉车骑而交臣。臣之所以待之，至浅鲜矣，未有大功可以称者，而严仲子奉百金为亲寿，我虽不受，然是者徒深知政也。夫贤者以感忿睚眦[2]之意，而亲信穷僻之人，而政独安得嘿然[3]而已乎！且前日要政，政徒以老母。老母今以天年终，政将为知己者用。"乃遂西至濮阳见严仲子，曰："前日所以不许仲子者，徒以亲在，今不幸而母以天年终。仲子所欲报仇者为谁？请得从事焉！"严仲子具告曰："臣之仇，韩相侠累，侠累又韩君之季父也，宗族盛多，居处兵卫甚设，臣欲使人刺之，众终莫能就。今足下幸而不弃，请益其车骑壮士，可为足下辅翼者。"聂政曰："韩之与卫，相去中间不甚远，今杀人之相，相又国君之亲，此其势不可以多人，多人，不能无生得失，生得失则语泄，语泄，是韩举国而与仲子为仇，岂不殆哉！"遂谢车骑人徒，聂政乃辞独行。杖剑至韩，韩相侠累方坐府上，持兵戟而卫侍者甚众。聂政直入上阶，刺杀侠累，左右大乱。聂政大呼，所击杀者数十人，因自皮面决眼[4]，自屠出肠，遂以死。

[1] 古因井为市，故曰"市井"，犹今之市场也。[2] 音"崖剂"，张目怵视曰"睚眦"。[3] 默默无言也。[4] 皮面：谓以刀刺其面皮。决眼：谓出其眼睛。如此者欲令人不识也。

韩取聂政尸暴于市，购问莫知谁子。于是韩购县之[1]，有能言杀相侠累者予千金。久之莫知也。政姊荣[2]，闻人有刺杀韩相者，贼不得，国不知其名姓，暴其尸而县之千金，乃于邑[3]曰："其是吾弟与？嗟乎，严仲子知吾弟！"立起如韩之市，而死者果政也，伏尸哭极哀，曰："是轵深井里所谓聂政者也。"市行者诸众人皆曰："此人暴虐吾国相，王县购其名姓千金，夫人不闻与？何敢来识之也？"荣应之曰："闻之。然政所以蒙污辱，自弃于市贩之间者，为老母幸无恙，妾未嫁也。亲既以天年下世，妾已嫁夫，严仲子乃察举吾弟困污之中，而交之，泽厚矣，可奈何！士固为知己者死，今乃以妾尚在之故，重自刑以绝从，妾其奈何畏殁身之诛，终灭贤弟之名！"大惊韩市人。乃大呼天者三，卒于邑悲哀而死政之旁。晋楚齐卫闻之，皆曰："非独政能也，及其姊亦烈女也。乡使政诚知其姊无濡忍[4]之志，不重暴骸之难，必绝险千里以列其名，姊弟俱僇于韩市者，亦未必敢以身许严仲子也。严仲子亦可谓知人，能得士矣！"

[1] 将头悬之，有认识者予金，如今之赏格。[2] 一作"嫈"。[3] 烦冤愁苦也。[4] 濡：润也。人性湿润则能含忍，故曰"濡忍"。

吕不韦列传

　　吕不韦者，阳翟[1]大贾人也。往来贩贱卖贵，家累千金。秦昭王四十年，太子死。其四十二年，以其次子安国君[2]为太子。安国君有子二十余人。安国君有所甚爱姬，立以为正夫人，号曰"华阳夫人"。华阳夫人无子。安国君中男[3]名子楚，子楚母曰夏姬，毋爱。子楚为秦质子于赵[4]。秦数攻赵，赵不甚礼子楚。子楚秦诸庶孽孙[5]，质于诸侯，车乘进用不饶，居处困，不得意。吕不韦贾邯郸[6]，见而怜之，曰："此奇货可居[7]。"乃往见子楚，说曰："吾能大子之门[8]。"子楚笑曰："且自大君之门，而乃大吾门！"吕不韦曰："子不知也，吾门待子门而大。"子楚心知所谓，乃引与坐，深语。吕不韦曰："秦王老矣，安国君得为太子。窃闻安国君爱幸华阳夫人，华阳夫人无子，能立嫡嗣者[9]，独华阳夫人耳。今子兄弟二十余人，子又居中，不甚见幸，久质诸侯。即大王薨，安国君立为王，则子无几得与[10]，长子及诸子旦暮在前者，争为太子矣。"子楚曰："然。为之奈何？"吕不韦曰："子贫客于此，非有以奉献于亲，及结宾客也。不韦虽贫，请以千金为子西游，事安国君及华阳夫人，立子为嫡嗣。"子楚乃顿首曰："必如君策[11]，请得分秦国与君共之。"

　　[1]阳翟：县名，春秋郑栎邑，今河南禹县治。[2]安国君封号，名柱。[3]中男：非嫡子，而居兄弟之中也。[4]古时两国结好，皆以公子交质取信。[5]庶孽：为庶出，非正嫡之所生也。[6]邯郸：战国赵都，今为县，在河北。[7]子楚为奇货可居，以待善价也。[8]光大显扬也。[9]其力足主张立何人为嫡嗣者。[10]言无望得为太子也。[11]果能得实现君之计策。

　　吕不韦乃以五百金与子楚，为进用，结宾客。而复以五百金买奇物玩好自奉，而西游秦，求见华阳夫人姊，而皆以其物献华阳夫人。因言子楚贤智，结诸侯宾客遍天下，常曰"楚也以夫人为天"，日夜泣思太子及夫人。夫人大喜。不韦因使其姊说夫人曰："吾闻之，以色事人者，色衰而爱弛。今夫人事太子，甚爱而无子，不以此时蚤自结于诸子中贤孝者，举立以为嫡而子之，夫在则重尊，夫百岁之后，所子者为王，终不失势，此所谓一言而万世之利也。不以繁华时树本，即色衰爱弛后，虽欲开一言，尚可得乎？今子楚贤，而自知中男也，次不得为嫡，其母又不得幸，自附夫人[1]，夫人诚以此时拔以为嫡，夫人则竟世有宠于秦矣。"华阳夫人以为然，承太子间[2]，从容言子楚质于赵者绝贤，来往者皆称誉之。乃因涕泣曰："妾幸得充后宫，不幸无子，愿得子楚立以为嫡嗣，以托妾身。"安国君许之，乃与夫人刻玉符，约以为嫡嗣。安国君及夫人因厚馈遗子楚，而请吕不韦傅之，子楚以此名誉益盛于诸侯。

[1]愿自附属于夫人。[2]间：音"闲"，近也。

吕不韦取邯郸诸姬绝好善舞者[1]与居，知有身[2]。子楚从不韦饮，见而说[3]之，因起为寿请之。吕不韦怒，念业已破家为子楚，欲以钓奇[4]，乃遂献其姬。姬自匿有身[5]，至大期时[6]，生子政。子楚遂立姬为夫人。

[1]言容貌美而又善舞者。[2]有身：即怀孕也。[3]说：与"悦"同。[4]欲如鱼之钓取。奇：即上文奇货之意。[5]隐居谓不告有孕也。[6]大期：谓孕足十月时也。子楚取姬，未满十月而生子，此所以明政之非秦胤也。

秦昭王五十年，使王齮围邯郸，急，赵欲杀子楚。子楚与吕不韦谋，行金六百斤[1]，予守者吏，得脱，亡赴秦军，遂以得归。赵欲杀子楚妻子，子楚夫人，赵豪家女也，得匿，以故母子竟得活[2]。

　　[1] 行金：谓行贿也。[2] 母子谓姬及政。盖因子楚夫人为赵豪家女而得偕匿也。

　　秦昭王五十六年，薨，太子安国君立为王，华阳夫人为王后，子楚为太子。赵亦奉子楚夫人及子政归秦。秦立一年薨，谥为孝文王。太子子楚代立，是为庄襄王。庄襄王所养母，华阳后为华阳太后，真母夏姬尊以为夏太后。庄襄王元年，以吕不韦为丞相，封为文信侯，食河南[1]、雒阳十万户。庄襄王即位三年，薨，太子政立为王，尊吕不韦为相国，号称"仲父"。

　　[1] 河南：在今河南黄河两岸地，汉置郡。雒阳：在今河南，汉为县。

　　……[1]当是时，魏有信陵君，楚有春申君，赵有平原君，齐有孟尝君[2]，皆下士喜宾客以相倾[3]。吕不韦以秦之强，羞不如，亦招致士，厚遇之，至食客三千人。是时诸侯多辩士，如荀卿之徒，著书布天下[4]。吕不韦乃使其客人人著所闻，集论以为八览、六论、十二纪，二十余万言。以为备天地万物古今之事，号曰《吕氏春秋》。布咸阳市门，悬千金其上，延诸侯游士宾客，有能增损一字者，予千金[5]。……[6]

　　[1] 所删为太后与不韦私通语。[2] 信陵君：有传。春申君：楚相，黄歇封号也。平原君：赵武灵王子名胜，封于平原，故称。孟尝君：姓田名文，齐之公族也。此四人者称曰"战国四公子"。[3] 相倾：互相倾陷也。[4] 荀卿：有传。[5]《吕氏春秋》今本具在，非一字不能增损者。史迁记事，即此而止，读者意自明白。[6] 删文为不韦与太后淫乱事，不韦卒以此得罪，始皇十年即免相，谪迁于蜀，不韦畏罪自尽。

李斯列传

　　李斯者，楚上蔡人也。年少时，为郡[1]小吏[2]，见吏舍厕中鼠，食不洁，近人犬，数惊恐之。斯入仓，观仓中鼠，食积粟，居大庑之下[3]，不见人、犬之忧。于是李斯乃叹曰："人之贤不肖譬如鼠矣，在所自处耳！"乃从荀卿学帝王之术[4]。学已成，度[5]楚王不足事，而六国皆弱，无可为建功者，欲西入秦。辞于荀卿曰："斯闻得时无怠，今万乘方争时，游者主事[6]。今秦王欲吞天下，称帝而治，此布衣驰骛之时，而游说者之秋也。处卑贱之位而计不为者，此禽鹿视肉，人面而能强行者耳[7]。故诟莫大于卑贱[8]，而悲莫甚于穷困。久处卑贱之位，困苦之地，非世而恶利，自托于无为，此非士之情也。故斯将西说秦王矣。"

[1]郡：一作"乡"。上蔡：今河南上蔡县。[2]谓掌乡内文书之吏也。[3]庑：堂下周屋，亦谓之廊。[4]荀卿：见前。帝王之术：言佐帝王治天下之道也。[5]度：音"铎"，忖度也。[6]万乘：言能出兵车万乘国之君。争时：争雄于时也。游者：周游以言语说人之士也。主事：主管事务也。[7]禽鹿视肉：此谓禽兽但知视肉而食，无远计者，谓不假游说以取荣贵之人，亦与禽兽相等，徒有人之面目能强行耳。[8]诟：辱也。

　　至秦，会庄襄王卒，李斯乃求为秦相文信侯吕不韦舍人[1]。不韦贤之，任以为郎。李斯因以得说，说秦王曰："胥人者，去其几也[2]。成大功者，在因瑕衅而遂忍之[3]。昔者秦穆公之霸，终不东并六国者，何也？诸侯尚众，周德未衰，故五伯迭兴，更尊周室。自秦孝公以来，周室卑微，诸侯相兼，关东为六国，秦之乘胜役诸侯，盖六世矣[4]。今诸侯服秦，譬若郡县[5]。夫以秦之强，大王之贤，由灶上骚除[6]，足以灭诸侯，成帝业，为天下一统，此万世之一时也。今怠而不急就，诸侯复强，相聚约从，虽有黄帝之贤，不能并也。"秦王乃拜斯为长史，听其计，阴遣谋士赍[7]持金玉以游说诸侯。诸侯名士可下以财者，厚遗结之；不肯者，利剑刺之。离其君臣之计，秦王乃使其良将随其后。秦王拜斯为客卿[8]。

[1]吕不韦：见前。舍人：亲近左右之通称。战国及汉初，王公贵人多有之。[2]胥：待也。去：一作"失"。几者，动之微也。[3]瑕衅：过失也。忍之：忍心以临之也。[4]六世：为孝公、惠文公、武王、昭王、孝文王、庄襄王也。[5]言诸侯譬若郡县。[6]由：同"犹"。骚：扫也。言秦之灭诸侯，若炊妇扫除灶上之不净，此甚易也。[7]赍：音"跻"，送物与人也。[8]官于他国，故名客卿。

会韩人郑国来间秦，以作注溉渠[1]，已而觉。秦宗室大臣皆言秦王曰："诸侯人来事秦者，大抵为其主游间于秦耳，请一切逐客。"李斯议亦在逐中。斯乃上书曰："臣闻吏议逐客，窃以为过矣。昔缪公求士，西取由余于戎，东得百里奚于宛，迎蹇叔于宋，求丕豹、公孙支于晋[2]。此五子者，不产于秦，而缪公用之，并国二十，遂霸西戎。孝公用商鞅之法[3]，移风易俗，民以殷盛，国以富强，百姓乐用，诸侯亲服，获楚魏之师，举地千里，至今治强。惠王用张仪之计[4]，拔三川之地[5]，西并巴蜀[6]，北收上郡[7]，南取汉中[8]，包九夷，制鄢郢[9]，东据成皋之险[10]，割膏腴之壤，遂散六国之从[11]，使之西面事秦，功施到今。昭王得范雎[12]，废穰侯[13]，逐华阳[14]，强公室，杜私门，蚕食诸侯，使秦成帝业。此四君者，皆以客之功。由此观之，客何负于秦哉！向使四君却客而不内[15]，疏士而不用，是使国无富利之实，而秦无强大之名也。今陛下致昆山之玉[16]，有随和之宝[17]，垂明月之珠[18]，服太阿之剑[19]，乘纤离之马[20]，建翠凤之旗[21]，树灵鼍之鼓[22]。此数宝者，秦不生一焉，而陛下说之[23]，何也？必秦国之所生然后可，则是夜光之璧，不饰朝廷，犀象之器，不为玩好，郑、卫之女，不充后宫，而骏良䭬䮹[24]，不实外厩，江南金锡不为用，西蜀丹青不为采。所以饰后宫，充下陈[25]，娱心意，悦耳目者，必出于秦然后可，则是宛珠之簪[26]，傅玑之珥[27]，阿缟之衣[28]，锦绣之饰，不进于前，而随俗雅化[29]，佳冶窈窕[30]，赵女不立于侧也。夫击瓮叩缶，弹筝搏髀[31]，而歌呼呜呜快耳者，真秦之声也。郑卫《桑间》[32]、《昭》、《虞》、《武》、《象》[33]者，异国之乐也。今弃击瓮叩缶而就郑卫，退弹筝而取《昭》、《虞》，若是者何也？快意当前，适观而已矣。今取人则不然。不问可否，不论曲直，非秦者去，为客者逐。然则是所重者在乎色乐珠玉，而所轻者在乎人民也。此非所以跨海内，制诸侯之术也。臣闻地广者粟多，国大者人众，兵强则士勇。是以太山不让土壤[34]，故能成其大；河海不择细流[35]，故能就其深；王者不却众庶，故能明其德。是以地无四方，民无异国，四时充美，鬼神降福，此五帝、三王之所以无敌也。今乃弃黔首[36]以资敌国，却宾客以业诸侯[37]，使天下之士，退而不敢西向，裹足不入秦，此所谓藉寇兵而赍盗粮者也[38]。夫物不产于秦，可宝者多；士不产于秦，而愿忠者众。今逐客以资敌国，损民以益仇，内自虚而外树怨于诸侯，求国无危，不可得也。"秦王乃除逐（按："逐"，原注本作"故"，疑误，据中华书局本改之）客之令，复李斯官，卒用其计谋。官至廷尉[39]。二十余年，竟并天下，尊王为皇帝，以斯为丞相。夷郡县城，销其兵刃，示不复用。使秦无尺土之封，不立子弟为王，功臣为诸侯者[40]，使后无战攻之患。

[1]韩苦秦兵，使郑国为间于秦，令作注溉渠，欲疲其人民，不能东伐。然渠既成，秦益得灌溉之利，关中饶沃，遂命曰郑国渠。故道自陕西泾阳县西北仲山下，分泾水东流，历今三原、富平、蒲城等县界入洛。[2]由余：西戎人，穆公用其谋拓地千里，遂霸西戎。百里奚：楚宛人，初事虞公，七年而无所遇，知其将亡，入秦见用。蹇叔：岐人，初游于宋，后穆公迎而任之。丕豹：自晋奔秦。公孙支：游晋复归秦。[3]商鞅：卫人，少好刑名之学，入秦为相，定变法令，废井田，开阡陌，改赋税之法，封于商，号商君。[4]张仪：魏人，相秦惠王，以连衡之策说六国，使背纵约而事秦。[5]三川：伊、河、洛也。此系指武王时欲通车三川，令甘茂据宜阳事，时仪已死，而仍归功于仪者，以仪为相时，先请伐韩故也。[6]惠王从司马错言灭蜀，而归功于仪者，以仪时为相也。[7]上郡：见前《秦始皇本纪》三十六郡注。[8]南取楚汉中地六百里。[9]鄢、郢：皆楚大邑。鄢：即今湖北宜城县境。郢：即今湖北江陵县北十里之纪南城。[10]成皋：见前《项羽本纪》注。[11]言解散六国之纵约也。[12]范雎：魏人，说秦昭襄王以远交近攻之策得为相，封应侯。[13]穰侯：姓魏，名冉，昭王母宣太后弟封穰，故号穰侯。[14]华阳：亦宣太后弟，芈戎，封华阳，号华阳君。昭王立太子爱姬为华阳夫人皆此地。[15]内：同"纳"。[16]昆山：在今新疆和阗县，其山产玉，著名全世。[17]随侯珠：相传光照二十乘。卞和璧：美玉也。二者皆非秦产。[18]明月珠：相传径三寸，能光照千里。[19]太阿：剑名。[20]纤离：良马名。[21]以翠鸟之羽，结凤形饰旗。[22]用鼍皮冒鼓。古以鼍为神异，故曰灵。[23]说：同"悦"。[24]駃騠：音"决提"，亦良马名。[25]下陈：犹后列也。[26]宛地出珠所饰之簪也。[27]珥：女人环填也，言附饰珠玑之珥。[28]阿：或作"緗　"。阿缟：细缯也。[29]随俗雅化：谓闲雅变化，而能随俗转移也。[30]佳冶窈窕：状女子之美貌及雅

态也。[31] 髀：音"卑"，股骨也。谓拍股为节也。[32] 郑卫之音靡靡。桑间：亦卫地，在濮水之上。亡国之音所自出也。[33]《昭》、《虞》：舜乐也。《武》、《象》：武王之乐也。[34] 太山之上，众土所积。[35] 河海之内，百川并容。[36] 秦时谓民曰"黔首"。[37] 业：功业也。[38] 谓借寇以兵，馈盗以粮也。[39] 廷尉：秦时掌刑狱之官也。[40] 言不以尺土封子弟或功臣也。

始皇三十四年，置酒咸阳宫，博士仆射[1]周青臣等颂称始皇威德。齐人淳于越进谏曰："臣闻之，殷周之王千余岁，封子弟、功臣，自为支辅[2]。今陛下有海内，而子弟为匹夫，卒有田常六卿之患[3]，臣无辅弼，何以相救哉？事不师古而能长久者，非所闻也。今青臣等又面谀以重陛下过，非忠臣也。"始皇下其议丞相。丞相谬其说，绌其辞，乃上书曰："古者天下散乱，莫能相一，是以诸侯并作，语皆道古以害今，饰虚言以乱实，人善其所私学，以非上所建立。今陛下并有天下，辩白黑而定一尊。而私学乃相与非法教之制，闻令下即各以其私学议之，入则心非，出则巷议，非主以为名，异趣以为高，率群下以造谤。如此不禁，则主势降乎上，党与成乎下。禁之便。臣请诸有文学《诗》、《书》百家语者，蠲除[4]去之。令到满三十日弗去，黥为城旦[5]。所不去者，医药、卜筮、种树之书。若有欲学者，以吏为师。"始皇可其议，收去《诗》、《书》百家之语，以愚百姓，使天下无以古非今。明法度，定律令，同文书[6]，皆以始皇起。治离宫别馆，周遍天下。明年，又巡狩，外攘四夷[7]，斯皆有力焉。

[1] 博士：官名，秦置，掌通古今。射：音"夜"。仆射：见前《秦始皇本纪》注。[2] 支辅：支分于外，向内辅助也。[3] 卒：读作"猝"。田常：春秋时齐之权臣，杀齐简公，卒代齐国。六卿：春秋时晋之权臣。范氏、中行氏、智氏、韩氏、魏氏、赵氏也。范、中行先亡。智氏继之，韩、魏、

赵遂三分晋地。[4]蠲除：除去之义也。[5]黥：古之墨刑，犹清时之刺面也。秦汉时徒刑罚作苦工。昼伺寇，夜筑城，故谓之"城旦"。[6]六国制令不同，自秦始同。[7]攘：排斥也。

　　斯长男由为三川[1]守，诸男皆尚秦公主[2]，女悉嫁秦诸公子。三川守李由告归咸阳，李斯置酒于家，百官长皆前为寿，门廷车骑以千数。李斯喟然而叹曰："嗟乎！吾闻之荀卿曰'物禁大盛'。夫斯乃上蔡布衣，闾巷之黔首，上不知其驽下[3]，遂擢至此。当今人臣之位，无居臣上者，可谓富贵极矣。物极则衰，吾未知所税驾也[4]！"

　　[1]三川：秦置之川郡，见前《秦始皇本纪》三十六郡注。[2]战国时，诸侯之女称公主，后世称天子女为公主。尚：娶公主为妇也。[3]驽下：贱劣也。[4]税驾：犹解驾，言休息也。

　　始皇三十七年，十月，行出游会稽[1]，并海上[2]，北抵琅邪[3]。丞相斯，中车府令赵高[4]，兼行符玺令事，皆从。始皇有二十余子，长子扶苏以数直谏上，上使监兵上郡[5]，蒙恬为将[6]。少子胡亥爱，请从，上许之。余子莫从。其年七月，始皇帝至沙丘[7]，病甚，令赵高为书赐公子扶苏曰："以兵属蒙恬，与丧会咸阳而葬。"书已封，未授使者，始皇崩。书及玺皆在赵高所，独子胡亥、丞相李斯、赵高及幸宦者五六人知始皇崩，余群臣皆莫知也。李斯以为上在外崩，无真太子，故秘之。置始皇居辒凉车[8]中，百官奏事上食如故，宦者辄从辒凉车中可诸奏事。

　　[1]会稽：见前《秦始皇本纪》注。[2]并：读如"傍"。谓遵海而行也。[3]琅邪：见前《秦始皇本纪》注中。[4]中车府令：秦时官名，宦者为之。[5]上郡：见前《秦始皇本纪》三十六郡注。[6]蒙恬：秦将，始皇时使蒙恬率兵三十万，北筑长城，累立战功，威震匈奴。[7]沙丘：见前《秦

始皇本纪》注中。[8]辒辌车：亦见《秦始皇本纪》注。

赵高因留所赐扶苏玺书，而谓公子胡亥曰："上崩，无诏封王诸子而独赐长子书。长子至，即立为皇帝，而子无尺寸之地，为之奈何？"胡亥曰："固也。吾闻之，明君知臣，明父知子。父捐命，不封诸子，何可言者！"赵高曰："不然。方今天下之权，存亡[1]在子与高及丞相耳，愿子图之。且夫臣人与见臣于人，制人与见制于人，岂可同日道哉！"胡亥曰："废兄而立弟，是不义也；不奉父诏而畏死，是不孝也；能薄而材谫[2]，强因人之功，是不能也：三者逆德，天下不服，身殆倾危，社稷不血食。"高曰："臣闻汤武杀其主，天下称义焉，不为不忠。卫君杀其父，而卫国载其德，孔子著之，不为不孝。夫大行不小谨，盛德不辞让，乡曲各有宜[3]，而百官不同功[4]。故顾小而忘大，后必有害。狐疑犹豫，后必有悔。断而敢行，鬼神避之，后有成功。愿子遂之[5]！"胡亥喟然叹曰："今大行未发[6]，丧礼未终，岂宜以此事干丞相哉！"赵高曰："时乎，时乎，间不及谋[7]！赢粮[8]跃马，唯恐后时！"

[1]存亡：存在失亡也，犹言得天下之权或失天下之权也。[2]谫：即浅切，浅也。[3]乡曲：犹言偏僻之处也。此指土地各有所宜。[4]此言事皆不可执一而论，犹百官之不同事功也。[5]愿遂行之也。[6]大行：谓皇帝之丧也。发：指发丧也。[7]言时之过去极速，其间不得从容计谋也。[8]赢：担负也。

胡亥既然高之言，高曰："不与丞相谋，恐事不能成，臣请子与丞相谋之。"高乃谓丞相斯曰："上崩，赐长子书，与丧会咸阳而立为嗣。书未行，今上崩，未有知者也。所赐长子书及符玺，皆在胡亥所，定太子在君侯与高之口耳。事将何如？"

斯曰："安得亡国之言！此非人臣所当议也！"高曰："君侯自料，能孰与蒙恬？功高孰与蒙恬？谋远不失孰与蒙恬？无怨于天下孰与蒙恬？长子旧而信之孰与蒙恬？"斯曰："此五者皆不及蒙恬，而君责之何深也？"高曰："高固内官之厮役也[1]，幸得以刀笔之文[2]，进入秦宫，管事二十余年，未尝见秦免罢丞相功臣，有封及二世者也，卒皆以诛亡。皇帝二十余子，皆君之所知。长子刚毅而武勇，信人而奋士，即位，必用蒙恬为丞相，君侯终不怀通侯[3]之印，归于乡里明矣。高受诏教习胡亥，使学以法事，数年矣，未尝见过失。慈仁笃厚，轻财重士，辩于心而诎于口，尽礼敬士，秦之诸子，未有及此者，可以为嗣。君计而定之。"斯曰："君其反位！斯奉主之诏，听天之命，何虑之可定也？"高曰："安可危也，危可安也。安危不定，何以贵圣[4]？"斯曰："斯，上蔡闾巷布衣也，上幸擢为丞相，封为通侯，子孙皆至尊位重禄者，故将以存亡安危属臣也。岂可负哉！夫忠臣不避死而庶几[5]，孝子不勤劳而见危[6]，人臣各守其职而已矣。君其勿复言，将令斯得罪。"高曰："盖闻圣人迁徙无常，就变而从时，见末而知本，观指而睹归。物固有之，安得常法哉！方今天下之权命悬于胡亥，高能得志焉。且夫从外制中谓之惑，从下制上谓之贼。故秋霜降者草花落，水摇动者万物作[7]，此必然之效也。君何见之晚？"斯曰："吾闻晋易太子，三世不安。齐桓兄弟争位，身死为戮。纣杀亲戚，不听谏者，国为丘墟，遂危社稷。三者逆天，宗庙不血食。斯其犹人哉，安足为谋[8]！"高曰："上下合同，可以长久；中外若一，事无表里。君听臣之计，即长有封侯，世世称孤，必有乔松之寿，孔、墨之智。今释此而不从，祸及子孙，足以为寒心。善者因祸为福，君何处焉[9]？"

斯乃仰天而叹，垂泪太息曰："嗟乎！独遭乱世，既以不能死，安托命哉！"于是斯乃听高。高乃报胡亥曰："臣请奉太子之明命以报丞相，丞相斯敢不奉命！"

[1] 内官：宫廷之官也。[2] 刀笔：书吏之掌案牍者。始皇以高明吏事故进用之，使佐胡亥。[3] 秦废五等爵，留侯爵以赏功。侯爵通称彻侯。彻，通也，故通侯即彻侯。汉避武帝讳，因改彻侯曰"通侯"。[4] 言危而得安，安而得危，全视乎人之谋虑之定否。[5] 几：与"冀"通。言忠臣不避死，冀有他望。[6] 此言孝子之诚，不辞劳困，虽遇危殆之时，亦无所避。[7] 摇：动荡也，谓春水方生之时也。[8] 言己亦欲如人之守常道，岂能为逆，故曰"安足为谋"也。[9] 问得祸与得福之几，将何以自处。

于是乃相与谋，诈为受始皇诏，丞相立子胡亥为太子。更为书赐长子扶苏曰："朕巡天下，祷祠名山诸神，以延寿命。今扶苏与将军蒙恬，将师数十万以屯边，十有余年矣，不能进而前，士卒多耗，无尺寸之功，乃反数上书直言诽谤我所为，以不得罢归为太子，日夜怨望。扶苏为人子不孝，其赐剑以自裁[1]！将军恬与扶苏居外，不匡正[2]，宜知其谋。为人臣不忠，其赐死，以兵属裨将[3]王离。"封其书以皇帝玺，遣胡亥客奉书赐扶苏于上郡。使者至，发书，扶苏泣入内舍，欲自杀。蒙恬止扶苏曰："陛下居外，未立太子，使臣将三十万众守边，公子为监，此天下重任也。今一使者来，即自杀，安知其非诈？请复请，复请而后死，未暮也。"使者数趣之[4]。扶苏为人仁，谓蒙恬曰："父而赐子死，尚安复请！"即自杀。蒙恬不肯死，使者即以属吏，系于阳周[5]。使者还报，胡亥、斯、高大喜。至咸阳发丧，太子立为二世皇帝。以赵高为郎中令[6]，常侍中用事。

[1] 自裁：令自杀也。[2] 匡正：匡助纠正也。[3] 裨将：小将也。[4] 趣：

今作"促",催促也。[5]阳周:县名,秦置,后汉废,故城在今陕西定西县北。[6]郎中令:秦官九卿之一,掌宫殿门户,统属诸郎官,汉武帝更名光禄勋。

二世燕居[1],乃召高与谋事,谓曰:"夫人生居世间也,譬犹骋六骥过决隙[2]也。吾既已临天下矣,欲悉耳目之所好,穷心志之所乐,以安宗庙,而乐万姓,长有天下,终吾年寿,其道可乎?"高曰:"此贤主之所能行也,而昏乱主之所禁也。臣请言之,不敢避斧钺之诛,愿陛下少留意焉。夫沙丘之谋,诸公子及大臣皆疑焉,而诸公子尽帝兄,大臣又先帝之所置也。今陛下初立,此其属意怏怏,皆不服,恐为变。且蒙恬已死[3],蒙毅[4]将兵居外,臣战战栗栗[5],唯恐不终。且陛下安得为此乐乎?"二世曰:"为之奈何?"赵高曰:"严法而刻刑,令有罪者相坐诛,至收族,灭大臣而远骨肉。贫者富之,贱者贵之。尽除去先帝之故臣,更置陛下之所亲信者近之。此则阴德归陛下,害除而奸谋塞,群臣莫不被润泽,蒙厚德,陛下则高枕肆志[6]宠乐矣。计莫出于此。"二世然高之言,乃更为法律。于是群臣诸公子有罪,辄下高,令鞫治之[7]。杀大臣蒙毅等,公子十二人,僇死[8]咸阳市,十公主矺死于杜[9],财物入于县官,相连坐者不可胜数。公子高欲奔,恐收族,乃上书曰:"先帝无恙时,臣入则赐食,出则乘舆。御府之衣,臣得赐之。中厩之宝马,臣得赐之。臣当从死而不能,为人子不孝,为人臣不忠。不忠者无名以立于世,臣请从死,愿葬郦山之足。唯上幸哀怜之。"书上,胡亥大悦,召赵高而示之曰:"此可为急乎[10]?"赵高曰:"人臣当忧死而不暇,何变之得谋!"胡亥可其书,赐钱十万以葬。法令诛罚,日益刻深,群臣人人自危,欲畔者众。又作阿房之宫[11],治直道驰道[12],赋敛愈重,戍徭无已[13]。

[1] 燕居：闲居也。[2] 骋六骥过决隙：极喻光阴之迅速而过也。[3] 蒙恬被逮后，旋逼死。[4] 蒙毅：恬之弟。[5] 战战栗栗：恐惧之貌也。[6] 肆志：任情率意之谓也。[7] 鞠治：鞠通"鞫"，问罪也。[8] 僇：今通作"戮"。[9] 矺：音"宅"，与"磔"同，分裂也，裂肢体谓之"磔"。杜：地名，在今陕西长安县。[10] 谓此事操之过急，恐或有变端乎。[11] 阿房宫：见前《秦始皇本纪》，因宫未成，二世更作之。[12] 直道：除治直通之道。见前《秦始皇本纪》。驰道：亦见《秦始皇本纪》注。[13] 以兵守边曰"戍"，力役之征曰"徭役"。

于是楚戍卒陈胜、吴广等乃作乱，起于山东，杰俊相立，自置为侯王，叛秦，兵至鸿门而却[1]。李斯数欲请间谏，二世不许。而二世责问李斯曰："吾有私议，而有所闻于韩子也[2]，曰：'尧之有天下也，堂高三尺，采椽不斲[3]，茅茨不翦[4]，虽逆旅之宿，不勤于此矣[5]。冬日鹿裘，夏日葛衣，粢粝之食[6]，藜藿之羹[7]，饭土塯[8]，啜土铏[9]，虽监门之养，不觳于此矣[10]。禹凿龙门[11]，通大夏[12]，疏九河，曲九防[13]，决渟水[14]致之海，而股无胈[15]，胫无毛，手足胼胝[16]，面目黎黑[17]，遂以死于外，葬于会稽，臣虏之劳，不烈于此矣。'然则夫所贵于有天下者，岂欲苦形劳神，身处逆旅之宿，口食监门之养，手持臣虏之作哉？此不肖人之所勉也，非贤者之所务也。彼贤人之有天下也，专用天下适己而已矣，此所以贵于有天下也。夫所谓贤人者，必能安天下而治万民。今身且不能利，将恶能治天下哉！故吾愿肆志广欲，长享天下而无害，为之奈何？"李斯子由为三川守，群盗吴广等西略地，过去弗能禁。章邯[18]已破逐广等兵，使者复案三川相属，诮让斯居三公位，如何令盗如此。李斯恐惧，重爵禄，不知所出，乃阿二世意[19]，欲求容，以书对曰："夫贤主者，必且能全道而行督责[20]之术者也。督责之，则臣不敢不竭能以徇其主矣。此臣主之分定，上下之义明，则天下贤不肖，莫敢不尽力竭任以徇其君矣。是故主独制于天下，而无所制也[21]。能穷乐之极矣，贤明之主也，可不察焉！故申子[22]曰'有天下而不恣睢[23]，命之曰以天下为桎梏'者，无他焉，不能督责，而顾以其身劳于天下之民，若尧禹然，故谓之'桎梏'也。夫不能修申韩之明术，行督责之道，专以天下自适也，而徒务苦形劳神，以身徇百姓，则是黔首之役，非畜天下者也，何足贵哉！夫以人徇己，则己贵而人贱；以己徇人，则己贱而人贵。故徇人者贱，而人所徇者贵，自古及今，未有不然者也。凡古之所为尊贤者，为其贵也；而所以恶不肖者，为其贱也。而尧禹以身徇天下者也，因随而尊之，则亦失所为尊贤之心矣，夫可谓大缪矣。谓之为'桎梏'，不亦宜乎？不能督责之过也。故韩子曰：'慈母有败子，而严家无格虏[24]'者，何也？则能罚之加焉必也[25]。故商君之法，刑弃灰于道。夫弃灰，薄罪也，而被刑，重罚也。彼唯明主为能深督轻罪。夫罪轻且督深，而况有重罪乎？故民不敢犯也。是故韩子曰'布帛寻常[26]，庸人不释，铄金百镒，盗跖不搏[27]'者，非庸人之心重，寻常之利深，而盗跖之欲浅也；又不以盗跖之行，为轻百镒之重也[28]。搏必随手刑，则盗跖不搏百镒；而罚不必行也，则庸人不释寻常。是故城高五丈，而楼季不轻犯也[29]；泰山之高百仞，而跛牂其上[30]。夫楼季也，而难五丈之限，岂跛牂也，而易百仞之高哉？陛堑之势异也[31]。明主圣王之所以能久处尊位，长执重势，而独擅天下之利者，非有异道也，能独断而审督责，必深罚，故天下不敢犯也。今不务所以不犯[32]，而事慈母之所以败子也[33]，则亦不察于圣人之论矣。夫不能行圣人之术，则舍为天下役，何事哉[34]？可不哀邪！且夫俭节仁义之人立于朝，则荒肆之乐辍矣；谏说论理之臣闲于侧，则流漫之志诎矣[35]；烈士死节之行显于世，则淫康之虞废矣[36]。故明主能外此三者，而独操主术，以制听从之臣，而修其明法，故身尊而势重也。凡贤主者，必将能拂世摩俗[37]，而废其所恶，立其所欲，故生则有尊重之势，死则有贤明之谥也。是以明君独断，故权不在臣也。然后能灭仁义之涂，掩驰说之口，困烈士之行，塞聪掩明，内独视听[38]，故外不可倾以仁义烈士之行，而内不可夺以谏说忿争之辩。故能荦然[39]独行恣睢之心，而莫之敢逆。若此，然后可谓能明申韩之术，而修商君之法。法修术明，而天下乱者，未之闻也。故曰王道约而易操也。唯明主为能行之。若此则谓督责之诚，则臣无邪；臣无邪，则天下安，天下安，则主严尊；主严尊，则督责必；督责必，则所求得；所求得，则国家富；国家富，则君乐丰。故督责之术设，则所欲无不得矣。群臣百姓救过不给，何变之敢图？若此，则帝道备，而可谓能明君臣之术矣。虽申韩复生，不能加也。"书奏，二世悦。于是行督责益严，税民深者为明吏。二世曰："若此则可谓能督责矣。"刑者相半于道，而死人日成积于市。杀人众者为忠臣。二世曰："若此则可谓能督责矣。"

[1]鸿门：地名，见前《项羽本纪》注。[2]韩子：即韩非也。[3]采：木名，栎木也。言以栎木为椽，以承屋瓦不加雕斲也。[4]茅茨不翦：言以茅盖屋，不加剪裁也。[5]勤俭之谓也。言虽暂宿逆旅，亦不俭于此。[6]粢：音"资"，稷也。粝：粗饭米不精也。[7]藜藿：均草名，谓以此草作羹也。[8]瓯：音"宛"，匣也。谓以土瓯盛食也。[9]啜：尝也。铏：羹器也。

[10] 觳：音"縠"，尽也。言虽监门之末吏，其养犹不尽此也。[11] 龙门：山名，即伊阙，在河南雒阳县南。古传禹治水，曾凿此山。[12] 大夏：水名，在今甘肃狄道县西北。[13] 疏：通也。疏通九河之流域，于曲处筑堤防九道也。[14] 决渟水：除去壅塞不流之水。[15] 胈：音"跋"，股上小毛也。[16] 胼胝：音"便氏"，近骨之皮，久受压迫而生之硬块也。[17] 黎：黑也。[18] 章邯：秦将，时赵高专权，有所请不用，遂降羽，为雍王，后为汉将韩信所灭。[19] 阿：顺也。[20] 全道：全其为君之道。督：监察也。督责：监察其罪而责以刑罚也。[21] 言不为人所制也。[22] 申子：申不害也，擅刑名之学。见前传注。[23] 恣睢：纵情怒视也。[24] 格：强悍也。虏：奴仆也。言严肃之家，不出强奴也。[25] 言必能加罚之也。[26] 八尺曰寻，倍寻为常。[27] 铄金：熔金于冶，虽盗跖之凶恶亦热不可举也。镒：二十两。盗跖：古大盗之名。搏：攫取也。[28] 言亦非盗跖，轻视百镒之金为不足取也。[29] 楼季：魏文侯之弟也。[30] 牂：音"臧"，牝羊也。[31] 陗：同"峭"，峻直也。堑：音"渐"，平也。[32] 言不务所以使人不敢犯。[33] 言从事溺爱之慈母，所以养成败子之道。[34] 言舍除为天下役外无他道也。[35] 言流连淫漫之志，屈而不得伸。[36] 虞：乐也。[37] 言贤主必能拂逆世情，磨砺流俗。[38] 言自己运心于内以为视听也。[39] 荦：音"落"。荦然：分明不拔貌。

初，赵高为郎中令，所杀及报私怨众多，恐大臣入朝奏事毁恶之，乃说二世曰："天子所以贵者，但以闻声，群臣莫得见其面，故号曰'朕'。且陛下富于春秋，未必尽通诸事，今坐朝廷，谴举有不当者[1]，则见短于大臣，非所以示神明于天下也。且陛下深拱禁中，与臣及侍中习法者待事，事来，有以揆之[2]。如此，则大臣不敢奏疑事，天下称圣主矣。"二世用其计，乃不坐朝廷见大臣，居禁中。赵高常侍中用事，事皆决于赵高。高闻李斯以为言，乃见丞相曰："关东[3]群盗多，今上急益发繇[4]治阿房宫，聚狗马无用之物。臣欲谏，为位贱。此真君侯之事，君何不见？"李斯曰："固也，吾欲言之久矣。今时上不坐朝廷，上居深宫，吾有所言者不可传也，欲见无间。"赵高谓曰："君诚能谏，请为君候上间语君。"于是赵高待二世方燕乐，妇女居前，使人告丞相："上方间，可奏事。"丞相至宫门上谒，如此者三。二世怒曰："吾常多间日，丞相不来。吾方燕私[5]，丞相辄来请事。丞相岂少我哉？且固我哉[6]？"赵高因曰："如此殆矣！夫沙丘之谋，丞相与焉。今陛下已立为帝，而丞相贵不益，此其意亦望裂地而王矣。且陛下不问臣，臣不敢言。丞相长男李由为三川守，楚盗陈胜等皆丞相傍县之子，以故楚盗公行，过三川，城守不肯击。高闻其文书相往来，未得其审，故未敢以闻。且丞相居外，权重于陛下。"二世以为然。欲案丞相[7]，恐其不审，乃使人案验三川守与盗通状。

[1]官吏之谪降曰"谴"，推荐曰"举"。[2]揆：度也。[3]关东：函谷关以东，古称关东，今山东、河南等地是。[4]繇：与"徭"同。[5]燕私：谓私居燕乐之时也。[6]少我：岂以我为幼小。固我：而轻视我也。[7]案：考查也。

李斯闻之。是时二世在甘泉[1]，方作觳抵、优俳之观[2]。李斯不得见，因上书言赵高之短曰："臣闻之，臣疑其君，无不危国；妾疑其夫，无不危家。今有大臣，于陛下擅利擅害，与陛下无异，此甚不便。昔者司城子罕相宋，身行刑罚，以威行之，期年遂劫其国。田常为简公臣，爵列无敌于国，私家之富，与公家均，布惠施德，下得百姓，上得群臣，阴取齐国，杀宰予于庭，即弑简公于朝，遂有齐国。此天下所明知也。今高有邪佚之志，危反之行,如子罕相宋也;私家之富,若田氏之于齐也。兼行田常、子罕之逆道,而劫陛下之威信,其志若韩玘为韩安相也[3]。陛下不图,臣恐其为变也。"二世曰:"何哉?夫高故宦人也,然不为安肆志,不以危易心,洁行修善,自使至此,以忠得进,以信守位,朕实贤之,而君疑之,何也?且朕少失先人,无所识知,不习治民,而君又老,恐与天下绝矣。朕非属赵君,当谁任哉?且赵君为人,精廉强力,下知人情,上能适朕,君其勿疑。"李斯曰:"不然。夫高,故贱人也,无识于理,贪欲无厌,求利不止,列势次主,求欲无穷,臣故曰殆。"二世已前信赵高,恐李斯杀之,乃私告赵高。高曰:"丞相所患者独高,高已死,丞相即欲为田常所为。"于是二世曰:"其以李斯属郎中令[4]!"

[1] 甘泉:秦离宫名,在甘泉山,因山为名。山在今陕西淳化县。[2] 觳抵:今通作"角抵",谓角力角伎,两两相当也。盖秦时有此戏。优俳:谓杂戏也。
[3] 玘:音"怡"。韩昭侯十年,韩姬弑其君悼公。按:韩玘即韩姬。但韩无悼公,不知所指为何人。王安在昭侯下四代。李斯之说,似亦难取信。
[4] 郎中令:指赵高也。

赵高案治李斯。李斯拘执束缚,居囹圄中[1],仰天而叹曰:"嗟乎,悲夫!不道之君,何可为计哉!昔者桀杀关龙逢,纣杀王子比干,吴王夫差杀伍子胥。此三臣者,岂不忠哉,然而不免于死,身死而所忠者非也。今吾智不及三子,而二世之无道,过于桀、纣、夫差,吾以忠死,宜矣。且二世之治,岂不乱哉!日者夷其兄弟而自立也[2],杀忠臣而贵贱人,作为阿房之宫,赋敛天下。吾非不谏也,而不吾听也。凡古贤王,饮食有节,车器有数,宫室有度,出令造事,加费而无益于民利者禁,故能长久治安。今行逆于昆弟,不顾其咎;侵杀忠臣,不思其殃；大为宫室，厚赋天下，不爱其费：三者已行，天下不听。今反者已有天下之半矣，而心尚未寤也，而以赵高为佐，吾必见寇至咸阳，麋鹿游于朝也。"于是二世乃使高案丞相狱，治罪，责斯与子由谋反状，皆收捕宗族宾客。赵高治斯，榜掠千余[3]，不胜痛，自诬服。斯所以不死者，自负其辩，有功，实无反心，幸得上书自陈，幸二世之寤而赦之[4]。

[1] 圄圉：狱囚也。[2] 夷：诛灭也。[3] 榜掠：鞭笞也。[4] 寤：寐觉也。

李斯乃从狱中上书曰："臣为丞相，治民三十余年矣。逮秦地之陕隘。先王之时，秦地不过千里，兵数十万。臣尽薄材，谨奉法令，阴行谋臣，资之金玉，使游说诸侯，阴修甲兵，饰政教，官斗士，尊功臣，盛其爵禄，故终以胁韩弱魏，破燕赵，夷齐楚，卒兼六国，虏其王，立秦为天子。罪一矣。地非不广，又北逐胡貉，南定百越，以见秦之强。罪二矣。尊大臣，盛其爵位，以固其亲。罪三矣。立社稷，修宗庙，以明主之贤。罪四矣。更克画，平斗斛度量文章，布之天下，以树秦之名。罪五矣。治驰道，兴游观，以见主之得意。罪六矣。缓刑罚，薄赋敛，以遂主得众之心，万民戴主，死而不忘。罪七矣。若斯之为臣者，罪足以死固久矣。上幸尽其能力，乃得至今，愿陛下察之！"书上，赵高使吏弃去不奏，曰："囚安得上书！"

赵高使其客十余辈，诈为御史、谒者、侍中，更往复[1]讯斯。斯更以其实对，辄使人复榜之。后二世使人验斯，斯以为如前，终不敢更言，辞服。奏当上，二世喜曰："微赵君，几为丞相所卖[2]。"及二世所使案三川之守至，则项梁已击杀之[3]。使者来，会丞相下吏，赵高皆妄为反辞。二世二年七月，具斯五刑[4]，论腰斩咸阳市。斯出狱，与其中子俱执，顾谓其中子曰："吾欲与若复牵黄犬俱出上蔡东门逐狡兔,岂可得乎!"遂父子相哭,而夷三族[5]。

[1] 往复:反复无端也。[2] 言几为李斯所欺。[3] 使者至三川守李由处,乃(按:"乃"字,原注本为"奈",疑误,故改之)知由已被项梁击杀也。[4] 刑法分轻重五等,古以墨、劓、剕、宫、大辟为五刑。[5] 三族:父族、母族、妻族也。

李斯已死,二世拜赵高为中丞相,事无大小,辄决于高。高自知权重,乃献鹿,谓之马[1]。二世问左右:"此乃鹿也?"左右皆曰:"马也。"二世惊,自以为惑,乃召太卜,令卦之,太卜曰:"陛下春秋郊祀,奉宗庙鬼神,斋戒不明,故至于此[2]。可依盛德而明斋戒。"于是乃入上林[3]斋戒。日游弋猎,有行人入上林中,二世自射杀之。赵高教其女婿咸阳令阎乐劾不知何人贼杀人,移上林。高乃谏二世曰:"天子无故贼杀不辜人,此上帝之禁也,鬼神不享,天且降殃,当远避宫以禳之[4]。"二世乃出居望夷之宫[5]。留三日,赵高诈诏卫士,令士皆素服,持兵内乡[6],入告二世曰:"山东群盗兵大至!"二世上观而见之,恐惧,高即因劫令自杀。引玺而佩之,左右百官莫从。上殿,殿欲坏者三。高自知天弗与,群臣弗许,乃召始皇弟,授之玺[7]。

[1] 赵高指鹿为马所以觇人心之向背也。[2] 古人于祭祀之先,必斋戒沐浴,以一心志,而接神明。[3] 上林:苑名,在陕西长安县西。[4] 禳:音"攘",祭之以远害也。[5] 望夷宫:在今陕西泾阳县东南。[6] 乡:与"向"同。[7] 一作"召始皇弟子婴,授之玺",又谓子婴为二世兄之子,说弟子婴误,当为孙子婴。

子婴既位,患之,乃称疾不听事,与宦者韩谈[1]及其子谋杀高。高上谒,请病,因召入,令韩谈刺杀之,夷其三族。

[1] 司马迁父名谈,故《史记》(按:原注本"记"字为"纪",疑误,故改之)"谈"皆作"同",此仍为"谈",或谓后人所改。

子婴立三月,沛公兵从武关入,至咸阳,群臣百官皆畔,不適[1]。子婴与妻子自系其颈以组,降轵道旁[2]。沛公因以属吏。项王至而斩之。遂以亡天下。

[1] 適:与"敌"同。[2] 轵道:地名,亦作"枳道",在今陕西咸阳县东北。

太史公曰:李斯以闾阎[1]历诸侯,入事秦,因以瑕衅[2],以辅始皇,卒成帝业。斯为三公[3],可谓尊用矣。斯知六艺之归[4],不务明政以补主上之缺,持爵禄之重,阿顺苟合,严威酷刑,听高邪说,废嫡立庶。诸侯已畔,斯乃欲谏争,不亦末乎!人皆以斯极忠而被五刑死,察其本,乃与俗议之异。不然,斯之功且与周召列矣。

[1] 闾阎:里中门也,后为民间之通称。[2] 瑕衅:本作"过失"。按此为机遇之意,[3] 古以太师、太傅、太保为三公,言其尊位也。[4] 六艺:《礼》、《乐》、《诗》、《书》、《易》、《春秋》也。

淮阴侯列传

　　淮阴侯韩信者，淮阴人也[1]。始为布衣时，贫无行，不得推择为吏[2]，又不能治生商贾，常从人寄饮食，人多厌之者，常数从其下乡南昌亭长[3]寄食，数月，亭长妻患之，乃晨炊蓐食[4]。食时信往，不为具食。信亦知其意，怒竟绝去。信钓于城下[5]，诸母漂[6]，有一母见信饥，饭信，竟漂数十日[7]。信喜，谓漂母曰："吾必有以重报母。"母怒曰："大丈夫不能自食，吾哀王孙[8]而进食，岂望报乎！"淮阴屠中少年有侮信者，曰："若虽长大，好带刀剑，中情怯耳。"众辱之曰："信能死，刺我；不能死，出我袴下。"于是信孰视之[9]，俛出袴下，蒲伏[10]。一市人皆笑信，以为怯。

　　[1]淮阴:地名，今江苏清河县。[2]推择:推举选择也。[3]下乡:地名，旧属淮阴。南昌:亦作"新昌"。亭长:见前《项羽本纪》注。[4]蓐食:未起而在床蓐中食也。[5]淮阴临淮水，故能钓。[6]母:老妇之通称。水中击絮为"漂"。[7]直至漂数十日皆饭信也。[8]王孙:尊称，犹云公子也。[9]孰:与"熟"通。[10]俛:同"俯"。蒲伏:与"匍匐"同。

　　及项梁渡淮，信杖剑从之，居戏下[1]，无所知名。项梁败，又属项羽，羽以为郎中。数以策干项羽，羽不用。

　　[1]戏:与"麾"通。麾下，犹言部下也。

　　汉王之入蜀，信亡楚，归汉，未得知名，为连敖[1]。坐法当斩，其辈十三人，皆已斩，次至信，信乃仰视，适见滕公[2]，曰："上不欲就天下乎？何为斩壮士！"滕公奇其言，壮其貌，释而不斩。与语，大悦之。言于上，上拜以为治粟都尉[3]，上未之奇也。信数与萧何语，何奇之。至南郑[4]，诸将行道亡者数十人，信度"何等已数言上,上不我用"。即亡。何闻信亡,不及以闻,自追之。人有言上曰:"丞相何亡。"上大怒,如失左右手。居一二日,何来,谒上,上且怒且喜,骂何曰:"若亡,何也?"何曰:"臣不敢亡也,臣追亡者。"上曰:"若所追者谁?"何曰:"韩信也。"上复骂曰:"诸将亡者以十数,公无所追;追信诈也。"何曰:"诸将易得耳。至如信者,国士无双。王必欲长王汉中,无所事信[5];必欲争天下,非信无所与计事者。顾王策安所决耳。"王曰:"吾亦欲东耳,安能郁郁久居此乎?"何曰:"王计必欲东,能用信,信即留;不能用,信终亡耳。"王曰:"吾为公以为将。"何曰:"虽为将,信必不留。"王曰:"以为大将。"何曰:"幸甚。"于是王欲召信拜之。何曰:"王素慢无礼,今拜大将如呼小儿耳,此乃信所以去也。王必欲拜之,择良日,斋戒,设坛场,具礼乃可耳。"王许之。诸将皆喜,人人各自以为得大将。至拜大将,乃信也,一军皆惊。

[1]连敖:楚官名。[2]滕公:夏侯婴也,沛人,从高祖入关,屡有殊功,尝为滕令奉车,故号"滕公"。[3]秦有治粟内史,高祖因之更名曰"都尉"。[4]南郑:即今陕西南郑县地。[5]王欲长王汉中,不复有大志,则无所用信已。

信拜礼毕,上坐。王曰:"丞相数言将军,将军何以教寡人计策?"信谢,因问王曰:"今东乡争权天下,岂非项王邪?"汉王曰:"然。"曰:"大王自料勇悍仁强,孰与项王?"汉王默然良久,曰:"不如也。"信再拜贺曰:"惟信亦以为大王不如也。然臣尝事之,请言项王之为人也。项王喑噁叱咤[1],千人皆废[2],然不能任属贤将,此特匹夫之勇耳。项王见人,恭敬慈爱,言语呕呕[3],人有疾病,涕泣分饮食,至使人有功当封爵者,印刓弊,忍不能予[4],此所谓妇人之仁也。项王虽霸天下而臣诸侯,不居关中,而都彭城。有背义帝之约,而以亲爱王,诸侯不平[5]。诸侯之见项王迁逐义帝置江南,亦皆归逐其主,而自王善地。项王所过,无不残灭者,天下多怨,百姓不亲附,特劫于威强服耳[6]。名虽为霸,实失天下心。故曰其强易弱。今大王诚能反其道,任天下武勇,何所不诛!以天下城邑封功臣,何所不服!以义兵从思东归之士,何所不散!且三秦王为秦将[7],将秦子弟数岁矣,所杀亡不可胜计,又欺其众,降诸侯,至新安,项王诈坑秦降卒二十余万[8],唯独邯、欣、翳得脱,秦父兄怨此三人,痛入骨髓。今楚强以威王此三人,秦民莫爱也。大王之入武关,秋豪无所害,除秦苛法,与秦民约法三章耳[9],秦民无不欲得大王王秦者。于诸侯之约,大王当王关中,关中民咸知之[10]。大王失职,入汉中,秦民无不恨者。今大王举而东,三秦可传檄而定也。"于是汉王大喜,自以为得信晚。

[1]喑噁叱咤:口不能言,而发怒也。[2]废:偃仆也。[3]呕呕:作和好貌。[4]印刓多时,犹不忍给,谓其吝于赏也。[5]项羽尊楚怀王为义帝,义帝之约,惟王入关者,而项羽纷立诸王,此诸侯不平也。[6]强:读"勉强"之"强"。[7]项羽入关,三分关中以王秦降将三人,章邯为雍王,司马欣为塞王,董翳为翟王。[8]事详前《项羽本纪》。[9]高祖入秦,悉除秦苛法,与秦人约法三章,杀人者死,伤人及盗抵罪。[10]楚怀王与诸将约,先入关中者王之,高祖先入关,当王关中。

　　遂听信计,部署诸将所击[1]。八月,汉王举兵东出陈仓[2],定三秦。汉二年,出关[3],收魏、河南[4],韩、殷王皆降[5]。合齐赵共击楚。四月,至彭城,汉兵败散而还。信复收兵,与汉王会荥阳[6],复击破楚京索之间[7],以故楚兵卒不能西。汉之败却彭城，塞王欣、翟王翳亡汉降楚，齐赵亦反汉与楚和。六月，魏王豹谒归视亲疾，至国，即绝河关[8]反汉，与楚约和。汉王使郦生说豹[9]，不下。其八月，以信为左丞相，击魏。魏王盛兵蒲坂[10]，塞临晋[11]，信乃益为疑兵，陈船欲渡临晋，而伏兵从夏阳以木罂缻渡军[12]，袭安邑[13]。魏王豹惊，引兵迎信，信遂虏豹，定魏为河东郡。汉王遣张耳与信俱引兵东北击赵代[14]。后九月，破代兵，禽夏说阏与[15]。信之下魏破代，汉辄使人收其精兵，诣荥阳以距楚。

[1]分部指定诸将进攻之目的地。[2]陈仓：秦县，故城在今陕西宝鸡县东。[3]关：指函谷关也。[4]魏：指魏王豹也。河南：河南王瑕丘申阳也。[5]韩：韩王成也。时成虽王，为项羽所留，时不在国。殷王：司马卬也。[6]荥阳：见前《项羽本纪》注。[7]京索：亦见前《项羽本纪》注。[8]河关：指蒲津关也，在今山西永济县，西跨陕西地。一说河关盖取河之关塞也。[9]郦生：即郦食其也。[10]蒲坂：地名，在今山西永济县。[11]临晋：今为山西临晋县。[12]夏阳：古地名，即魏少梁，故城在陕西韩城县南。木罂缻：以木为之，形如罂缻。韩信以之渡军袭魏安邑。[13]安邑：县名，在今山西。[14]时代王陈余也。[15]夏说：陈余臣。阏与：音"鄢余"，地在今山西沁县境。

汉三年，信与张耳以兵数万，欲东下井陉[1]击赵。赵王、成安君陈余闻汉且袭之也，聚兵井陉口[2]，号称二十万。广武君李左车说成安君曰："闻汉将韩信，涉西河[3]，虏魏王，禽夏说，新喋血[4]阏与，今乃辅以张耳，议欲下赵，此乘胜而去国远斗，其锋不可当。臣闻千里馈粮，士有饥色，樵苏后爨[5]，师不宿饱。今井陉之道，车不得方轨[6]，骑不得成列，行数百里，其势粮食必在其后。愿足下假臣奇兵三万人，从间路绝其辎重。足下深沟高垒，坚营勿与战。彼前不得斗，退不得还，吾奇兵绝其后，使野无所掠，不至十日，而两将之头可致于戏下。愿君留意臣之计。否，必为二子所禽矣。"成安君，儒者也，常称义兵，不用诈谋奇计，曰："吾闻兵法，十则围之，倍则战之[7]。今韩信兵号数万，其实不过数千。能千里而袭我，亦已罢[8]极。今如此避而不击，后有大者，何以加之！则诸侯谓吾怯而轻我伐我。"不听广武君策，广武君策不用。韩信使人间视，知其不用，还报，则大喜，乃敢引兵遂下。未至井陉口三十里，止舍。夜半，传发[9]选轻骑二千人，人持一赤帜，从间道萆[10]山而望赵军，诫曰："赵见我走，必空壁逐我，若疾入赵壁，拔赵帜，立汉赤帜。"令其裨将传飧[11]，曰："今日破赵会食[12]！"诸将皆莫信，详应[13]曰："诺。"谓军吏曰："赵已先据便地为壁，且彼未见吾大将旗鼓，未肯击前行，恐吾至险而还。"信乃使万人先行，出背水阵[14]。赵军望见而大笑。平旦，信建大将之旗鼓，鼓行出井陉口，赵间壁击之，大战良久。于是信张耳详弃鼓旗，走水上军。水上军开入之，复疾战。赵果空壁争汉鼓旗，逐韩信张耳。韩信张耳已入水上军，军皆殊死战，不可败。信所出奇兵二千骑，共候赵空壁逐利[15]，则驰入赵壁，皆拔赵旗，立汉赤帜二千。赵军已不胜，不能得信等，欲还归壁，壁皆汉赤帜，而大惊，以为汉皆已得赵王将矣，兵遂乱，遁走，赵将虽斩之，不能禁也。于是汉兵夹击，大破虏赵军，斩成安君泜水上[16]，禽赵王歇。

[1] 井陉：即今河北井陉县。[2] 井陉口：即井陉关，今日"土门关"，在今河北获鹿县西。[3] 旧陕西同州有龙门河，即今西河，信前从夏阳所渡也。[4] 喋：音"蝶"。喋血：杀人血流滂沱也。[5] 樵：取薪也。苏：取草也。爨：以火炊食也。[6] 方：并也。[7] 十则围之：有十倍敌兵之

众则围之。倍则战：有两倍之众则与战也。[8] 罢：同"疲"。[9] 传发：传令军中使出发也。[10] 萆：音"蔽"。萆山：依山覆蔽也。[11] 飧：本曰晚餐，此作小饭也。[12] 言破赵后方共为饱食。[13] 详应：与"佯应"同。[14] 信兵所背之水，为绵蔓水，自并地流入井陉界。[15] 逐利：言乘利便行事也。[16] 泜水：即北泜水，发源河北元氏县西群山中，东流入槐河，长五十余里。韩信斩陈余于此水。

信乃令军中毋杀广武君，有能生得者，购千金。于是有缚广武君而致戏下者，信乃解其缚，东乡[1]坐，西乡对，师事之。

[1] 乡：同"向"，下同。

诸将效首虏休，毕贺[1]，因问信曰："兵法右倍山陵，前左水泽[2]，今者将军令臣等反背水阵，曰'破赵会食'，臣等不服。然竟以胜，此何术也？"信曰："此在兵法，顾诸君不察耳。兵法不曰'陷之死地而后生，置之亡地而后存'？且信非得素拊循[3]士大夫也，此所谓'驱市人而战之'，其势非置之死地，使人人自为战。今予之生地，皆走，宁尚可得而用之乎！"诸将皆服曰："善。非臣所及也。"

[1] 效：献也。休：止也。毕：尽也。言各献敌人之首止尽行称贺也。[2] 左：不便也。言不以水泽为不便而避之也。[3] 拊循：犹抚慰也。

于是信问广武君曰："仆欲北攻燕，东伐齐，何若而有功？"广武君辞谢曰："臣闻败军之将，不可以言勇，亡国之大夫，不可以图存。今臣败亡之虏，何足以权大事乎！"信曰："仆闻之，百里奚居虞而虞亡，在秦而秦霸，非愚于虞而智于秦也，用与不用，听与不听也。诚令成安君听足下计，若信者亦已为禽矣。以不用足下，故信得侍[1]耳。"因固问曰："仆委心归计，愿足下勿辞。"广武君曰："臣闻'智者千虑，必有一失；愚者千虑，必有一得'。故曰'狂夫之言,圣人择焉'。顾恐臣计未必足用,愿效愚忠。夫成安君有百战百胜之计,一旦而失之,军败鄗下[2],身死泜上。今将军涉西河,虏魏王,禽夏说阏与,一举而下井陉,不终朝破赵二十万众,诛成安君。名闻海内,威震天下,农夫莫不辍耕释耒,褕衣甘食[3],倾耳以待命者。若此,将军之所长也。然而众劳卒疲,其实难用。今将军欲举倦疲之兵,顿之燕坚城之下,欲战恐久,力不能拔,情见势屈,旷日粮竭,而弱燕不服,齐必距境以自强也。燕齐相持而不下,则刘项之权未有所分也。若此者,将军所短也。臣愚窃以为亦过矣。故善用兵者,不以短击长,而以长击短。"韩信曰:"然则何由?"广武君对曰:"方今为将军计,莫如案甲休兵,镇赵,抚其孤,百里之内,牛酒日至,以飨士大夫醳[4]兵,北首[5]燕路,而后遣辩士奉咫尺之书,暴[6]其所长于燕,燕必不敢不听从。燕已从,使喧言[7]者东告齐,齐必从风而服,虽有智者,亦不知为齐计矣。如是,则天下事皆可图也。兵固有先声而后实者,此之谓也。"韩信曰:"善。"从其策,发使使燕,燕从风而靡。

[1] 侍:谦辞。[2] 鄗:音"壑",今河北柏乡县地。[3] 褕:音"俞",美也。言农夫恐一旦兵至,灭亡在即,皆不事耕作。美衣甘食,以图目前之快适。[4] 醳:音"亦",以酒食美也。[5] 首:向也。[6] 暴:音"仆",显也。[7] 喧:音"萱"。喧言者,传布其言于众人也。

乃遣使报汉[1],因请立张耳为赵王,以镇抚其国。汉王许之,乃立张耳为赵王。楚数使奇兵[2]渡河击赵,赵王耳、韩信往来救赵,因行定赵城邑,发兵诣汉。楚方急围汉王于荥阳,汉王南出之宛、叶间[3],得黥布[4],走入成皋[5],楚又复急围之。六月,汉王出成皋,东渡河,独与滕公俱,从张耳军修武[6]。至,宿传舍。晨，自称汉使，驰入赵壁。张耳、韩信未起，即其卧内，上夺其印符，以麾召诸将，易置之。信、耳起，乃知汉王来，大惊。汉王夺两人军，即令张耳备守赵地。拜韩信为相国，收赵兵未发者击齐。

[1]赵破报也。[2]奇兵：乘敌人不意以兵攻之也。[3]宛：今河南淮（按"淮"，当为"南"，见《货殖列传》注）阳县。叶：音"摄"，今河南叶县。[4]黥布：即英布。初属羽，为勇将，汉使郦食其说降之。[5]成皋：见前《项羽本纪》注。[6]修武：汉县，今河南获嘉县。

汉四年，信引兵东，未渡平原[1]，闻汉王使郦食其已说下齐[2]，韩信欲止。范阳辩士蒯通[3]说信曰："将军受诏击齐，而汉独发间使下齐，宁有诏止将军乎？何以得毋行也！且郦生一士，伏轼掉三寸之舌[4]，下齐七十余城，将军将数万众，岁余乃下赵五十余城，为将数岁，反不如一竖儒之功乎？"于是信然之，从其计，遂渡河。齐已听郦生，即留纵酒，罢备汉守御，信因袭齐历下军[5]，遂至临菑[6]。齐王田广以郦生卖己，乃亨之[7]，而走高密[8]，使使之楚请救。韩信已定临菑，遂东追广，至高密西。楚亦使龙且[9]将，号称二十万救齐。齐王广、龙且并军与信战，未合。人或说龙且曰："汉兵远斗穷战，其锋不可当。齐楚自居其地战，兵易败散[10]。不如深壁，令齐王使其信臣招所亡城，亡城闻其王在，楚来救，必反汉。汉兵二千里客居，齐城皆反之，其势无所得食，可无战而降也。"龙且曰："吾平生知韩信为人，易与耳。且夫救齐，不战而降之，吾何功？今战而胜之，齐之半可得，何为止！"遂战，与信夹潍水阵[11]。韩信乃夜令人为万余囊，满盛沙，壅水上流，引军半渡，击龙且，佯不胜，还走。龙且果喜曰："固知信怯也。"遂追信渡水。信使人决壅囊，水大至。龙且军大半不得渡，即急击杀龙且。龙且水东军散走，齐王广亡去[12]。信遂追北至城阳[13]，皆虏楚卒。汉四年，遂皆降平齐。

[1] 平原：津名，在今山东平原县。[2] 食其：读如"异基"，郦食其：汉时游说之士也。[3] 范阳：县名，为今河北定兴县也。[4] 伏车轼而腾口说，谓其从容之甚也。[5] 历下：今山东历城县。[6] 临菑：齐都，今山东临淄县。[7] 亨：同"烹"。[8] 高密：今山东高密县。[9] 且：音"苴"。[10] 以其近室家怀愿望，故易败散也。[11] 潍水：出今山东莒县西北。陈：与"阵"同，言列兵为阵也。[12] 广与龙且同时见杀，此言亡去疑有误也。[13] 城阳：地名，在今山东地。

使人言汉王曰："齐伪诈多变，反复之国也，南边楚，不为假王以镇之，其势不定。愿为假王便。"当是时，楚方急围汉王于荥阳，韩信使者至，发书，汉王大怒，骂曰："吾困于此，旦暮望若来佐我，乃欲自立为王！"张良、陈平蹑汉王足，因附耳语曰："汉方不利，宁能禁信之王乎？不如因而立，善遇之，使自为守。不然，变生。"汉王亦悟，因复骂曰："大丈夫定诸侯，即为真王耳，何以假为！"乃遣张良往，立信为齐王，征其兵击楚。

楚已亡龙且，项王恐，使盱眙人[1]武涉往说齐王信曰："天下共苦秦久矣，相与戮力击秦。秦已破，计功割地，分土而王之，以休士卒。今汉王复兴兵而东，侵人之分，夺人之地，已破三秦，引兵出关，收诸侯之兵，以东击楚，其意非尽吞天下者不休，其不知厌足，如是甚也。且汉王不可必，身居项王掌握中数矣，项王怜而活之，然得脱辄倍约，复击项王，其不可亲信如此。今足下虽自以与汉王为厚交，为之尽力用兵，终为之所禽矣。足下所以得须臾至今者[2]，以项王尚存也。当今二王之事，权在足下。足下右投,则汉王胜,左投,则项王胜。项王今日亡,则次取足下。足下与项王有故,何不反汉,与楚连和,三分天下王之?今释此时,而自必于汉以击楚,且为智者固若此乎!"韩信谢曰:"臣事项王,官不过郎中,位不过执戟[3],言不听,画不用,故倍楚而归汉。汉王授我上将军印,予我数万众,解衣衣我[4],推食食我[5],言听计用,故吾得以至于此。夫人深亲信我,我倍之不祥,虽死不易。幸为信谢项王!"

[1] 盱眙:见前《项羽本纪》注。[2] 须臾:本作少顷之意,按此犹从容也。言足下所以得从容至今不死者。[3] 执戟:古侍卫之职也。[4] 下"衣"字,去声,以衣与人也。[5] 下"食"字,读如"寺",以食与人也。

武涉已去,齐人蒯通知天下权在韩信,欲为奇策而感动之,以相人说韩信曰:"仆尝受相人之术。"韩信曰:"先生相人何如?"对曰:"贵贱在于骨法,忧喜在于容色,成败在于决断,以此参之,万不失一。"韩信曰:"善。先生相寡人何如?"对曰:"愿少间。"信曰:"左右去矣。"通曰:"相君之面,不过封侯,又危不安。相君之背,贵乃不可言[1]。"韩信曰:"何谓也?"蒯通曰:"天下初发难也,俊雄豪杰,建号一呼,天下之士,云合雾集,鱼鳞杂遝[2],熛至[3]风起。当此之时,忧在亡秦而已。今楚汉分争,使天下无罪之人,肝胆涂地,父子暴骸骨于中野,不可胜数。楚人起彭城,转斗逐北,至于荥阳,乘利席卷,威震天下。然兵困于京、索之间,迫西山而不能进者,三年于此矣。汉王将数十万之众,距巩洛[4],阻山河之险,一日数战,无尺寸之功,折北不救[5],败荥阳,伤成皋,遂走宛、叶之间,此所谓智勇俱困者也[6]。夫锐气挫于阻塞,而粮食竭于内府,百姓疲极怨望,容容[7]无所倚。以臣料之,其势非天下之贤圣,固不能息天下之祸。当今两主之命,县于足下。足下为汉则汉胜,与楚则楚胜。臣愿披腹心,输肝胆,效愚计,恐足下不能用也。诚能听臣之计,莫若两利而俱存之,三分天下,鼎足而居,其势莫敢先动。夫以足下之贤圣,有甲兵之众,拥强齐,从燕赵,出空虚之地,而制其后,因民之欲西向[8],为百姓请命,则天下风走而响应矣,孰敢不听!割大弱强,以立诸侯,诸侯已立,天下服听,而归德于齐。案齐之故,有胶、泗之地[9],怀诸侯以德,深拱揖让,则天下之君王,相率而朝于齐矣。盖闻天与弗取,反受其咎;时至不行,反受其殃。愿足下孰虑之。"韩信曰:"汉王遇我甚厚,载我以其车,衣我以其衣,食我以其食。吾闻之,乘人之车者,载人之患;衣人之衣者,怀人之忧;食人之食者,死人之事,吾岂可以乡利倍义乎!"蒯生曰:"足下自以为善汉王,欲建万世之业,臣窃以为误矣。始常山王、成安君为布衣时,相与为刎颈之交[10],后争张黡、陈泽之事,二人相怨[11]。常山王背项王,奉项婴头而窜逃,归于汉王[12]。汉王借兵而东下,杀成安君泜水之南,头足异处,卒为天下笑。此二人相与,天下至欢也。然而卒相禽者,何也?患生于多欲,而人心难测也。今足下欲行忠信以交于汉王,必不能固于二君之相与也,而事多大于张黡、陈泽。故臣以为足下必汉王之不危己,亦误矣。大夫种、范蠡存亡越,霸勾践,立功成名,而身死亡。野兽已尽而猎狗烹。夫以交友言之,则不如张耳之与成安君者也;以忠信言之,则不过大夫种、范蠡之于勾践也。此二人者,足以观矣。愿足下深虑之。且臣闻勇略震主者身危,而功盖天下者不赏。臣请言大王功略:足下涉西河,虏魏王,禽夏说,引兵下井陉,诛成安君,徇赵,胁燕,定齐,南摧楚人之兵二十万,东杀龙且,西乡以报,此所谓功无二于天下,而略不世出者也。今足下戴震主之威,挟不赏之功,归楚楚人不信,归汉汉人震恐。足下欲持是安归乎?夫势在人臣之位,而有震主之威,名高天下,窃为足下危之。"韩信谢曰:"先生且休矣,吾将念之。"后数日,蒯通复说曰:"夫听者,事之候也,计者,事之机也,听过计失,而能久安者,鲜矣。听不失一二者,不可乱以言;计不失本末者,不可纷以辞。夫随厮养之役者,失万乘之权;守儋石之禄者[13],阙卿相之位。故知者,决之断也,疑者,事之害也,审豪厘之小计,遗天下之大数,智诚知之,决弗敢行者,百事之祸也。故曰'猛虎之(按:"之"字,原注本为"不"字,疑误,故据中华书局本改之)犹豫,不若蜂虿之致螫[14];骐骥之跼躅[15],不如驽马之安步;孟贲之狐疑[16],不如庸夫之必至也;虽有舜禹之智,吟而不言,不如瘖[17]聋之指麾也'。此言贵能行之。夫功者难成而易败,时者难得而易失也。时乎,时乎不再来。愿足下详察之。"韩信犹豫,不忍倍汉,又自以为功多,汉终不夺我齐,遂谢蒯通。蒯通说不听,已详狂为巫[18]。

[1]背:违背之意。[2]还:音"沓",言如鱼鳞之多而杂乱也。[3]爕:音"漂",火飞也。[4]巩:地名,今为河南巩县。洛:今河南雒阳县地。[5]折北:败奔也。[6]智:指汉也。勇:指楚也。[7]容容:谓苟且求容也。[8]西向:齐在东故云。[9]胶:今山东胶县等地。泗:今安徽泗县等地。[10]常山王:项羽所封张耳也。张耳与陈余二人微时,互相友善,订刎颈之交。[11]秦军围赵钜鹿,急,羽救未至,陈余将兵在外,张耳及赵王歇皆在围中,责余赴救。余以兵少,不敢前。耳使张黡、陈泽让余。后余以五千兵使二人先行,辄皆没。后围解,耳疑余杀之,由是相恶。[12]项羽即封张耳为常山王,又以南皮三县封余为侯,余怒,袭耳,败之,

因归汉。[13]儋：负荷也，通作"担"也。石：斗也。[14]蟄：音"释"。蛇虫用毒牙尾针刺人曰"蟄"。[15]蹢躅：行不进也。[16]孟贲：古勇士，能生拔牛角。[17]瘖：音"阴"，口哑也。[18]已：与"以"通。详狂：伪为狂者也。

汉王之困固陵[1]，用张良计召齐王信，遂将兵会垓下[2]。

[1]固陵：见前《项羽本纪》注。[2]张良计：见前《项羽本纪》。垓下：汉高祖围羽于此，见《项羽本纪》注。

项羽已破，高祖袭夺齐王军。汉五年，正月，徙齐王信为楚王，都下邳[1]。

[1]下邳：见前《项羽本纪》注。

信至国，召所从食漂母，赐千金。及下乡南昌亭长，赐百钱曰："公小人也，为德不卒。"召辱己之少年令出裤下者，以为楚中尉。告诸将相曰："此壮士也。方辱我时，我宁不能杀之邪？杀之无名，故忍而就于此。"项王亡将钟离昧，家在伊庐[1]，素与信善。项王死后，亡归信。汉王怨昧，闻其在楚，诏楚捕昧。信初之国，行县邑，陈兵出入。汉六年，人有上书告楚王信反。高帝以陈平计，天子巡狩会诸侯，南方有云梦[2]，发使告诸侯会陈[3]，吾将游云梦。实欲袭信，信弗知。高祖且至楚，信欲发兵反，自度无罪，欲谒上，恐见禽。人或说信曰："斩昧谒上，上必喜，无患。"信见昧计事。昧曰："汉所以不击取楚，以昧在公所。若欲捕我以自媚于汉，吾今日死，公亦随手亡矣。"乃骂信曰："公非长者！"卒自刭。信持其首谒高祖于陈。上令武士缚信，载后车。信曰："果若人言，'狡[4]兔死，良狗烹；高鸟尽，良弓藏；敌国破，谋臣亡'。天下已定，我固当烹！"上曰："人告公反。"遂械系信。至雒阳[5]，赦信罪，以为淮阴侯。

[1]伊庐:乡名,汉置县,名中庐,故城在今湖北襄阳县西南。[2]云梦:泽名,在今湖北安陆县南,原分为二,江北曰"云",江南曰"梦",方八九百里,后悉为邑居聚落,因并称之曰"云梦"。[3]陈:见《项羽本纪》注。[4]狡:猾也,奸也。[5]雒阳:即今雒阳,地在今河南雒阳县。

信知汉王畏恶其能,常称病不朝从。信由此日夜怨望,居常鞅鞅[1],羞与绛灌等列[2]。信尝过樊将军哙,哙跪拜送迎,言称臣,曰:"大王乃肯临臣!"信出门,笑曰:"生乃与哙等为伍!"

[1]鞅鞅:犹"怏怏",志不满也。[2]绛灌:人名,汉将。但多释为绛侯周勃及灌婴者。等列:同列也。

上常从容与信言诸将能不[1],各有差。上问曰:"如我能将几何?"信曰:"陛下不过能将十万。"上曰:"于君何如?"曰:"臣多多而益善耳。"上笑曰:"多多益善,何为为我禽?"信曰:"陛下不能将兵,而善将将,此乃言之所以为陛下禽也。且陛下所谓天授,非人力也。"

[1]不:同"否"。

陈豨拜为钜鹿守[1],辞于淮阴侯。淮阴侯挈其手[2],辟左右[3],与之步于庭,仰天叹曰:"子可与言乎?欲与子有言也。"豨曰:"唯将军令之。"淮阴侯曰:"公所居,天下精兵处也。而公,陛下之信幸臣也。人言公之畔,陛下必不信。再至,陛下乃疑矣。三至,必怒而自将。吾为公从中起,天下可图也。"陈豨素知其能也,信之,曰:"谨奉教!"汉十一年,陈豨果反[4]。上自将而往,信病不从。阴使人至豨所曰:"弟[5]举兵,吾从此助公。"信乃谋与家臣夜诈诏赦诸官徒奴,欲发以袭吕后、太子。部署已定,待豨报。其舍人得罪于信,信囚,欲杀之。舍人弟上变,告信欲反状于吕后。吕后欲召，恐其党不就，乃与萧相国谋，诈舍人从上所来，言豨已得死[6]，列侯群臣皆贺。相国绐信曰："虽疾，强入贺。"信入，吕后使武士缚信，斩之长乐钟室[7]。信方斩，曰："吾悔不用蒯通之计，乃为儿女子所诈，岂非天哉！"遂夷信三族[8]。

[1]陈豨夙从高祖，颇信任，时为赵相，将兵守代。钜鹿：见前《项羽本纪》注。[2]挈：吃噎切，提携也。[3]辟：同"避"。[4]陈豨之反，在十年九月，此误。[5]弟：与"第"通。[6]得死：得获被诛也。[7]长乐钟室：指长乐宫悬钟室也。[8]信与陈豨，举事之谋，太觉孟浪，而部署已定，旷日待报，其处事亦疏矣。再按：陈豨之反，以招致宾客见疑惧祸之故，非素蓄谋反意。故后人谓信罪系吕后与萧何文致而成宜也。

高祖已从豨军来，至，见信死，且喜且怜之，问："信死亦何言？"吕后曰："信言恨不用蒯通计。"高祖曰："是齐辩士也。"乃诏齐捕蒯通。蒯通至，上曰："若教淮阴侯反乎？"对曰："然，臣固教之。竖子不用臣之策，故令自夷于此。如彼竖子用臣之计，陛下安得而夷之乎！"上怒曰："烹之。"通曰："嗟乎，冤哉烹也！"上曰："若教韩信反，何冤？"对曰："秦之纲绝而维弛[1]，山东大扰，异姓并起，英俊乌集。秦失其鹿，天下共逐之[2]，于是高材疾足者先得焉。跖[3]之狗吠尧，尧非不仁，狗因吠非其主。当是时，臣唯独知韩信，非知陛下也。且天下锐精持锋，欲为陛下所为者甚众，顾力不能耳。又可尽烹之邪？"高帝曰："置之。"乃释通之罪。

[1]纲绝维弛：极言政教失亡也。[2]鹿：喻帝位也。[3]跖：古大盗之名。

太史公曰：吾如淮阴[1]，淮阴人为余言："韩信虽为布衣时，其志与众异。其母死，贫无以葬，然乃行营高敞地，令其旁可置万家。"余视其母冢，良然。假令韩信学道谦让，不伐己功，不矜其能，则庶几哉，于汉家勋，可以比周召太公[2]之徒，后世血食矣。不务出此，而天下已集，乃谋畔逆，夷灭宗族，不亦宜乎！

[1] 如：之也，往也。[2] 周：周公旦。召：召公奭。太公：姜尚也。三人皆周时之贤臣。

季布列传

　　季布者,楚人也。为气任侠,有名于楚。项籍使将兵,数窘[1]汉王。及项羽灭,高祖购求布千金,敢有舍匿[2],罪及三族。季布匿濮阳[3]周氏。周氏曰:"汉购将军急,迹且至臣家,将军能听臣,臣敢献计;即不能,愿先自刭。"季布许之。乃髡钳[4]季布,衣褐衣,置广柳车[5]中,并与其家僮数十人,之鲁朱家所卖之。朱家心知是季布,乃买而置之田。诫其子曰:"田事听此奴,必与同食。"朱家乃乘轺[6]车之雒阳[7],见汝阴侯滕公。滕公留朱家饮数日。因谓滕公曰:"季布何大罪,而上求之急也?"滕公曰:"布数为项羽窘上,上怨之,故必欲得之。"朱家曰:"君视季布何如人也?"曰:"贤者也。"朱家曰:"臣各为其主用,季布为项籍用,职耳。项氏臣可尽诛邪?今上始得天下,独以己之私怨求一人,何示天下之不广也!且以季布之贤,而汉求之急如此,此不北走胡,即南走越耳。夫忌壮士以资敌国,此伍子胥所以鞭荆平王之墓[8]也。君何不从容为上言邪?"汝阴侯滕公心知朱家大侠,意季布匿其所,乃许曰:"诺,待间。"果言如朱家指。上乃赦季布。当是时,诸公皆多季布能摧刚为柔,朱家亦以此名闻当世。季布召见,谢,上拜为郎中。

　　[1]困也。[2]藏匿也。[3]汉县名,故城在今河北濮阳县南。[4]剃发曰"髡",以铁束颈曰"钳",皆古之刑法也。[5]大车任载运者名广柳车。一说谓丧车,欲人不疑也。[6]马车也。[7]县名,汉置,故城在今县东。[8]子胥率吴兵入楚,鞭平王之尸三百,且数之曰:吾父兄无罪,而尔杀之,故报汝耳。

孝惠时，为中郎将。单于尝为书嫚吕后[1]，不逊，吕后大怒，召诸将议之。上将军樊哙[2]曰："臣愿得十万众，横行匈奴中。"诸将皆阿[3]吕后意曰"然"。季布曰："樊哙可斩也！夫高帝将兵四十余万众，困于平城[4]，今哙奈何以十万众横行匈奴中，面欺！且秦以事于胡，陈胜等起[5]。于今创痍未瘳，哙又面谀[6]，欲摇动天下。"是时殿上皆恐，太后罢朝，遂不复议击匈奴事。

[1] 单于：匈奴王号也。吕后：高祖之后，名雉，是时高帝崩，而单于阏氏死，单于与吕后书曰：两主不乐，无以为娱，愿以所有，易其所无。是其不逊甚矣。[2] 汉初沛人，始业屠狗，从高祖起丰。鸿门之会，项羽欲杀高祖，赖哙得免，累从征战，封舞阳侯。[3] 顺也。[4] 汉七年，高帝率兵伐匈奴至平城，匈奴出奇兵围高帝于白登七日，用陈平秘计得脱。平城：汉县名，故城在今山西大同县东。[5] 言以事于胡者，谓从事伐匈奴也。所以天下怨叛，而陈胜等乘衅而起。陈胜：秦阳城人，字涉，二世元年，与吴广起兵。[6] 谓当面而阿谀之也。

季布为河东守，孝文时，人有言其贤者，孝文召欲以为御史大夫。复有言其勇，使酒[1]，难近。至，留邸[2]一月，见罢。季布因进曰："臣无功窃宠，待罪河东。陛下无故召臣，此人必有以臣欺陛下者。今臣至，无所受事罢去，此人必有以毁臣者。夫陛下以一人之誉而召臣，一人之毁而去臣，臣恐天下有识闻之，有以窥陛下也[3]。"上默然惭，良久曰："河东吾股肱[4]郡，故特召君耳。"布辞之官。

[1] 因酒纵性，谓之使酒，即酗酒也。[2] 犹今之客栈也。[3] 言窥见陛下深浅也。[4] 喻密切也。

楚人曹邱生，辩士，数招权顾金钱[1]。事贵人赵同[2]等，与窦长君善。季布闻之，寄书谏窦长君曰："吾闻曹邱生非长者，勿与通。"及曹邱生归，欲得书请季布。窦长君曰："季将军不悦足下，足下无往。"固请书，遂行。使人先发书，季布果大怒，待曹邱。曹邱至，即揖季布曰："楚人谚曰'得黄金百斤，不如得季布一诺'，足下何以得此声于梁楚间哉？且仆楚人，足下亦楚人也。仆游扬足下之名于天下，顾不重邪？何足下距仆之深也！"季布乃大悦，引入留数月，为上客，厚送之。季布名所以益闻者，曹邱扬之也。

[1] 言曹邱生依倚贵人，用权势属请数求他人。顾钱：赏金钱也。
[2]《汉书》作"赵谈"，司马迁以其父名谈，故改之。

季布弟季心，气盖关中，遇人恭谨，为任侠，方数千里士，皆争为之死。尝杀人，亡之吴，从袁丝[1]匿。长事袁丝，弟畜灌夫[2]籍福之属。尝为中司马，中尉郅都不敢不加礼。少年多时时窃籍其名以行。当是时，季心以勇，布以诺，著闻关中。季布母弟丁公[3]，为楚将。丁公为项羽逐窘高祖彭城西，短兵接，高祖急，顾丁公曰："两贤岂相厄哉！"于是丁公引兵而还，汉王遂解去。及项王灭，丁公谒见高祖。高祖以丁公徇军中，丁公为项王臣不忠，使项王失天下者，乃丁公也。遂斩丁公，曰："使后世为人臣者，无效丁公！"

[1] 袁盎字丝。[2] 灌：颖阴人，字仲孺，其父张孟为吴所杀，夫遂被甲持戟入吴军，以报父仇。以此名闻天下，为人刚直使酒。魏其侯窦婴既失势，得夫与游，欢甚。酒后忤武安侯田蚡，为蚡所恶，劾夫使酒骂坐不敬，族诛。
[3] 汉薛人，名固，季布同母异父弟。

太史公曰：以项羽之气，而季布以勇显于楚，身屡典军搴旗者数矣，可谓壮士。然被刑戮，为人奴而不死，何其下也！彼必自负其材，故受辱而不羞，欲有所用其未足也，故终为汉名将。贤者诚重其死。夫婢妾贱人感慨而自杀者,非能勇也,其计画无复之耳。

栾布列传

栾布者，梁人也。始梁王彭越为家人[1]时，尝与布游。穷困，赁佣于齐，为酒人保[2]。数岁，彭越去之巨野中为盗，而布为人所略卖[3]，为奴于燕。为其家主报仇，燕将臧荼[4]举以为都尉。臧荼后为燕王，以布为将。及臧荼反，汉击燕，虏布。梁王彭越闻之，乃言上，请赎布，以为梁大夫。使于齐，未还，汉召彭越责以谋反，夷三族。已而枭[5]彭越头于雒阳[6]，下诏曰："有敢收视者，辄捕之。"布从齐还，奏事彭越头下，祠而哭之。吏捕布以闻。上召布，骂曰："若与彭越反邪？吾禁人勿收，若独祠而哭之，与越反明矣。趣烹之。"方提趣汤，布顾曰："愿一言而死。"上曰："何言？"布曰："方上之困于彭城，败荥阳成皋[7]间，项王所以遂不能西徙，以彭王居梁地，与汉合从苦楚也。当是之时，彭王一顾与楚则汉破，与汉而楚破。且垓下[8]之会，微彭王，项氏不亡。天下已定，彭王剖符受封，亦欲传之万世。今陛下一征兵于梁，彭王病不行，而陛下疑以为反，反形未见，以苛小[9]案诛灭之，臣恐功臣人人自危也。今彭王已死，臣生不如死，请就烹。"于是上乃释布罪，拜为都尉。孝文时，为燕相至将军。布乃称曰："穷困不能辱身下志，非人也；富贵不能快意，非贤也。"于是尝有德者，厚报之，有怨者，必以法灭之。吴军反时，以军功封俞侯，复为燕相。燕齐之间，皆为栾布立社，号曰"栾公社"。景帝中五年薨。子贲嗣，为太常，牺牲不如令，国除。

[1]谓居家之人无官职也。[2]为酒家作保庸也。可保信，故谓之保。[3]略取他人妇女幼童出卖以营利也。[4]汉人，本燕将，从项羽入

关，羽析燕为二，以燕王广为辽东王，荼为燕王，都蓟。荼之国，逐广之辽东，广弗听。荼复攻杀广，并其地。后荼反，为高祖所虏。[5]谓斩头而悬于木上以示众也。[6]县名，即雒阳，汉置，故城在今县东。[7]二地名，均见前《随何说英布归汉》篇注。[8]地名，在今安徽灵璧东南，汉高祖围项羽于此。[9]烦琐刻核之意。

太史公曰：栾布哭彭越，趣汤如归者，彼诚知所处不自重其死。虽往古烈士，何以加哉！

冯唐列传

冯唐者，其大父赵人。父徙代。汉兴，徙安陵[1]。唐以孝著，为中郎署长，事文帝。文帝辇过[2]，问唐曰："父老，何自为郎[3]？家安在？"唐具以实对。文帝曰："吾居代时，吾尚食监高祛，数为我言赵将李齐之贤，战于钜鹿[4]下。今吾每饭，意未尝不在钜鹿也。父知之乎？"唐对曰："尚不如廉颇[5]、李牧[6]之为将也。"上曰："何以？"唐曰："臣大父在赵时，为官卒将，善李牧。臣父故为代相，善赵将李齐，知其为人也。"上既闻廉颇、李牧为人良，说，而搏髀[7]曰："嗟乎！吾独不得廉颇、李牧时为吾将，吾岂忧匈奴哉！"唐曰："主臣[8]！陛下虽得廉颇、李牧，弗能用也。"上怒，起入禁中[9]。良久，召唐让曰："公奈何众辱我，独无间处乎？"唐谢曰："鄙人不知忌讳。"当是之时，匈奴新大入朝那[10]，杀北地[11]都尉卬。上以胡寇为意，乃卒复问唐曰："公何以知吾不能用廉颇、李牧也？"唐对曰："臣闻上古王者之遣将也，跪而推毂[12]，曰，阃[13]以内者，寡人制之；阃以外者，将军制之。军功爵赏，皆决于外，归而奏之。此非虚言也。臣大父言李牧为赵将，居边，军市之租[14]，皆自用飨士，赏赐决于外，不从中扰也。委任而责成功，故李牧乃得尽其智能，遣选车千三百乘，彀骑[15]万三千，百金[16]之士十万，是以北逐单于，破东胡[17]，灭澹林[18]，西抑强秦，南支韩、魏。当是之时，赵几霸。其后会赵王迁立，其母倡[19]也。王迁立，乃用郭开[20]谗，卒诛李牧，令颜聚代之。是以兵破士北，为秦所禽灭。今臣窃闻魏尚[21]，为云中[22]守，其军市租尽以飨士卒，私养钱[23]，五日一椎牛，飨宾客军吏舍人，是以匈奴远避，不近云中之塞。虏曾一入，尚率车骑击之，所杀其众。夫士卒尽家人子，起田中从军，安知尺籍伍符[24]。终日力战，斩首捕虏，上功莫府[25]，一言不相应，文吏以法绳之。其赏不行，而吏奉法必用。臣愚以为陛下法太明，赏太轻，罚太重。且云中守魏尚坐上功首虏差六级，陛下下吏，削其爵，罚作之。由此言之，陛下虽得廉颇、李牧弗能用也。臣诚愚，触忌讳，死罪死罪！"文帝悦。是日令冯唐持节赦魏尚，复以为云中守，而拜唐为车骑都尉，主中尉及郡国车士。七年，景帝立，以唐为楚相，免。武帝立，求贤良，举冯唐。唐时年九十余，不能复为官，乃以唐子冯遂为郎。遂字王孙，亦奇士，与余善。

[1] 汉县名，故城在今陕西咸阳县东。[2] 谓文帝乘辇过郎署也。[3] 年老矣，何乃自为郎，怪之也。[4] 战国赵邑，即河北平乡县。[5] 战国赵之良将，惠文王时，破齐，取晋阳。孝成王时，破燕，燕割五城以和，皆颇之功也。[6] 战国赵北边良将，常破匈奴，匈奴十余年不敢犯赵边，以功封武安君。[7] 拍股也。[8] 人臣进对前称"主臣"，犹上书前云"昧死"。[9] 汉制天子所居曰"禁中"，言门户有禁，非侍御史之臣不得入也。[10] 汉县名，在今甘肃固原县。[11] 郡名，秦置，统甘肃旧宁夏庆阳、平凉、固原、泾州诸府州之地，治义渠，故城在今宁县西北。[12] 谓荐举人才，推车如毂使前进也。[13] 音"捆"，门中橛也，门限也。[14] 谓军中立市，市有税。税即租也。[15] 张弓之骑也。[16] 言其贵重也。[17] 乌丸之先也，国在匈奴之东，故云"东胡"。[18] 种族名。[19] 赵幽王母，乐家之女也。[20] 赵王之宠臣。《国策》："秦多与开金，使为反间。"[21] 汉槐里人。[22] 郡名，战国赵地，秦置郑，统阴山以南。今自山西之怀仁、左云、右玉以北，绥远道各县，内蒙古鄂尔多斯左翼，喀尔右翼，四子部落各旗皆其地。汉分秦云中部之东北部，置定襄郡，西南部仍为云中郡，治云中县，

即今托克托县,亦即赵故城也。[23] 汉市肆租税之入为私奉养。[24] 尺籍者,谓书其斩首之功于一尺之板。伍符者,谓军人伍伍相保,不容奸诈也。[25] 古者出征为将,治无常处,以幕为府。"莫府"当作"幕府"。

魏其武安侯列传

魏其侯[1]窦婴者,孝文后从兄子也。父世观津[2]人。喜宾客。孝文时,婴为吴相,病免。孝景初即位,为詹事[3]。梁孝王者,孝景弟也[4],其母窦太后爱之。梁孝王朝,因昆弟燕饮[5]。是时上未立太子,酒酣,从容言曰:"千秋之后传梁王。"太后欢。窦婴引卮酒进上[6],曰:"天下者,高祖天下,父子相传,此汉之约也,上何以得擅传梁王!"太后由此憎窦婴。窦婴亦薄其官,因病免。太后除窦婴门籍[7],不得入朝请[8]。

[1]魏其:汉时县,故城在今山东兰山县南。[2]观津:战国时赵地也,故城在今河北武邑县东南。父世观津人,父以上世皆为观津人。[3]詹事:汉时官名,掌皇后、太子家。[4]梁孝王:名武,文帝第二子,先为代王,徙淮阳王,后徙梁。[5]序家人昆弟天伦之亲,不为君臣之礼。[6]引酒进之,盖罚爵之谓也。[7]汉宫有门籍于门上悬名,谓之通籍,必侍卫通籍之臣,乃得入。除门籍:除其宫门通籍之名,嗣后不得入也。[8]朝天子春曰"朝",秋曰"请"。

孝景三年,吴楚反[1],上察宗室诸窦[2],毋如窦婴贤,乃召窦婴。婴入见,固辞谢病不足任。太后亦惭。于是上曰:"天下方有急,王孙[3]宁可以让邪?"乃拜婴为大将军,赐金千斤。窦婴乃言袁盎、栾布[4]诸名将贤士在家者进之。所赐金,陈之廊庑下,军吏过,辄令财取为用[5],金无入家者。窦婴守荥阳[6],监齐赵兵。七国兵已尽破,封婴为魏其侯。诸游士宾客,争归魏其侯。孝景时,每朝议大事,条侯[7]、魏其侯诸列侯莫敢与亢礼。

[1]景帝立,宗室诸王皆不服。吴王濞、楚王戊,与胶西、胶东、淄川、

济南、赵等王举兵反。世称"七国之乱"。[2] 宗室：帝之同姓亲族。诸窦：谓帝之外家也。[3] 王孙：婴之字。[4] 袁盎：楚人，字丝。七国反，以晁错曾建议削弱诸侯，请斩错以谢。后七国破，为楚相，寻病免。梁孝王遣人刺杀之。栾布：汉初梁人，为彭越大夫。越诛，令不得收。布祠而哭之。帝壮其义，拜为都尉。吴楚反以功封侯。[5] 财取为用，言令各人裁度取用也。[6] 荥阳：见前《项羽本纪》注。七国之役，婴屯兵于荥阳，监击齐之栾布，及击赵之郦寄兵。[7] 条侯：即周亚夫也。

孝景四年，立栗太子[1]，使魏其侯为太子傅（按：原注本无"傅"字，疑误，据中华书局本改之）。孝景七年，栗太子废[2]，魏其数争，不能得。魏其谢病，屏居蓝田[3]南山之下。数月，诸宾客辩士说之，莫能来。梁人高遂乃说魏其曰："能富贵将军者，上也；能亲将军者，太后也。今将军傅太子，太子废而不能争；争不能得，又弗能死。自引谢病，拥赵女屏间处而不朝[4]。相提而论，是自明扬主上之过。有如两宫螫将军[5]，则妻子毋类矣。"魏其侯然之，乃遂起朝请如故。

[1] 栗太子：名荣，栗姬所生，后因废，故书母姓。[2] 栗姬怀妒，人谗之，帝遂废太子，以为临江王。姬忧恚死，而武帝得立为太子。[3] 屏：隐也。蓝田：即今陕西蓝田县。[4] 间处：谓私处也。[5] 两宫：指太宫及景帝也。螫：怒也。毒虫刺人曰"螫"。

桃侯免相[1]，窦太后数言魏其侯。孝景帝曰："太后岂以为臣有爱，不相魏其？魏其者，沾沾自喜耳，多易[2]。难以为相持重。"遂不用，用建陵侯卫绾为丞相[3]。

[1] 桃侯：刘舍也。桃：本汉国，后更为县，故城在今河北冀县西北。[2] 沾沾：诩诩自得之意。多易：言其出处轻率也。[3] 建陵：汉国，地在今江苏沭阳县西北。绾：音"弯"。

武安侯田蚡者[1]，孝景后同母弟也[2]，生长陵[3]。魏其已为大将军后方盛，蚡为诸郎，未贵，往来侍酒魏其，跪起如子侄。及孝景晚节[4]，蚡益贵幸，为太中大夫[5]。蚡辩有口，学槃盂诸书[6]，王太后贤之。孝景崩，即日太子立，称制，所镇抚，多有田蚡宾客计筴，蚡弟田胜，皆以太后弟，孝景后三年[7]，封蚡为武安侯，胜为周阳侯[8]。

[1] 武安：本战国赵邑，汉置县，在今河南。蚡：音"坟"。[2] 孝景后：即武帝母王太后。后母先嫁王仲，生男信及后姊妹二人。仲早卒，更嫁长陵田氏，又生蚡及蚡弟胜。故蚡虽与王太后同母，而实姓异。[3] 长陵：汉县，故城在今陕西咸阳县东北。[4] 晚节：谓晚年之时节也。[5] 太中大夫：汉官名，掌议论。[6] 槃盂：黄帝使孔甲所作之铭，书槃盂中，以为自警。诸书：杂家之书也。[7] 后三年：即后元三年，为武帝初嗣位之年。盖自汉武帝始有年号，文景犹以元若干年，中元若干年，后元若干年，如此分析而纪年也。[8] 周阳：汉国，地在今山西闻喜县东。

武安侯新欲用事为相，卑下宾客，进名士家居者贵之，欲以倾魏其诸将相。建元元年[1]，丞相绾病免，上议置丞相、太尉。籍福说武安侯曰："魏其贵久矣，天下士素归之。今将军初兴，未如魏其，即上以将军为丞相，必让魏其。魏其为丞相，将军必为太尉。太尉、丞相，尊等耳，又有让贤名。"武安侯乃微言太后风上，于是乃以魏其侯为丞相，武安侯为太尉。籍福贺魏其侯，因吊曰："君侯资性，喜善疾恶，方今善人誉君侯，故至丞相；然君侯且疾恶，恶人众，亦且毁君侯。君侯能兼容，则幸久；不能，今以毁去矣[2]。"魏其不听。

[1] 建元：为武帝始建之年号。[2] 今：犹"即"也。

魏其、武安俱好儒术，推毂赵绾为御史大夫，王臧为郎中令[1]。迎鲁申公,欲设明堂[2],令列侯就国,除关[3],以礼为服制[4],以兴太平。举适[5]诸窦宗室毋节行者,除其属籍。时诸外家为列侯,列侯多尚公主,皆不欲就国,以故毁日至窦太后。太后好黄老之言[6],而魏其、武安、赵绾、王臧等务隆推儒术,贬道家言,是以窦太后滋,不说魏其等[7]。及建元二年,御史大夫赵绾请无奏事东宫[8]。窦太后大怒,乃罢逐赵绾、王臧等,而免丞相、太尉,以柏至侯[9]许昌为丞相,武强侯[10]庄青翟为御史大夫。魏其、武安由此以侯家居。

[1] 推毂:谓推举人才,如推车毂使前进也。赵绾:代人。王臧:兰陵人。[2] 申公:鲁人,名培,为《诗》传,号《鲁诗》。武帝征入都,议明堂事。明堂:王者明政教之堂也。古时大祭祀、朝诸侯、养老、尊贤等,凡关于大典之礼,皆行于此。[3] 除关:除去关禁也。[4] 令天下臣民吉凶服制皆法于礼,不得逾度。一说,谓丧服之制也。[5] 适:同"谪",谴责之谓也。[6] 好黄帝老子之言,即道家言也。[7] 滋:益也。说:与"悦"同。[8] 东宫:长乐宫在东,太后所居也。礼:妇人不预政,而窦太后又好黄老之言,因欲夺其政权,故请无奏事。[9] 柏至:未详其地。[10] 武强:邑名,在今河北武强县东北。

武安侯虽不任职,以王太后故亲幸,数言事,多效,天下吏士趋势利者,皆去魏其归武安,武安日益横[1]。建元六年,窦太后崩,丞相昌、御史大夫青翟坐丧事不办,免。以武安侯蚡为丞相,以大司农韩安国为御史大夫。天下士郡国诸侯愈益附武安。

[1] 横:恣也。

武安者,貌侵[1],生贵甚[2]。又以为诸侯王多长[3],上初即位,富于春秋[4],蚡以肺腑为京师相[5],非痛折节以礼诎之[6]，天下不肃。当是时，丞相入奏事，坐语移日，所言皆听。荐人或起家至二千石，权移主上。上乃曰："君除吏已尽未？吾亦欲除吏[7]。"尝请考工地益宅[8]，上怒曰："君何不遂取武库[9]！"是后乃退[10]。尝召客饮，坐其兄盖侯南向[11]，自坐东向，以为汉相尊，不可以兄故私桡[12]。武安由此滋骄，治宅甲诸第[13]。田园极膏腴，市买郡县器物，相属于道[14]。前堂罗钟鼓，立曲旃[15]；后房妇女以百数。诸侯奉金玉狗马玩好，不可胜数。魏其失窦太后，益疏不用，无势，诸客稍稍自引而怠傲，唯灌将军独不失故。魏其日默默不得志[16]，而独厚遇灌将军。

[1] 侵：貌不扬也。[2] 生贵甚：因生而为太后弟，故贵甚。[3] 多长：多年长之人也。[4] 富于春秋：因上年方幼，齿历正久，故云。[5] 肺腑：喻亲密也。[6] 痛：甚也。诎：同"屈"。以尊贵临之，皆令屈节而下己也。[7] 除：去故官而就新官也。[8] 考工：为少府属官，主作器械也。[9] 武库：藏兵器之室，武帝责其尝请官地益私宅，故怒作此语。[10] 言蚡嗣后乃稍敛退已。[11] 盖：读如"蛤"，汉国，地在今山东沂水县西北。盖侯：即蚡兄王信也。因东尊于南，故蚡自坐东向。[12] 桡：枉曲也。[13] 甲：上也。言为诸第之上也。[14] 属：连续聚会也，犹言不绝于道。[15] 曲旃：旗曲柄也。大夫所建。[16] 默默：寂无声而不得意也。

灌将军夫者，颍阴人也[1]。夫父张孟，尝为颍阴侯婴舍人，得幸，因进之，至二千石，故蒙灌氏姓为灌孟。吴、楚反时，颍阴侯灌何为将军，属太尉[2]，请灌孟为校尉。夫以千人与父俱。灌孟年老，颍阴侯强请之，郁郁不得意，故战常陷坚，遂死吴军中。军法，父子俱从军，有死事，得与丧归。灌夫不肯随丧归，奋曰："愿取吴王若[3]将军头以报父之仇。"于是灌夫被甲持戟，募军中壮士所善[4]，愿从者数十人。及出壁门，莫敢当。独二人及从奴数十骑驰入吴军,至吴将麾下[5],所杀伤数十人。不得前,复驰还,走入汉壁,皆亡其奴,独与一骑归。夫身中大创十余,适有万金良药,故得无死。夫创少瘳,又复请将军曰:"吾益知吴壁中曲折,请复往。"将军壮义之,恐亡夫,乃言太尉,太尉乃固止之。吴已破,灌夫以此名闻天下。颍阴侯言之上,上以夫为中郎将。数月,坐法去。后家居长安,长安中诸公莫弗称之。孝景时,至代相。孝景崩,今上初即位,以为淮阳天下交,劲兵处[6],故徙夫为淮阳太守。建元元年,入为太仆。二年,与长乐卫尉窦甫饮,轻重不得[7],夫醉,搏甫[8]。甫,窦太后昆弟也。上恐太后诛夫,徙为燕相。数岁,坐法去官,家居长安。

[1]颍阴:在今河南许昌县。[2]太尉:指周亚夫也。[3]若:或也。[4]所善:素与己有善者。[5]至吴大将旗下。[6]淮阳:今河南淮阳县。交:四方交凑之地也。劲兵处:强兵所处。[7]言饮酒轻重不得其平也。[8]搏:以手击之曰"搏"。

灌夫为人,刚直使酒[1],不好面腴[2]。贵戚诸有势在己之右,不欲加礼,必陵之;诸士在己之左,愈贫贱,尤益敬,与钧[3]。稠人广众,荐宠下辈[4]。士亦以此多之[5]。夫不喜文学,好任侠,已然诺[6]。诸所与交通,无非豪杰大猾。家累数千万,食客日数十百人。陂池田园,宗族宾客为权利,横于颍川。颍川儿乃歌之曰:"颍水清,灌氏宁;颍水浊,灌氏族[7]。"

[1]使酒:因酒而自逞其意气也。[2]腴:与"谀"通。或说传写之讹。[3]右为尊,左为卑。钧:与"均"同,同等也。[4]下辈:谓辈行之下于己者。[5]多:重也。[6]已:必也。谓一言许人,必信待之也。[7]观于此知深怨嫉之,故愤而为此歌也。

灌夫家居虽富,然失势,卿相侍中宾(按:原注本"宾"字作

"窦"字，疑误，故据中华书局本改之）客益衰。及魏其侯失势，亦欲倚灌夫引绳批根生平慕之后弃之者[1]。灌夫亦倚魏其而通列侯宗室为名高。两人相为引重[2]，其游如父子然。相得欢甚无厌，恨相知晚也。

[1] 引绳以正邪，批根以循本，所以暴生平慕婴，夫而后慢弃者之过失也。[2] 两相援引以自为借重也。

灌夫有服[1]，过丞相。丞相从容曰："吾欲与仲孺[2]过魏其侯，会仲孺有服。"灌夫曰："将军乃肯幸临，况[3]魏其侯，夫安敢以服为解[4]！请语魏其侯帐具[5]，将军旦日蚤临[6]。"武安许诺。灌夫具语魏其侯如所谓武安侯。魏其与其夫人益市牛酒[7]，夜洒扫，早帐具，至旦。平明，令门下候伺。至日中，丞相不来。魏其谓灌夫曰："丞相岂忘之哉？"灌夫不怿[8]，曰："夫以服请，宜往[9]。"乃驾自往迎丞相[10]。丞相特前戏许灌夫，殊无意往。及夫至门，丞相尚卧。于是夫入见，曰："将军昨日幸许过魏其，魏其夫妻治具，自旦至今，未敢尝食。"武安鄂谢[11]曰："吾昨日醉，忽忘与仲孺言。"乃驾往，又徐行，灌夫愈益怒。及饮酒酣，夫起舞，属丞相[12]，丞相不起，夫从坐中语侵之。魏其乃扶灌夫去，谢丞相。丞相卒饮至夜，极欢而去。

[1] 服：谓有期功之服也。[2] 仲孺：灌夫字也。[3] 况：同"贶"，赐也。[4] 解：辞之义也。[5] 帐具：帐同"张"，张罗治具酒食也。[6] 旦日：明旦也。蚤：与"早"通。[7] 益：多也。[8] 怿：悦也。[9] 夫以不辞服为请，丞相不应忘，当宜来也。[10] 以其当来，故往迎之。[11] 鄂：同"愕"，仓卒惊遽貌。[12] 属：托付也。

丞相尝使籍福请魏其城南田。魏其大望[1]曰："老仆虽弃，将军虽贵，宁可以势夺乎！"不许。灌夫闻，怒骂籍福。籍福恶两人有隙，乃谩[2]自好谢丞相曰："魏其老且死，易忍，且待之。"已而武安闻魏其、灌夫实怒不予田，亦怒曰："魏其子尝杀人，蚡活之。蚡事魏其，无所不可，何爱数顷田？且灌夫何与也？吾不敢复求田。"武安由此大怨灌夫、魏其。

[1]望：怨望也。[2]谩：欺也，犹诈为好言也。

元光三年春，丞相言灌夫家在颍川，横甚，民苦之。请案。上曰："此丞相事，何请。"灌夫亦持丞相阴事，为奸利，受淮南王[1]金，与语言。宾客居间，遂止俱解[2]。夏，丞相取燕王[3]女为夫人，有太后诏，召列侯宗室皆往贺。魏其侯过灌夫，欲与俱。夫谢曰："夫数以酒失得过丞相[4]，丞相今者又与夫有隙。"魏其曰："事已解。"强与俱。饮酒酣，武安起为寿[5]，坐皆避席伏。已魏其侯为寿，独故人避席耳，余半膝席[6]。灌夫不悦。起行酒，至武安，武安膝席曰："不能满觞。"夫怒，因嘻笑[7]曰："将军贵人也，属之[8]！"时武安不肯。行酒次至临汝侯[9]，临汝侯方与程不识[10]耳语，又不避席。夫无所发怒，乃骂临汝侯曰："生平毁程不识不直一钱，今日长者为寿，乃效女儿呫嗫耳语[11]！"武安谓灌夫曰："程、李俱东西宫卫尉[12]，今众辱程将军，仲孺独不为李将军地乎[13]？"灌夫曰："今日斩头陷胸，何知程、李乎[14]！"坐乃起更衣[15]，稍稍去。魏其侯去，麾灌夫出[16]。武安遂怒曰："此吾骄灌夫罪[17]。"乃令骑留灌夫。灌夫欲出，不得。籍福起为谢，案灌夫项令谢。夫愈怒，不肯谢。武安乃麾骑缚夫置传舍[18]，召长史[19]曰："今日召宗室，有诏[20]。"劾灌夫骂坐不敬，系居室[21]。遂按其前事，遣吏分曹逐捕诸灌氏支属，皆得弃市罪。魏其侯大愧[22]，为资，使宾客请[23]，莫能解。武安吏皆为耳目，诸灌氏皆亡匿，夫系，遂不得告言武安阴事。

[1]淮南王事详后。[2]以两家宾客居中和解也。[3]燕王:即燕康王也,名嘉,为高祖从祖昆弟泽子。[4]得过:谓得罪也。[5]为寿:为大行酒也。[6]膝席:以膝跪于席上也,余半不避席而膝席,谓不加敬也。[7]嘻笑:强笑也。[8]夫以蚡辞满觞,因讥为贵人。属之:谓当强尽其酒也。[9]临汝:地名,在今河南。临汝侯:指灌婴孙贤也。按《李将军列传》有灌婴孙强,为颖阴侯,后强以罪免,贤继封之,改曰"临汝"。[10]程不识:汉人,文帝时为边郡太守,与李广同御匈奴。[11]咕嗫:附耳小语也,骂其作此女儿态也。[12]李:指李广也。东宫:即长乐宫,太后居之。西宫:谓未央宫,在长乐西,天子居之。程为长乐卫尉,即东宫之卫尉也。李为未央卫尉,即西宫之卫尉也。[13]程李同尊,程既被毁,李亦难以自安矣。且李为夫所素敬,故蚡攀引而构陷之。[14]言死亡且不避,一切有何顾,安知程、李乎。[15]坐:谓坐上之人也。更衣:以久坐,故寒暖或变也。[16]麾之令去也。[17]骄:自矜也。纵:恣也。言素不与较,遂令益骄,此吾之过也。[18]传舍:以便行人休息之屋舍。[19]汉时相国丞及后汉三公府,各有长史。[20]蚡假有诏之名,始能陷夫以骂坐不敬之罪。[21]居室:署名也,属少府,其后改名曰"保宫"。[22]以夫为己所强去,致罹此祸,故以自愧也。[23]资:谋也。为夫谋,不若使宾客请于蚡为愈也。

魏其锐身为救灌夫。夫人谏魏其曰:"灌将军得罪丞相,与太后家忤,宁可救邪?"魏其侯曰:"侯自我得之,自我捐之,无所恨。且终不令灌仲孺独死,婴独生。"乃匿其家[1],窃出上书。立召入,具言灌夫醉饱事,不足诛。上然之,赐魏其食,曰:"东朝廷辩之[2]。"魏其之东朝,盛推灌夫之善,言其醉饱得过,乃丞相以他事诬罪之。武安又盛毁灌夫,所为横恣,罪逆不道。魏其度不可奈何,因言丞相短[3]。武安曰:"天下幸而安乐无事，蚡得为肺腑，所好音乐、狗马、田宅。蚡所爱，倡优巧匠之属，不如魏其、灌夫日夜招聚天下豪杰壮士与论议，腹诽而心谤，不仰视天而俯画地，辟倪两宫间，幸天下有变而欲有大功[4]。臣乃不知魏其等所为。"于是上问朝臣："两人孰是？"御史大夫韩安国曰："魏其言灌夫父死事，身荷戟，驰入不测之吴军，身被数十创，名冠三军，此天下壮士，非有大恶，争杯酒，不足引他过以诛也。魏其言是也。丞相亦言，灌夫通奸猾，侵细民，家累巨万，横恣颍川，凌轹宗室[5]，侵犯骨肉，此所谓'枝大于本，胫大于股，不折必披[6]'，丞相言亦是。唯明主裁之。"主爵都尉汲黯[7]是魏其。内史郑当时[8]是魏其，后不敢坚对。余皆莫敢对。上怒内史曰："公平生数言魏其、武安长短，今日廷论，局趣效辕下驹[9]，吾并斩若属矣。"即罢起，入，上食太后[10]。太后亦已使人候伺，具以告太后。太后怒，不食，曰："今我在也，而人皆藉吾弟[11]，令我百岁后，皆鱼肉之矣。且帝宁能为石人邪[12]！此特帝在，即录录[13]，设百岁后，是属宁有可信者乎？"上谢曰："俱宗室外家，故廷辩之。不然，此一狱吏所决耳。"是时郎中令石建[14]，为上分别言两人事。

[1] 匿：避也。不令家人知，恐又被止谏也。[2] 东朝：太后之朝也。言会公卿大夫于东朝共辩论而处理也。[3] 言蚡骄横之短也。[4] 辟倪：与"睥睨"同，邪视也。数语隐加恫胁，欲陷婴悖逆之罪也。[5] 轹：音"历"。凌轹：谓倾轧蹂践也。[6] 披：犹分析也。[7] 主爵都尉：汉官名，后改太扶风。汲黯：字长孺，濮阳人，有直言，尝面折廷诤，帝严惮之。[8] 内史：官名，掌治京师，有左右内史。武帝时更名右内史为京兆尹，左内史为左冯翊。郑当时：字庄，陈人，素以任侠自喜，好宾客，时为右内史。[9] 趣：与"促"通。局趣：乃拘束之貌也。[10] 帝于太后前能克循孝道，有上食

之礼。[11]藉：践踏之意。[12]石人：极言常存不死也。[13]录录：循众之谓也，隐指韩安国、郑当时等依违两可不足凭信者。[14]石建：石奋之子，奋以恭谨名，建尤甚也。

武安已罢朝，出止车门[1]，召韩御史大夫载[2]，怒曰："与长孺共一老秃翁，何为首鼠两端[3]？"韩御史良久，谓丞相曰："君何不自喜[4]？夫魏其毁君，君当免冠解印绶归[5]，曰'臣以肺腑，幸得待罪，固非其任，魏其言皆是'。如此，上必多君有让，不废君。魏其必内愧，杜门龁舌自杀[6]。今人毁君，君亦毁之，譬如贾竖女子争言，何其无大体也！"武安谢罪曰："争时急，不知出此。"

[1]止车门：门名，盖汉时公卿大臣停车之所也。[2]载：共乘也。[3]长孺：安国字。老秃翁：指婴也。共：共治也。首鼠两端：一前一却，可否无决之意。按：句意为尔我垂暮之年，当无所顾惜，宜直言以决之。[4]不自喜：犹言不自爱也。[5]言当解印绶于天子而归隐也。[6]杜：塞也。龁：音"赜"，啮也。

于是上使御史簿责魏其，所言灌夫颇不仇，欺谩。劾系都司空[1]。孝景时，魏其常受遗诏曰"事有不便，以便宜论上[2]"。及系，灌夫罪至族，事日急，诸公莫敢复明言于上。魏其乃使昆弟子上书言之，幸得复召见。书奏上，而案尚书，大行无遗诏[3]。诏书独藏魏其家，家丞封[4]。乃劾魏其矫先帝诏，罪当弃市。四年十月，悉论灌夫家属。魏其良久乃闻[5]，闻即恚[6]，病痱[7]，不食，欲死。或闻上无意杀魏其，魏其复食，治病，议定不死矣。乃有蜚语为恶言闻上[8]，故以十二月晦，论弃市渭城[9]。其春[10]，武安侯病，专呼服谢罪。使巫视鬼者视之，见魏其、灌夫共守欲杀之。竟死[11]。子恬嗣。

[1]簿责：以文簿一一责之也。仇：答对也。言簿责婴，婴于灌夫颍川事不对，故以为欺谩之罪而劾系之。都司空：汉时为宗正属官。[2]论说其事而上于天子也。[3]大行：天子崩也。尚书：官名，在秦汉之间，在殿中主发书者。言案查尚书。无景帝大行遗诏也。[4]遗诏为婴家家丞所封，或云大行遗诏，必有正副二份，无独藏一份于私家之理。此乃主发者畏蚡以助成婴之罪也。[5]闻说有矫诏之劾也。[6]恚：音"委"，怨怒也。[7]痱：音"肥"，风病也。[8]蜚语：无根之语为上闻之也。[9]按汉例以立春下宽大诏书，蚡恐婴得释，故以十二月晦杀之。渭城：今陕西之咸阳也。[10]春：为元光四年之春也。[11]盖蚡死在三月时也。

元朔三年[1]，武安侯坐衣襜褕入宫[2]，不敬[3]。淮南王安谋反，觉，治。王前朝，武安侯为太尉时，迎王至霸上[4]，谓王曰："上未有太子，大王最贤，高祖孙[5]，即宫车晏驾[6]，非大王立，当谁哉！"淮南王大喜，厚遗金财物。上自魏其时，不直武安，特为太后故耳。及闻淮南王金事，上曰："使武安侯在者，族矣。"

[1]元光：武帝年号，凡称六年。元光后，即改元朔。[2]此武安侯，指蚡子恬也。襜褕：谓非正朝衣，若妇人服也。[3]以不敬故国除。[4]霸上：地名，即今白鹿原，在陕西长安县东，接蓝田县界。[5]安为高祖子淮南王之长子。[6]宫车晏驾：言天子崩也。

太史公曰：魏其、武安皆以外戚重，灌夫用一时决策而名显。魏其之举以吴、楚，武安之贵，在日月之际[1]。然魏其诚不知时变，灌夫无术而不逊，两人相翼，乃成祸乱。武安负贵而好权，杯酒责望，陷彼两贤。呜呼哀哉！迁怒及人，命亦不延。众庶不载，竟被恶言[2]。呜呼哀哉！祸所从来矣！

[1]观此一以功显，一以依附贵。史公言下即寓扬婴而抑蚡也。[2]谓蚡死后，犹以与淮南王言被逆名也。

李将军列传

　　李将军广者，陇西成纪人也[1]。其先曰李信，秦时为将，逐得燕太子丹者也[2]。故槐里，徙成纪。广家世世受射[3]。孝文帝十四年，匈奴大入萧关[4]，而广以良家子从军击胡[5]，用善骑射，杀首虏多，为汉中郎。广从弟李蔡，亦为郎，皆为武骑常侍，秩八百石[6]。尝从行，有所冲陷折关，及格猛兽，而文帝曰："惜乎，子不遇时！如令子当高帝时，万户侯岂足道哉[7]！"

　　[1]陇西：郡名。成纪：今甘肃天水县。[2]战国燕末年，太子丹使荆轲刺秦皇，不中。秦大发兵伐燕，得丹，遂灭燕。[3]言广累世传授射法。[4]萧关：在今甘肃固原县东南。[5]言自以才力从军。[6]言昆季皆为郎，而补武骑常侍也。[7]记文帝语，即知为广有功不显也。

　　及孝景初立，广为陇西都尉，徙为骑郎将。吴、楚军时[1]，广为骁骑都尉，从太尉亚夫[2]击吴、楚军，取旗，显功名昌邑[3]下。以梁王授广将军印，还，赏不行[4]。徙为上谷[5]太守，匈奴日以合战。典属国公孙昆邪[6]为上泣曰："李广才气，天下无双，自负其能，数与虏敌战，恐亡之。"于是乃徙为上郡太守。后广转为边郡太守，徙上郡。尝为陇西、北地、雁门、代郡、云中太守，皆以力战为名。

　　[1]见前《魏其武安侯列传》注。[2]亚夫：周勃子。[3]昌邑：今山东金乡县西北。[4]梁王：名武，文帝子。七国兵起，先击梁，广为汉将，私受诸侯印，故有功而无赏。[5]上谷：郡名，见前《秦始皇本纪》注。[6]典属国：官名，汉时掌蛮夷之降者。昆：音"魂"。

　　匈奴大入上郡，天子使中贵人[1]从广勒习兵，击匈奴。中贵人将骑数十，纵[2]，见匈奴三人，与战。三人还[3]射伤中贵人，杀其骑且尽。中贵人走广。广曰："是必射雕者也[4]。"广乃遂从百骑，往驰三人。三人亡马步行，行数十里。广令其骑张左右翼，而广身自射彼三人者，杀其二人，生得一人，果匈奴射雕者也。已缚之上马，望匈奴有数千骑，见广，以为诱骑，皆惊，上山陈。广之百骑皆大恐，欲驰还走。广曰："吾去大军数十里，今如此，以百骑走，匈奴追射我，立尽。今我留，匈奴必以我为大军诱之，必不敢击我。"广令诸骑曰："前！"前，未到匈奴陈二里所止，令曰："皆下马解鞍！"其骑曰："虏多且近，即有急，奈何？"广曰："彼虏以我为走，今皆解鞍，以示不走，用坚其意。"于是胡骑遂不敢击。有白马将出护其兵，李广上马，与十余骑奔射杀胡白马将，而复还至其骑中，解鞍，令士皆纵马卧。是时会暮，胡兵终怪之，不敢击。夜半时，胡兵亦以为汉有伏军于旁，欲夜取之，胡皆引兵而去。平旦，李广乃归其大军。大军不知广所之，故弗从。

[1]内臣之贵幸者，非有德望者也。[2]纵骑驰骤也。[3]还：回转也。[4]雕：鸷鸟，善飞，必须善射者，始能射中。

居久之，孝景崩，武帝立，左右以为广名将也，于是广以上郡太守为未央卫尉[1]，而程不识亦为长乐卫尉[2]。程不识故与李广俱以边太守将军屯。及出击胡，而广行无部伍行阵，就善水草屯舍止，人人自便，不击刁斗以自卫[3]，莫府省约文书籍事[4]，然亦远斥候[5]，未尝遇害。程不识正部曲行伍营陈，击刁斗，士吏治军簿至明，军不得休息，然亦未尝遇害。不识曰："李广军极简易，然虏卒犯之[6]，无以禁也。而其士卒亦佚乐，咸乐为之死。我军虽烦扰，然虏亦不得犯我。"是时汉边郡，李广、程不识皆为名将,然匈奴畏李广之略,士卒亦多乐从李广而苦程不识。程不识孝景时,以数直谏,为太中大夫。为人廉,谨于文法。

[1] 卫尉:汉官名,此指未央宫之禁卫尉。[2] 程不识:见前长乐宫名。[3] 刁斗:古时行军之用具,以铜为之,夜击以警众。[4] 莫:同"幕"。军将所在之处也。[5] 斥候:探兵也,言其侦探之处甚远。[6] 卒:作"猝"。

后汉以马邑城诱单于[1],使大军伏马邑旁谷,而广为骁骑将军,领属护军将军[2]。是时单于觉之去,汉军皆无功。

[1] 马邑:今山西马邑县。元光元年,汉兵三十余万,匿马邑旁谷,诱单于入马邑而纵击之。单于十余万骑来,未至马邑百余里,觉去。[2] 时护军将军为御史大夫韩安国,故各将皆属焉。

其后四岁,广以卫尉为将军,出雁门,击匈奴。匈奴兵多,破败广军,生得广。——单于素闻广贤,令曰:"得李广,必生致之。"胡骑得广,广时伤,病,置广两马间,络而盛卧广。行十余里,广佯死,睨其旁有一胡儿骑善马,广暂腾而上胡儿马,因推堕儿,取其弓,鞭马南驰数十里,复得其余军,因引而入塞。匈奴捕者骑数百追之,广行取胡儿弓,射杀追骑,以故得脱。于是至汉,汉下广吏。吏当广所失亡多,为虏所生得,当斩,赎为庶人。

顷之,家居数岁。广家与故颍阴侯孙屏野,居蓝田南山中射猎[1]。尝夜从一骑出,从人田间饮。还至霸陵亭[2],霸陵尉醉,呵止广[3]。广骑曰:"故李将军。"尉曰:"今将军尚不得夜行,何乃故也!"止广宿亭下。居无何,匈奴入杀辽西太守[4],败韩将军[5],韩将军后徙右北平,死。于是天子乃召拜广为右北平太守[6]。广即请霸陵尉与俱,至军而斩之。

[1]颍阴侯孙：即灌婴之孙名强也。屏、蓝田皆见《李将军列传》注中。[2]霸陵：在今陕西长安县。[3]尉：古官名，典狱及捕盗之官，多称尉。[4]辽西：郡名，见前《秦始皇本纪》注中。[5]韩将军：即韩安国也。[6]右北平：汉郡名，今在河北北部地。

广居右北平，匈奴闻之，号曰"汉之飞将军"，避之，数岁不敢入右北平。广出猎，见草中石，以为虎而射之，中石，没镞[1]，视之，石也。因复更射之，终不能复入石矣。广所居郡，闻有虎，尝自射之。及居右北平，射虎，虎腾伤广，广亦竟射杀之。广廉，得赏赐，辄分其麾下，饮食与士共之。终广之身，为二千石四十余年[2]，家无余财，终不言家产事。广为人长，猨臂[3]，其善射亦天性也，虽其子孙他人学者，莫能及广。广讷口少言，与人居，则画地为军陈，射阔狭以戏[4]。专以射为戏，竟死[5]。广之将兵，乏绝之处见水，士卒不尽饮，广不近水，士卒不尽食，广不尝食。宽缓不苛，士以此爱乐为用。其射，见敌急，非在数十步之内，度不中，不发，发即应弦而倒。用此，其将兵数困辱[6]，其射猛兽亦为所伤云。

[1]镞：音"簇"，箭头也。[2]汉时，内自九卿郎将，外至郡守尉，皆秩二千石。[3]猨："猿"本字。[4]以射为戏，比赛远近。[5]竟死：以射为戏，犹言至死不改也。[6]用此射法，以其距敌过近，故屡濒于危也。

居顷之，石建卒[1]，于是上召广代建为郎中令[2]。元朔六年[3]，广复为后将军[4]，从大将军军出定襄[5]，击匈奴。诸将多中首虏率[6]，以功为侯者，而广军无功。

[1]石建：见前《魏其武安侯列传》注。武帝初年为郎中令，奋卒，建时已老，尝哭泣哀思不已，岁余亦卒。[2]郎中令：秦官九卿之一，掌宫殿门户统属诸郎官。汉更名光禄勋。[3]元朔：武帝年号。[4]将军：领

兵者之通称。汉始加左、右、前、后、车骑、骠骑等号。[5] 大将军：指卫青也。定襄：汉郡，在今山西、绥远、蒙古等处。[6] 中：犹合也。率：读"律"，定律也。言诸将多能斩虏首若干，始得封侯之定率也。

　　后二岁，广以郎中令将四千骑出右北平，博望侯张骞将万骑，与广俱，异道行，可数百里。匈奴左贤王将四万骑围广，广军士皆恐，广乃使其子敢往驰之。敢独与数十骑驰，直贯胡骑，出其左右，而还告广曰："胡虏易与耳。"军士乃安。广为圜[1]陈外向，胡急击之，矢下如雨。汉兵死者过半，汉矢且尽。广乃令士持满毋发[2]，而广身自以大黄[3]射其裨将，杀数人，胡虏益解。会日暮，吏士皆无人色，而广意气自如，益治军。军中自是服其勇也。明日，复力战，而博望侯军亦至，匈奴军乃解去。汉军疲，弗能追。是时广军几没，罢归。汉法，博望侯留迟后期，当死，赎为庶人。广军功自如，无赏。

　　[1] 圜：与"圆"同。[2] 持满毋发：言令士卒以矢加弓引满不发也。[3] 大黄：弩名，色黄而体大也。

　　初，广之从弟李蔡，与广俱事孝文帝。景帝时，蔡积功劳至二千石。孝武帝时，至代相。以元朔五年为轻车将军，从大将军击右贤王，有功，中率，封为乐安侯[1]。元狩二年中，代公孙弘为丞相[2]。蔡为人在下中，名声出广下甚远，然广不得爵邑，官不过九卿，而蔡为列侯，位至三公。诸广之军吏及士卒，或取封侯。广尝与望气王朔燕语[3]，曰："自汉击匈奴，而广未尝不在其中，而诸郡校尉以下，才能不及中人，然以击胡军功，取侯者数十人，而广不为后人，然无尺寸之功，以得封邑者，何也？岂吾相不当侯邪？且固命也？"朔曰："将军自念，岂尝有所恨乎？"广曰："吾尝为陇西守，羌[4]尝反，吾诱而降，降者八百余人,吾诈而同日杀之。至今大恨,独此耳。"朔曰:"祸莫大于杀已降,此乃将军所以不得侯者也。"

　　[1]乐安:汉县名,今山东博兴县地。[2]公孙弘:字季,薛人。元朔中为丞相。然外宽内深,汲黯尝直斥其诈,而武帝不悟也。[3]望气:觇天象也。燕语:闲谈也。[4]羌:古西方种族名。

　　后二岁,大将军、骠骑将军[1],大出击匈奴,广数自请行。天子以为老,弗许。良久,乃许之,以为前将军。是岁,元狩四年也。广既从大将军青击匈奴,既出塞,青捕虏,知单于所居,乃自以精兵走之,而令广并于右将军军[2],出东道。东道少回[3]远,而大军行,水草少,其势不屯行[4]。广自请曰:"臣部为前将军,今大将军乃徙令臣出东道,且臣结发而与匈奴战,今乃一得当单于,臣愿居前,先死单于。"大将军青亦阴受上诫,以为李广老,数奇[5],毋令当单于,恐不得所欲。而是时公孙敖新失侯,为中将军,从大将军[6]。大将军亦欲使敖与俱当单于,故徙前将军广。广时知之,固自辞于大将军。大将军不听,令长史[7]封书与广之莫府曰:"急诣部如书[8]。"广不谢大将军而起行,意甚愠怒而就部,引兵与右将军食其合军出东道。军亡导,或失道[9],后大将军。大将军与单于接战,单于遁走,弗能得而还。南绝幕[10],遇前将军、右将军。广已见大将军,还入军。大将军使长史持糒醪[11]遗广,因问广,食其失道状,青欲上书报天子军曲折[12]。广未对,大将军使长史急责广之幕府对簿[13]。广曰:"诸校尉无罪,乃我自失道。吾今自上簿。"至莫府[14],广谓其麾下曰:"广结发与匈奴大小七十余战,今幸从大将军出接单于兵,而大将军又徙广部,行回远,而又迷失道,岂非天哉!且广年六十余矣,终不能复对刀笔之吏。"遂引刀自刭。广军士大夫一军皆哭。百姓闻之，知与不知，无老壮皆为垂涕。而右将军独下吏，当死，赎为庶人。……

[1] 骠骑将军：指霍去病也。[2] 时右将军为赵食其。[3] 回远：路之迂回而远也。[4] 屯行：屯兵而兼行军也。[5] 数奇：谓运数乖舛而不相合也。[6] 按：公孙敖是岁以校尉从军，言为中将军误也。[7] 长史：汉官名，见前《魏其武安侯列传》注。[8] 言令广如文牒急引兵出东道也。[9] 因军无向导而失道也。[10] 绝幕：幕同"漠"，言南度沙漠也。[11] 糒：干饭也。醪：浊酒也。[12] 青欲上书天子，报失军之委曲情状。[13] 对簿：言审问也。[14] 指大将军幕府也。

  太史公曰：传曰："其身正，不令而行；其身不正，虽令不从。"其李将军之谓也？余睹李将军，悛悛如鄙人[1]，口不能道辞。及死之日，天下知与不知，皆为尽哀。彼其忠实心诚信于士大夫也？谚曰："桃李不言，下自成蹊。"此言虽小，可以喻大也[2]。

[1] 悛：音"逡"。悛悛：亦作"恂恂"，忠实之貌。[2] 言桃李以华实感物，故人不期而往，其下自成蹊径。喻广虽不能道辞，能以忠实感人，人自怀之也。

西南夷列传

西、南夷[1]君长以什数，夜郎[2]最大。其西靡莫之属[3]，以什数，滇最大[4]。自滇以北，君长以什数，邛都最大[5]。此皆魋结[6]，耕田有邑聚[7]。其外西自同师以东[8]，北至楪榆[9]，名为嶲、昆明[10]，皆编发[11]，随畜迁徙，毋常处，毋君长，地方可数千里。自嶲以东北，君长以什数，徙、筰都最大[12]；自筰以东北，君长以什数，冉、駹最大[13]。其俗或土著[14]，或移徙，在蜀之西。自冉、駹以东北，君长以什数，白马最大[15]，皆氐类[16]也。此皆巴蜀西南外蛮夷也。

[1]西、南夷：其在今川南，滇、黔以迄安南，缅甸诸省之地。[2]夜郎：在今贵州西境之地。[3]靡莫：在今云南之境。[4]滇：即今云南。[5]邛：音"蛩"。邛都：在今四川西昌县东南。[6]魋结：与"椎髻"同，言髻形如椎也。[7]邑聚：谓都邑聚居之处。[8]同师：亦作"桐师"，在今云南沾益县北。[9]楪：音"叶"。楪榆：在今云南大理县东北。[10]嶲：音"髓"，国名，在今四川西昌县。昆明：在今四川盐源县。[11]编发：以结发为辫也。[12]徙：音"斯"，在今四川天全县东。筰：音"昨"。筰都：今四川汉源县东南。[13]冉、駹：皆族名，今四川茂县地。[14]著：直药切。土著：即土人，永居其地之人也。[15]白马：今甘肃南境。[16]氐：种族名。

始楚威王时[1]，使将军庄蹻[2]将兵循江上，略巴蜀、黔中以西。庄蹻者，故楚庄王苗裔也。蹻至滇池[3]，地方三百里，旁平地肥饶数千里，以兵威定属楚。欲归报，会秦击夺楚巴黔中郡，道塞不通，因还，以其众王滇，变服从其俗以长之。秦时常頞略通五尺道[4]，诸此国颇置吏焉[5]。十余岁，秦灭。及汉兴，皆弃此国，而开蜀故徼[6]。巴蜀民或窃出商贾，取其筰马、僰僮[7]、髦牛，以此巴蜀殷富。

[1] 楚威王：名熊商，曾败田齐。[2] 蹻：音"矫"。[3] 滇池：湖名，今云南省城南，周三百里。[4] 頯：音"案"。五尺道：谓山上之栈道，广五尺也。[5] 谓以上诸国均置吏治之。[6] 徼：音"叫"。边塞徼也，以木栅为蛮夷界也。[7] 僰：步劾切。种族名，多为人僮仆。

建元六年，大行王恢击东越[1]，东越杀王郢以报。恢以兵威，使番阳[2]令唐蒙风指晓南越。南越食蒙蜀枸酱[3]，蒙问所从来，曰："道西北牂柯[4]。"牂柯江广数里，出番禺城下[5]。蒙归至长安，问蜀贾人，贾人曰："独蜀出枸酱，多持窃出市夜郎。夜郎者，临牂柯江，江广百余步，足以行船。南越以财物役属夜郎，西至同师，然亦不能臣使也。"蒙乃上书说上曰："南越王黄屋左纛[6]，地东西万余里，名为外臣，实一州主也。今以长沙、豫章往[7]，水道多绝，难行。窃闻夜郎所有精兵，可得十余万，浮船牂柯江，出其不意，此制越一奇也。诚以汉之强，巴蜀之饶，通夜郎道，为置吏，易甚。"上许之。乃拜蒙为郎中将，将千人，食重万余人[8]，从巴蜀筰关[9]入，遂见夜郎侯多同。蒙厚赐，喻以威德，约为置吏，使其子为令。夜郎旁小邑皆贪汉缯帛，以为汉道险，终不能有也，乃且听蒙约。还报，乃以为犍为郡[10]。发巴蜀卒治道，自僰道指牂柯江。

[1] 大行：掌聘问之官。东越：国名，亦作"东粤"，在今福建闽侯县地。[2] 番：音"婆"。番阳：在今江西鄱阳县。南越：国名，亦作"南粤"，今两广地。言以上之意指讽晓南越，使归顺也。[3] 枸：音"矩"，以枸叶所作之酱也。[4] 道：与"导"通，治也。牂：音"葬"。牂柯：即今北盘江，由贵州、云南、广西入广东为西江。[5] 番禺：今广东番禺县。[6] 黄屋：

古时天子所乘之车,以黄缯为裹也。纛:音"道",亦读"毒"。左纛:以牦牛尾所作之大旗,置于车衡之左,亦古天子所乘车制也。[7]长沙:郡名,今湖南省也。豫章:在今江西南昌县。[8]食重:辎重也。[9]笮关:地名,在今四川汉源县,即古笮都国。[10]犍:音"虔"。

蜀人司马相如[1]亦言西夷邛、笮可置郡。使相如以郎中将往喻,皆如南夷,为置一都尉,十余县属蜀。

[1]司马相如:成都人,字长卿,工文词。景帝时为武骑常侍。武帝召为郎,通西南夷有功,后拜孝文园令。

当是时,巴蜀四郡[1]通西南夷道,戍转相馈[2]。数岁,道不通,士罢饿离[3]湿,死者甚众。西南夷又数反,发兵兴击,耗费无功。上患之,使公孙弘[4]往视问焉。还对,言其不便。及弘为御史大夫,是时方筑朔方[5],以据河逐胡,弘因数言西南夷害,可且罢,专力事匈奴。上罢西夷,独置南夷夜郎两县一都尉,稍令犍为自葆就[6]。

[1]四郡:谓巴、蜀、汉中、广汉也。[2]馈:试漾切,言轮流遣戍,给馈饷,不绝粮道也。[3]罢:与"疲"同。罹同"离",遭也。[4]公孙弘:见前《李将军列传》。[5]朔方:地名,汉武帝逐匈奴收河南地,立朔方郡,即今内蒙古鄂尔多斯。[6]言令犍为郡,自葆守而修成其郡县。

及元狩元年,博望侯张骞使大夏[1],来言居大夏时,见蜀布,邛竹杖,使问所从来,曰从东南身毒国[2],可数千里,得蜀贾人布。或闻邛西可二千里,有身毒国。骞因盛言大夏在汉西南,慕中国,患匈奴隔其道,诚通蜀身毒国,道便近,有利无害。于是天子乃令王然于、柏始昌、吕越人等使间出西夷西,指求身毒国。至滇,滇王尝羌乃留,为求道西十余辈[3]。岁余,皆闭昆明[4],莫能通身毒国。滇王与汉使者言曰:"汉孰与我大?"及夜郎侯亦然[5]。以道不通故，各自以为一州主，不知汉广大。使者还，因盛言滇大国，足事亲附。天子注意焉。

[1] 张骞：汉中人，以击匈奴功，封博望侯。后通西域诸国。大夏：西域古国，即今阿富汗北部之地。[2] 身毒：读如"捐笃"，即今之印度也。[3] 言遣使西行求道十余人也。[4] 皆为昆明所阻，不得前往也。[5] 谓夜郎侯亦有此问也。

及至南越反，上使驰义侯[1]因犍为发南夷兵。且兰君[2]恐远行旁国，虑其老弱，乃与其众反，杀使者及犍为太守。汉乃发巴蜀罪人尝击南越者八校尉击破之。会越已破，汉八校尉不下[3]，即引兵还，行诛头兰。头兰，常隔滇道者也。已平头兰，遂平南夷为牂柯郡[4]。夜郎侯始倚南越，南越已灭，会还诛反者，夜郎遂入朝。上以为夜郎王。

[1] 驰义侯：越人，名曰遗。[2] 且：读作"苴"。且兰：汉南夷之小国名，居今贵州平越县。[3] 不下：言破越兵攻且兰，不能下也。[4] 破越之兵，既平头兰，乃还遂平南夷也。

南越破后，及汉诛且兰、邛君，并杀筰侯，冉、駹皆振恐，请臣置吏。乃以邛都为越嶲郡，筰都为沈犁郡，冉、駹为汶山郡，广汉西白马为武都郡[1]。

[1] 以上总序南越诸国归附也。

上使王然于以越破及诛南夷兵威风喻滇王入朝。滇王者，其众数万人，其旁东北有劳浸、靡莫，皆同姓相扶，未肯听[1]。劳浸、靡莫数侵犯使者吏卒。元封二年[2]，天子发巴蜀兵，击灭劳浸、靡莫，以兵临滇。滇王始首善[3]，以故弗诛。滇王离难，西南夷举国降，请置吏，入朝。于是以为益州郡，赐滇王王印，复长其民。西南夷君长以百数，独夜郎、滇受王印。滇小邑，最宠焉。

[1] 滇有众数万，劳浸、靡莫，又与滇同姓相扶，故未肯听命也。[2] 元封：武帝年号。[3] 滇王始曾归服也。

太史公曰：楚之先，岂有天禄哉？在周为文王师，封楚。及周之衰，地称五千里。秦灭诸侯，唯楚苗裔尚有滇王。汉诛西、南夷，国多灭矣，唯滇复为宠王。然南夷之端，见枸酱番禺，大夏杖邛竹[1]。西夷后揃剺分二方[2]，卒为七郡[3]。

[1] 南夷破灭之端，乃在此二事。[2] 揃：音"翦"。分割也。剺：匹妙切，亦分也。谓西夷后被揃割，遂分居西南二方，各属郡县也。[3] 七郡：犍为、牂柯、越巂、益州、武都、沈犁、汶山地也。

游侠列传

　　韩子[1]曰:"儒以文乱法,而侠以武犯禁[2]。"二者皆讥,而学士多称于世云[3]。至如以术取宰相卿大夫,辅翼其世主,功名俱著于《春秋》,固无可言者[4]。及若季次、原宪,闾巷人也,读书怀独行君子之德,义不苟合当世,当世亦笑之[5]。故季次、原宪,终身空室,蓬户褐衣,疏食不厌。死而已四百余年,而弟子志之不倦[6]。今游侠,其行虽不轨于正义,然其言必信,其行必果,已诺必诚,不爱其躯赴士之厄困,既已存亡死生矣,而不矜其能,羞伐其德,盖亦有足多者焉。且缓急人之所时有也。太史公曰:"昔者虞舜窘于井廪[7],伊尹负于鼎俎[8],傅说匿于傅险[9],吕尚困于棘津[10],夷吾桎梏[11],百里饭牛[12],仲尼畏匡,菜色陈蔡[13]。"此皆学士所谓有道仁人也,然犹遭此菑[14],况以中材而涉乱世之末流乎?其遇害何可胜道哉!鄙人有言曰:"何知仁义,已向其利者为有德[15]。"故伯夷[16]丑周,饿死首阳山,而文武不以其故贬王;跖蹻暴戾,其徒诵义无穷[17]。由此观之,"窃钩者诛,窃国者侯,侯之门,仁义存[18]",非虚言也。今拘学或抱咫尺之义,久孤于世,岂若卑论侪俗,与世沉浮,而取荣名哉[19]!而布衣之徒,设取予然诺,千里诵义,为死不顾世,此亦有所长,非苟而已也。故士穷窘而得委命,此岂非人之所谓贤豪间者邪?诚使乡曲之侠,与季次、原宪比权量力,效功于当世,不同日而论矣。要以功见言信,侠客之义,又曷可少哉[20]!

　　[1]韩子:即韩非子也。[2]文乱法:谓以烦文乱法。[3]韩子对于儒侠二者,皆以为非,此法家一偏之言,而学士多称说于世。[4]《春

秋》，国史也。儒以术巧取显位，辅主立名者，此不足称儒也，其宜见讥也已。[5] 季次、原宪：皆孔子弟子。季次：名公晳哀。原宪：字子思。二人安贫乐道，非以文乱法者，徒以不合于世，而时人亦笑之。[6] 厌：同"餍"，饱也。言季次、原宪虽困苦终身，为世俗笑，而名垂后世，至今志之不倦。[7] 舜父母使舜完廪，乃去梯而焚廪，使浚井，又从以土掩之。[8] 伊尹以割烹事汤，然汤后用为相。[9] 说：读"悦"。险：同"岩"。傅说：高宗贤相，版筑于傅岩之下。[10] 棘津：亦名石济津，在今河南延津县东北故胙城之北。吕尚年七十，卖食于棘津。[11] 桎梏：古之刑具。桎在足，梏在手。管仲夷吾，尝为齐桓公所囚。[12] 百里奚事虞公，知虞必亡，去为人养牛，后入秦相穆公。[13] 仲尼貌似阳虎，以虎曾暴匡人，仲尼过匡，匡人以为虎遂围之。菜色：饥色也。仲尼周游列国，至陈、蔡而绝粮。[14] 菑：同"灾"。[15] 已：同"以"。向：同"享"。谓能享受其利者，即以为有德，不必知仁义也。[16] 伯夷有传。[17] 蹠：盗蹠。蹻：庄蹻。言受其利者，即以为有义也。[18] 言小窃反以为盗而受诛，大窃反侯，所谓仁义，惟大窃者有之耳。[19] 言今拘学守义，孤立无助，不若随俗以取荣名也。[20] 末结言侠亦自成其义，安可以其不能与儒比而少之哉。

古布衣之侠，靡得而闻已。近世延陵[1]、孟尝、春申、平原、信陵之徒，皆因王者亲属，藉于有土卿相之富厚，招天下贤者，显名诸侯，不可谓不贤者矣。此如顺风而呼，声非加疾，其势激也。至如闾巷之侠，修行砥名[2]，声施于天下，莫不称贤，是为难耳。然儒墨皆排摈不载。自秦以前，匹夫之侠，湮灭不见，余甚恨之。以余所闻，汉兴，有朱家、田仲、王公、剧孟、郭解之徒，虽时扞当世之文罔[3]，然其私义廉洁退让，有足称者。名不虚立，士不虚附。至如朋党宗强比周，设财役贫，豪暴侵凌孤弱，恣欲自快，游侠亦丑之。余悲世俗不察其意，而猥以朱家、郭解等令与暴豪之徒同类而共笑之也。

[1] 延陵：地名，今江苏武进县治。春秋时，吴季札居此，称延陵季子。[2] 砥：音"纸"。砥名：立名之意。[3] 扞：抵御也。罔：同"网"。文罔：谓法律禁令也。[4] 比周：亲附之意也。

鲁朱家者，与高祖同时。鲁人皆以儒教，而朱家用侠闻。所藏活豪士以百数，其余庸人，不可胜言。然终不伐其能，歆其德[1]，诸所尝施，唯恐见之[2]。振人不赡，先从贫贱始。家无余财，衣不完采，食不重味，乘不过軥牛[3]。专趋人之急，甚己之私。既阴脱季布将军之厄[4]，及布尊贵，终身不见也。自关以东[5]，莫不延颈愿交焉。

[1] 歆其德：言不以德自喜也。[2] 尝施惠者，惟恐见其人也。[3] 軥牛：小牛也。[4] 季布为项羽将时，数窘高祖。羽亡，高祖悬千金购布，朱家以布髡钳为奴，载以广柳车而出之。[5] 关：指函谷关。

楚田仲，以侠闻，喜剑，父事朱家，自以为行弗及。田仲已死，而雒阳有剧孟。

周人以商贾为资，而剧孟以任侠显诸侯。吴楚反时，条侯为太尉，乘传车[1]，将至河南[2]，得剧孟，喜曰："吴楚举大事，而不求孟，吾知其无能为已矣。"天下骚动，宰相得之，若得一敌国云。剧孟行大类朱家，而好博，多少年之戏。然剧孟母死，自远方送丧，盖千乘。及剧孟死，家无余十金之财。而符离人王孟，亦以侠称江淮之间。是时济南瞯氏[3]，陈周庸[4]，亦以豪闻，景帝闻之，使使尽诛此属。其后代诸白[5]、梁韩无辟[6]、阳翟薛况[7]、陕韩孺[8]，纷纷复出焉。

[1] 传车：驿车也。[2] 河南：指黄河之南也。[3] 瞯：音"闲"。瞯氏：

为酷吏,被郅都所诛。[4] 陈:国名。周庸:姓名。[5] 代郡人有白氏豪侠非一。[6] 梁国人,韩姓,名无辟。辟作"避"。[7] 阳翟:见前《吕不韦列传》注。[8] 陕:即今河南陕县。韩孺:人之姓名。

郭解,轵人也[1],字翁伯,善相人者许负外孙也[2]。解父以任侠,孝文时诛死。解为人短小精悍,不饮酒。少时阴贼,慨慨,不快意身所杀甚众。以躯借交报仇[3],藏命作奸,剽攻[4]不休,及铸钱掘冢[5],固不可胜数。适有天幸,窘急常得脱若[6]遇赦。及解年长,更折节为俭,以德报怨,厚施而薄望。然其自喜为侠益甚。既已振人之命[7],不矜其功,其阴贼著于心,卒发于睚眦如故云[8]。而少年慕其行,亦辄为报仇,不使知也。

[1] 轵:即今河南济源县。[2] 许负曾相周亚夫当封侯而饿死,后果信。[3] 以自身借与友人报仇也。[4] 藏命:谓藏匿亡命之人。剽:攻劫,夺而取之也。[5] 不去报仇剽攻,则为铸钱发冢。[6] 若:及也。[7] 振:救也。[8] 卒:读作"猝"。睚眦:张目斜视也。

解姊子负[1]解之势,与人饮,使之嚼[2]。非其任,强必灌之。人怒,拔刀刺杀解姊子,亡去。解姊怒曰:"以翁伯之义,人杀吾子,贼不得。"弃其尸于道,弗葬,欲以辱解。解使人微知贼处[3]。贼窘,自归,具以实告解。解曰:"公杀之固当,吾儿不直[4]。"遂去其贼[5],罪其姊子,乃收而葬之。诸公闻之,皆多[6]解之义,益附焉。

[1] 负:背恃也。[2] 嚼:谓尽也。[3] 微:伺察也。[4] 不直:谓理曲也。[5] 遣之使去也。[6] 多:重也。

解出入,人皆避之。有一人独箕倨[1]视之,解遣人问其名姓。客欲杀之。解曰:"居邑屋至不见敬,是吾德不修也,彼何罪!"乃阴属尉史[2]曰:"是人,吾所急也[3],至践更时,脱之[4]。"每至践更,数过,吏弗求。怪之,问其故,乃解使脱之。箕踞者乃肉袒谢罪。少年闻之,愈益慕解之行。

[1] 箕倨:曲两足其形如箕,言坐之不敬也。[2] 尉掌更徭之事。[3] 此人吾所关切者。[4] 践更:汉时更赋之一,即力役也。役一月,休十一月。脱:免也。

雒阳人有相仇者,邑中贤豪居间[1]者以十数,终不听。客乃见郭解。解夜见仇家,仇家曲听解[2]。解乃谓仇家曰:"吾闻雒阳诸公在此间[3],多不听者。今子幸而听解,解奈何乃从他县夺人邑中贤大夫权乎!"乃夜去,不使人知,曰:"且无用待我,待我去,令雒阳豪居其间,乃听之[4]。"

[1] 居间:为之私解也。[2] 曲听解:凡有屈曲皆听解言。[3] 间:谓居间说情之人也。[4] 仍令雒阳豪来说,犹言似听豪言而非听解也。

解执恭敬,不敢乘车入其县廷。之旁郡国,为人请求事,事可出,出之[1];不可者,各厌其意[2],然后乃敢尝酒食。诸公以故严重之,争为用。邑中少年及旁近县贤豪,夜半过门,常十余车,请得解客舍[3]养之。

[1] 谓事可出而说者出之。[2] 各使双方满意也。[3] 舍:止息也。

及徙豪富茂陵[1]也,解家贫,不中訾[2],吏恐,不敢不徙。卫将军[3]为言郭解家贫,不中徙。上曰:"布衣权至使将军为言,此其家不贫。"解家遂徙。诸公送者出千余万。轵人杨季主子为县掾,举徙解。解兄子断杨掾头。由此杨氏与郭氏为仇。解入关,关中贤豪,知与不知,闻其声,争交欢解。解为人短小,不饮酒,出未尝有骑。已又杀杨季主。杨季主家上书人,又杀之阙下[4]。上闻,乃下吏捕解。解亡,置其母家室夏阳[5],身至临晋[6]。临晋籍少公,素不知解,解冒[7],因求出关。籍少公已出解，解转入太原，所过辄告主人家[8]。吏逐之，迹至籍少公。少公自杀，口绝。

[1] 茂陵：汉武帝陵也。[2] 不中訾：财产不合徙也。[3] 卫将军：指卫青。[4] 阙下：天子宫阙之下也。[5] 夏阳：见后《太史公自序》。[6] 临晋：今陕西大荔县。[7] 冒：谓冒昧也。[8] 告所主之家也。

久之，乃得解。穷治所犯，为解所杀，皆在赦前。轵有儒生侍使者坐，客誉郭解，生曰："郭解专以奸犯公法，何谓贤！"解客闻，杀此生，断其舌。吏以此责解，解实不知杀者。杀者亦竟绝，莫知为谁。吏奏解无罪。御史大夫公孙弘议曰："解布衣为任侠行权，以睚眦杀人，解虽弗知，此罪甚于解杀之[1]。当大逆无道。"遂族郭解翁伯。……

[1] 此以文乱法也。

太史公曰：吾视郭解，状貌不及中人，言语不足采者。然天下无贤与不肖，知与不知，皆慕其声，言侠者皆引以为名。谚曰："人貌荣名，岂有既乎[1]！"於戏[2]，惜哉！

[1] 言人以颜状为貌者，则有时衰落，惟以荣名为貌，则称誉无极也。[2] 於戏：与"呜呼"同。

滑稽列传

孔子曰:"六艺于治一也[1]。《礼》以节人[2],《乐》以发和[3],《书》以道事[4],《诗》以达意[5],《易》以神化[6],《春秋》以道义[7]。"太史公曰:"天道恢恢[8],岂不大哉!谈言微中,亦可以解纷[9]。"

[1] 六艺虽异,而于治则同。[2]《礼》:节制人之行为也。[3]《乐》:感发人之和气也。[4]《书》:记载古之事实也。[5]《诗》:通达人之情意也。[6]《易》:神明理之变化也。[7]《春秋》:标明人之正义也。[8] 恢恢:广也。[9] 滑稽者流,虽不言大道,亦微及之,可以治也。

淳于髡者,齐之赘婿[1]也。长不满七尺,滑稽多辩,数使诸侯,未尝屈辱。齐威王之时[2],喜隐[3],好为淫乐长夜之饮,沉湎不治[4],委政卿大夫。百官荒乱,诸侯并侵,国且危亡,在于旦暮,左右莫敢谏。淳于髡说之以隐曰:"国中有大鸟,止王之庭,三年不蜚[5]又不鸣,王知此鸟何也?"王曰:"此鸟不飞则已,一飞冲天;不鸣则已,一鸣惊人。"于是乃朝诸县令长七十二人,赏一人,诛一人[6],奋兵而出。诸侯振惊,皆还齐侵地。威行三十六年。语在《田完世家》中[7]。

[1] 娶妻,附居女子家曰"赘婿"。赘:质也。因家贫无聘财,故以身为质也。[2] 齐威王:名因齐。[3] 隐:隐语。恃其智而腾说也。[4] 沉湎:溺于酒也。[5] 蜚:与"飞"通。[6] 赏即墨大夫一人,以其有政绩也。诛阿大夫一人,以其废职也。[7]《田完世家》,本编未选。

威王八年,楚大发兵加齐。齐王使淳于髡之赵请救兵,赍金百斤,车马十驷。淳于髡仰天大笑,冠缨索绝[1]。王曰:"先生少之乎?"髡曰:"何敢!"王曰:"笑岂有说乎?"髡曰:

"今者臣从东方来，见道傍有禳田者[2]，操一豚蹄，酒一盂，而祝曰：'瓯窭满篝，汙邪满车[3]，五谷蕃熟，穰穰[4]满家。'臣见其所持者狭，而所欲者奢，故笑之。"于是齐威王乃益赍黄金千镒，白璧十双，车马百驷。髡辞而行，至赵。赵王与之精兵十万，革车[5]千乘。楚闻之，夜引兵而去。

[1] 缨：冠带。索绝：散断也。[2] 禳：音"让"。禳田：谓为田求丰穰也。[3] 窭：音"楼"。二句皆齐土语，意为求高下之地皆丰收耳。[4] 穰穰：丰盛貌。[5] 革车：兵车也。

威王大悦，置酒后宫，召髡，赐之酒。问曰："先生能饮几何而醉？"对曰："臣饮一斗亦醉，一石亦醉。"威王曰："先生饮一斗而醉，恶能饮一石哉！其说可得闻乎？"髡曰："赐酒大王之前，执法在傍，御史在后，髡恐惧俯伏而饮，不过一斗径醉矣。若亲有严客[1]，髡帣韝鞠䠒[2]，侍酒于前，时赐余沥，奉觞上寿，数起，饮不过二斗径醉矣。若朋友交游，久不相见，卒然相睹，欢然道故，私情相语，饮可五六斗径醉矣。若乃州闾之会，男女杂坐，行酒稽留[3]，六博投壶，相引为曹[4]，握手无罚，目眙不禁[5]，前（按：原注本"前"字为"莫"字，疑误，据中华书局本改之）有堕珥，后有遗簪[6]，髡窃乐此，饮可八斗而醉二参[7]。日暮酒阑，合尊促坐，男女同席，履舄交错[8]，杯盘狼藉，堂上烛灭，主人留髡而送客，罗襦襟解，微闻芗泽[9]，当此之时，髡心最欢，能饮一石。"故曰："酒极则乱，乐极则悲。"万事尽然，言不可极，极之而衰。以讽谏焉。齐王曰："善。"乃罢长夜之饮，以髡为诸侯主客[10]。宗室置酒，髡尝在侧。

[1] 严客：为尊客也。[2] 帣：音"卷"，收袖也。韝：音"沟"臂衣也。鞠：曲也。䠒：与"跽"同，长跪也。皆拘谨局促之状也。[3] 行

酒稽留：言巡环斟酒，流连不已也。[4] 六博：古游戏之一，如今之象棋也。投壶：亦古之游戏，设壶一，宾主以次投矢其中，胜者以酒饮不胜者。相引为曹：谓各引伴侣入局也。[5] 眙：耻异切，直视也。[6] 堕珥、遗簪：言纵乐无禁，故饰物零落也。[7] 参：与"三"同。言十有二三醉也。[8] 舄：履也。男女同席，故彼此履舄交触也。[9] 芗：与"香"通。芗泽：香气也，因罗襦襟解微闻女子之香气也。[10] 主客：主招待诸侯宾客之人也。

其后百余年，楚有优孟。优孟者[1]，故楚之乐人也。长八尺，多辩，常以谈笑讽谏。楚庄王之时，有所爱马，衣以文绣，置之华屋之下，席以露床[2]，啖以枣脯[3]。马病肥死，使群臣丧之，欲以棺椁大夫礼葬之。左右争之，以为不可。王下令曰："有敢以马谏者，罪至死。"优孟闻之，入殿门。仰天大哭。王惊而问其故。优孟曰："马者，王之所爱也，以楚国堂堂之大，何求不得，而以大夫礼葬之，薄，请以人君礼葬之。"王曰："何如？"对曰："臣请以雕玉为棺，文梓[4]为椁，楩枫豫章而题凑[5]，发甲卒为穿圹[6]，老弱负土，齐赵陪位于前，韩魏翼卫其后，庙食太牢[7]，奉以万户之邑。诸侯闻之，皆知大王贱人而贵马也。"王曰："寡人之过，一至此乎！为之奈何？"优孟曰："请为大王六畜葬之。以垄灶为椁，铜历为棺[8]，赍[9]以姜枣，荐以木兰[10]，祭以粳稻，衣以火光，葬之于人腹肠。"于是王乃使以马属太官[11]，无令天下久闻也。

[1] 优：优伶。孟：其字也。[2] 露床：编草为床也。[3] 啖：情滥切。饲也。[4] 文梓：有文理之梓木也。古者帝王用梓木为棺，称曰"梓宫"。[5] 楩、豫章：皆大木，以木累棺外，曰"题凑"。[6] 穿圹服素衣送葬也。[7] 为之立庙，以牛、羊、豕为祭也。[8] 历：釜鬲也。[9] 赍：持而与之也。[10] 荐：祭也。木兰：木名，意以木兰为薪而烹之也。[11] 太官：

掌国君饮食之官也。

　　楚相孙叔敖[1]知其贤人也，善待之。病且死，属其子曰："我死，汝必贫困。若往见优孟，言'我孙叔敖之子也'。"居数年，其子穷困，负薪，逢优孟，与言曰："我，孙叔敖子也。父且死时，属我，贫困，往见优孟。"优孟曰："若无远有所之[2]。"即为孙叔敖衣冠，抵掌谈语[3]。岁余，像孙叔敖，楚王左右不能别也。庄王置酒，优孟前为寿。庄王大惊，以为孙叔敖复生也，欲以为相。优孟曰："请归与妇计之，三日而为相。"庄王许之。三日后，优孟复来。王曰："妇言谓何？"孟曰："妇言慎无为，楚相不足为也。如孙叔敖之为楚相，尽忠为廉[4]以治楚，楚王得以霸。今死，其子无立锥之地，贫困负薪，以自饮食。必欲孙叔敖，不如自杀。"因歌曰："山居耕田苦，难以得食。起而为吏，身贪鄙者余财，不顾耻辱。身死，家至富，又恐受赇枉法[5]，为奸触大罪，身死而家灭。贪吏安可为也！念为廉吏，奉法守职，竟死不敢为非。廉吏安可为也！楚相孙叔敖，持廉至死，方今妻子穷困，负薪而食，不足为也！"于是庄王谢优孟，乃召孙叔敖子，封之寝丘[6]四百户，以奉其祀。后十世不绝[7]。此知可以言时矣。

　　[1]孙叔敖在时，相楚庄王三年，施教导民，吏无奸邪，国中盗贼不起。[2]言汝勿远去他所也。[3]抵掌：鼓掌也，极言摹拟孙叔敖之神态也。[4]为廉：谓行之事廉洁也。[5]赇：受赃曰"赇"。[6]寝丘：今河南沈丘县东南。[7]楚之功臣封至二世必收，惟孙叔敖之寝丘不夺。

　　其后二百余年，秦有优旃[1]。优旃者，秦倡侏儒也[2]。善为笑言，然合于大道，秦始皇时，置酒而天雨，陛楯者皆沾寒[3]。优旃见而哀之，谓之曰："汝欲休乎？"陛楯者皆曰："幸甚。"

优旃曰:"我即呼汝,汝疾应曰'诺'。"居有顷,殿上上寿,呼万岁。优旃临槛大呼曰:"陛楯郎!"郎曰:"诺。"优旃曰:"汝虽长,何益,幸雨立。我虽短也,幸休居。"于是始皇使陛楯者得半相代[4]。

[1]优旃:在秦始皇及二世时之优俳也。[2]倡:乐人。侏儒:短小之人也。[3]陛楯者:执楯立陛侧之人也。沾寒:为雨所沾湿而寒冷也。[4]谓互相更替也。

始皇尝议欲大苑囿,东至函谷关,西至雍、陈仓[1]。优旃曰:"善。多纵禽兽于其中,寇从东方来,令麋鹿触之足矣[2]。"始皇以故辍止。

[1]雍:秦都,汉为县,在今陕西凤翔县南。陈仓:秦县,在今陕西宝鸡县东。[2]意谓民见上耽逸乐,一旦寇来,皆离叛而不用命也。

二世立,又欲漆其城。优旃曰:"善。主上虽无言,臣固将请之。漆城虽于百姓愁费,然佳哉!漆城荡荡,寇来不能上。即欲就之,易为漆耳,顾难为阴室[1]。"于是二世笑之,以其故止。

[1]谓漆物必置阴室乃得干,今漆之甚易,但阴室难为耳。

居无何,二世杀死,优旃归汉,数年而卒。

太史公曰:淳于髡仰天大笑,齐威王横行。优孟摇头而歌,负薪者以封。优旃临槛疾呼,陛楯得以半更。岂不亦伟哉!

货殖列传[1]

老子曰："至治之极，邻国相望，鸡狗之声相闻，民各甘其食，美其服，安其俗，乐其业，至老死不相往来。"必用此为务[2]，挽近世涂民耳目，则几无行矣[3]。太史公曰：夫神农以前，吾不知已。至若《诗》、《书》所述虞夏以来，耳目欲极声色之好，口欲穷刍豢[4]之味，身安逸乐，而心夸矜势能之荣，使俗之渐民久矣[5]。虽户说以眇论，终不能化。故善者因[6]之，其次利道[7]之，其次教诲[8]之，其次整齐[9]之，最下者与之争[10]。

[1] 货：指财货。殖：生也。[2] 言欲至治之世，必以达到上述之境界为要务。[3] 挽：与"晚"通，言晚近之世，只知涂饰人民耳目，对于至治不能行，而反入于货殖矣。[4] 草食之兽曰"刍"，如牛羊。谷食之兽曰"豢"，如豕犬。[5] 渐：染也，言如此类习俗之熏染人民已久也。[6] 故善治国者，莫若因社会自然之趋势，而使人民自行竞求进步也。[7] 其次引导人民为有利之事业。[8] 其次教诲人民自行经营之。[9] 其次但为人民整理之，使货财出入能相抵而已。[10] 最下者莫如与民争利，阻碍社会经济之发展也。

夫山西饶[1]材、竹、谷、纑、旄、玉石；山东多鱼、盐、漆、丝、声色[2]；江南[3]出枏、梓、姜、桂、金、锡、连、丹沙、犀、玳瑁、珠玑、齿革；龙门、碣石[4]北多马、牛、羊、旃裘、筋角；铜、铁则千里往往山出棋置[5]。此其大较也。皆中国人民所喜好，谣俗被服饮食，奉生送死之具也[6]。故待农而食之，虞而出之[7]，工而成之，商而通之。此宁有政教发征期会哉[8]？人各任其能，竭其力，以得所欲[9]。故物贱之征贵，贵之征贱[10]，各劝其业，乐其事，若水之趋下，日夜无休时，不召而自来，不求而民出之。岂非道之所符，而自然之验邪？

[1]山：指太行山也。下"山东"同。饶：多也。[2]声色：声色娱耳目之具也。[3]江南：指长江之南也。[4]龙门：山名，今山西河津县与陕西韩城县之间。碣石：亦山名，今河北卢龙县。二山之北，即今蒙古一带。[5]言二山又多产铜铁，如棋盘之布置甚密也。[6]谓上面之物产，皆为人民所喜好谣俗，足见商货之销行，与风俗习惯极有关系也。[7]虞：古时掌山泽之官。[8]发征期会：谓召集约会之时期也。[9]言农、虞、工、商之事，皆用自己之才能，竭自己之智力，得所欲而为之，非有政令教训之督促也。[10]征：兆也。言物贱人必弃之，故其征必贵。贵则人取之，而征必贱。

《周书》[1]曰："农不出，则乏其食，工不出，则（按："则"，原注本作"其"，疑误，据中华书局本改之）乏其事[2]，商不出，则三宝绝[3]，虞不出，则财匮少。财匮少而山泽不辟矣[4]。"此四者，民所衣食之原也。原大则饶，原小则鲜。上则富国，下则富家。贫富之道，莫之夺予[5]，则巧者有余，拙者不足。故太公望封于营丘[6]，地潟卤[7]，人民寡，于是太公劝其女功，极技巧，通鱼盐[8]，则人物归之，繦至而辐凑[9]。故齐冠带衣履天下[10]，海岱之间[11]，敛袂而往朝焉。其后齐中衰，管子修之，设轻重九府[12]，则桓公以霸，九合诸侯，一匡天下。而管氏亦有三归[13]，位在陪臣[14]，富于列国之君。是以齐富强至于威、宣也。故曰："仓廪实而知礼节，衣食足而知荣辱[15]。"故君子富，好行其德；小人富，以适其力[16]。渊深而鱼生之，山深而兽往之，人富而仁义附焉。富者得势益彰，失势则客无所之，以而不乐。夷狄益甚。谚曰："千金之子，不死于市[17]。"此非空言也。故曰:"天下熙熙,皆为利来;天下壤壤,皆为利往[18]。"夫千乘之王,万家之侯,百室之君,尚犹患贫,而况匹夫编户之民乎[19]!

[1]《周书》:书逸文,为孔子删书时被删者也。[2]事:器用也。[3]三宝:谓珠、玉、金也。[4]辟:与"闢"同。[5]予:同"与"。言贫富之道,皆人自致也,无人能夺与之。[6]太公望:即姜尚也。营丘:在今山东昌乐县东南。武王封太公于营丘,国号齐。[7]泻:音"昔"。泻卤:不能耕种之咸地也。[8]齐地滨海,不便农事,太公因地制宜,教民捕鱼煮盐。以上皆从事工业也。[9]繦至:谓繦负其子而至也。辐凑:言四方人物聚集,如辐之聚于轮心也。[10]冠带衣履:谓以四物供给天下之用。[11]海岱:指东海泰山也。[12]轻重:指钱也。九府:周时掌财币之九官也。[13]三归:台名,管仲所筑。[14]陪臣:谓诸侯之上卿也。[15]二语出《管子·牧民》篇。[16]君子小人,以地位言。适力:谓不至甚劳也。[17]千金之子:谓富有财也,彼虽有罪,亦可设法,不至竟伏法而死于市也。[18]熙熙壤壤:极言往来纷错也。[19]编户之民:户口编于版籍者,即今之门牌也。

昔者越王勾践困于会稽之上[1],乃用范蠡、计然[2]。计然曰:"知斗则修备,时用则知物[3],二者形[4],则万货之情可得而观已。故岁在金穰,水毁,木饥,火旱[5]。水则资舟,旱则资车,物之理也。六岁穰,六岁旱,十二岁一大饥[6]。夫粜,二十病农,九十病末[7]。末病则财不出,农病则草不辟矣。上不过八十,下不减三十,则农末俱利,平粜齐物,关市不乏[8],治国之道也。积著之理[9],务完物[10],无息币[11]。以物相贸易,腐败而食之货勿留[12],无敢居贵[13]。论其有余不足,则知贵贱。贵上极则反贱,贱下极则反贵[14]。贵出如粪土,贱取如珠玉[15]。财币欲其行如流水。"修之十年,国富,厚赂战士,士赴矢石,如渴得饮,遂报强吴,观兵中国,称号"五霸"[16]。

[1] 越王为吴所败,困守于会稽也。[2] 计然:范蠡之师,或谓姓辛氏,字文子。[3] 知物之要,在知其时,知其用。[4] 二者:指时与用也。形:显著也。[5] 穰:谓丰收。毁:谓荒歉。以五行之说论年岁,岁在金则丰收,在水则荒歉,在木则饥,在火则旱也。[6] 天道循环,无久旱久丰之时。或说太阳光力,在十二年中,岁有不同,故有此象也。[7] 末:指商贾也。谓谷过贵过贱,皆有所病,故须调剂使平,俾农商皆利也。[8] 言如此关市之税收不短也。[9] 著:与"贮"通。[10] 必须贮完好之物,可久藏而易售也。[11] 无久停货物,以无利也。[12] 食:与"蚀"同。[13] 言不敢屯积操纵之谓也。[14] 言物贵则趋利者多,多则贱。贱则趋利者少,则反贵矣。[15] 言物贵时尽量售出,视如粪土。贱时尽量进之,视如珠玉,如此则财币之流行如流水也。[16] 此言其得与五霸等列也。

范蠡既雪会稽之耻,乃喟然而叹曰:"计然之策七,越用其五而得意。既已施于国,吾欲用之家。"乃乘扁舟[1],浮于江湖,变名易姓,适齐,为鸱夷之皮[2],之陶[3],为朱公。朱公以为陶天下之中,诸侯四通,货物所交易也。乃治产积居。与时逐[4],而不责于人[5]。故善治生者,能择人而任时。十九年之中,三致千金,再分散与贫交疏昆弟[6]。此所谓富好行其德者也。后年衰老而听子孙,子孙修业而息[7]之,遂至巨万。故言富者,皆称陶朱公。

[1] 扁舟:小舟也。[2] 鸱夷:盛酒之器。范蠡以鸱夷子皮为名,自有寓意也。[3] 陶:今山东定陶县。[4] 居积货物,待适当之时以逐利也。[5] 择人而兴,人不负。故曰"不责于人"。[6] 三致而再散,留其一以与子孙。[7] 息:生产也。

子赣既学于仲尼[1]，退而仕于卫，废著鬻财[2]于曹、鲁之间，七十子之徒，赐最为饶益。原宪不厌糟糠[3]，匿于穷巷。子贡结驷连骑[4]，束帛之币，以聘享诸侯，所至，国君无不分庭与之抗礼[5]。夫使孔子名布扬于天下者，子贡先后之也。此所谓得势而益彰者乎？

[1] 赣：与"贡"同。子赣：姓端木，名赐。孔子弟子。[2] 废：卖也。著：读如"贮"，谓存积货物也。鬻财：犹言经商也。[3] 原宪：亦孔子弟子。厌：足也。言原宪穷苦，并糟糠亦不得饱也。[4] 结驷连骑：言四马并辔而行，显赫之至也。[5] 谓以平等之礼相见也。

白圭，周人也。当魏文侯时，李克[1]务尽地力，而白圭乐观时变，故人弃我取，人取我与。夫岁孰[2]，取谷，予之丝漆；蚕[3]；凶取帛絮与之食。太阴在卯穰明岁衰恶，至午旱明岁美，至酉穰明岁衰恶，至子大旱明岁美，有水至卯[4]，积著率岁倍[5]。欲长钱，取下谷；长石斗，取上种[6]。能薄饮食，忍嗜欲，节衣服，与用事僮仆同苦乐，趋时若猛兽挚鸟之发。故曰："吾治生产，犹伊尹、吕尚之谋，孙吴用兵，商鞅行法是也。是故其智不足与权变，勇不足以决断，仁不能以取予，强不能有所守，虽欲学吾术，终不告之矣。"盖天下言治生祖白圭。白圭其有所试矣[7]，能试有所长，非苟而已也。

[1] 李克：按刘向《别录》当作"李悝"。[2] 孰：与"熟"同，年丰也。[3] 蚕：与"茧"同。[4] 谓五行循环而复至卯也。[5] 所贮以岁加倍为率。[6] 意谓售下谷多利，故能长钱，植上种多获，故能长石斗。[7] 祖：法也。试：微验也。猗顿而下，惟商贾之诚一者耳。

猗顿用盬盐起[1]。而邯郸[2]郭纵，以铁冶成业，与王者埒富。

[1]猗顿：鲁之穷士，后兴于猗氏，故曰"猗顿"。猗氏：在今山西县。鹽：盐池也。[2]邯郸：即今河北邯郸县。[3]垱：音"劣"，等也。

乌氏倮[1]（按："乌氏倮"，原注本为"乌倮氏"，疑误，故据中华书局本改之）畜牧及众，斥卖[2]，求奇缯物，间献遗戎王[3]。戎王什倍其偿[4]，与之畜[5]，畜至用谷量马牛[6]。秦始皇帝令倮比封君[7]，以时与列臣朝请。而巴蜀寡妇清[8]，其先得丹穴[9]，而擅其利数世，家亦不訾[10]。清，寡妇也，能守其业，用财自卫，不见侵犯。秦皇帝以为贞妇而客之，为筑女怀清台[11]。夫倮鄙人牧长，清穷乡寡妇，礼抗万乘，名显天下，岂非以富邪？

[1]乌氏：姓。倮：音"果"，名也。[2]言所养牲畜多，则斥去卖脱之。[3]间献：谓私献也。遗：投赠也。[4]偿：还所值也。[5]畜：指牲畜也。[6]言倮既得畜，后以豁谷数量之。[7]封君：指列侯之属。[8]巴蜀：即今四川也。清：寡妇之名也。[9]丹穴：产丹沙之穴也。[10]不訾：谓其资财众多，不可度量也。[11]女怀清台：今四川永安县。

汉兴，海内为一，开关梁，弛山泽之禁，是以富商大贾周流天下，交易之物，莫不通，得其所欲，而徙豪杰诸侯强族于京师。关中自汧、雍以东至河华[1]，膏壤沃野千里，自虞夏之贡以为上田[2]，而公刘适邠[3]，大王、王季在岐[4]，文王作丰[5]，武王治镐[6]，故其民犹有先王之遗风，好稼穑，殖五谷，地重[7]，重为邪。及秦文、孝、缪居雍隙[8]，陇蜀之货物而多贾。献、孝公徙栎邑[9]，栎邑北却戎翟，东通三晋，亦多大贾。武、昭治咸阳，因以汉都长安诸陵[10]，四方辐凑，并至而会，地小人众，故其民益玩巧而事末也[11]。南则巴蜀。巴蜀亦沃野，地饶卮[12]、姜、丹沙、石、铜、铁、竹、木之器。南御滇僰，僰僮[13]。西近邛笮，笮马、旄牛[14]。然四塞[15]，栈道千里，无所不通，唯褒斜绾毂其口[16]，以所多易所鲜。天水、陇西、北地、上郡[17]，与关中同俗，然西有羌中之利，北有戎翟之畜，畜牧为天下饶。然地亦穷险，唯京师要其道[18]。故关中之地，于天下三分之一，而人众不过什三；然量其富，什居其六[19]。

[1] 汧：水名，出陕西陇县西北汧山南麓。雍：水名，源出陕西凤翔县治西北。雍山：东南与汧水皆入于渭。河：黄河。华：华山也。[2] 其地为禹贡时雍州之域，推为上等之田。[3] 公刘：周代之祖。邠：今陕西邠县地。[4] 大：读作"太"。大王：周文王之祖。王季：文王之父。岐：山名，今陕西岐山县西北。大王为狄人所逼，去邠，居岐山之下，以至王季。[5] 丰：地名，今陕西长安县西北，文王自岐徙都丰。[6] 镐：地名，今陕西长安县西，武王所徙都也。[7] 重：其地以耕稼为重也。重视邪恶而不轻为之也。[8] 雍地在陇蜀间要路，故曰"隙"。[9] 栎邑：在今陕西临潼县东北，至献公始治其地。[10] 武王、昭王，皆都咸阳。汉都长安，故有诸帝王陵墓也。[11] 事末：谓从事商贾，而逐末利也。[12] 厄：音"支"，谓烟支也。[13] 滇：在今云南。僰：步刻切，种族名，居今云南境。僰僮：谓取僰人作僮仆也。[14] 邛、笮：皆都名，在今四川。笮马及旄牛，皆笮所出。[15] 四塞：言四境皆有天然险阻也。[16] 陕西终南山谷口，南曰"褒"，在襃城县北，北曰"斜"，在眉县西南，为秦蜀交通要道。绾毂其口：绾其直口，若车毂之凑集也。[17] 天水：汉郡名，今甘肃通渭县西南。陇西、北地、上郡：皆秦郡名，见前《秦始皇本纪》三十六郡注。[18] 京师：指长安也。要其道：束当去路也。[19] 此言关中面积仅占天下三分之一，人口仅占十分之三，而富力则占十分之六。因陇蜀之贸易权，实操于关中，故关中之富，甲于天下也。

昔唐人都河东[1]，殷人都河内[2]，周人都河南[3]。夫三河在天下之中，若鼎足，王者所更居也，建国各数百千岁，土地小狭，民人众，都国诸侯所聚会，故其俗纤俭习事[4]。杨、平阳[5]西贾秦、翟，北贾种、代[6]。种、代，石北也[7]，地边胡，数被寇。人民矜懻忮[8]，好气任侠为奸，不事农商。然迫近北夷，师旅亟往，中国委输，时有奇羡[9]。其民羯羠不均[10]，自全晋之时[11]，固已患其僄悍，而武灵王益厉之[12]，其谣俗犹有赵之风也。故杨、平阳陈椽其间，得所欲[13]。温、轵西贾上党[14]，北贾赵、中山[15]。中山地薄人众，犹有沙丘纣淫地余民[16]，民俗懁急[17]，仰机利而食[18]。丈夫相聚游戏，悲歌慷慨，起则相随椎剽[19]，休则掘冢，作巧奸冶[20]，多美物[21]为倡优。女子则鼓鸣瑟，跕屣[22]，游媚贵富，入后宫，遍诸侯。然邯郸亦漳、河之间[23]一都会也。北通燕、涿[24]，南有郑、卫[25]。郑、卫俗与赵相类，然近梁、鲁，微重而矜节。濮上之邑徙野王[26]，野王好气任侠，卫之风也。夫燕亦勃、碣之间[27]一都会也。南通齐、赵，东北边胡。上谷至辽东[28]，地踔远[29]，人民希，数被寇，大与赵、代俗相类，而民雕捍少虑[30]，有鱼盐枣栗之饶。北邻乌桓、夫余[31]，东绾秽貉、朝鲜、真番[32]之利。雒阳东贾齐、鲁，南贾梁、楚。故泰山之阳则鲁，其阴则齐。齐带山海，膏壤千里，宜桑麻，人民多文采布帛鱼盐。临菑[33]亦海岱之间一都会也。其俗宽缓，阔达而足智，好议论，地重，难动摇，怯于众斗，勇于持刺，故多劫人者，大国之风也。其中具五民[34]。而邹、鲁滨洙、泗[35]，犹有周公遗风，俗好儒，备于礼，故其民龊龊[36]。颇有桑麻之业，无林泽之饶。地小人众，俭啬，畏罪远邪。及其衰，好贾趋利，甚于周人。夫自鸿沟以东，芒、砀以北[37]，属巨野[38]，此梁、宋也。陶、睢阳[39]亦一都会也。昔尧作游成阳[40]，舜渔于雷泽[41]，汤止于亳[42]。其俗犹有先王遗风，重厚多君子，好稼穑，虽无山川之饶，能恶衣食，致其畜藏[43]。

[1] 河东：指黄河以东山西境内地。[2] 河内：今河南黄河以北地。[3] 河南：今河南省黄河以南地。[4] 纤啬：啬也，言能习事故善经商也。[5] 杨：汉县名，在今山西洪洞县。平阳：亦汉县名，在今山西临汾县。[6] 种：今河北蔚县地。代：今山西代县地。[7] 石：石邑，当时县名，属常山。言种、代二地，皆在石邑之北也。[8] 懻：音"冀"。懻忮：狠也，嫉妒也。[9] 奇：读如"羁"。奇羡：商贾所赢余利也。[10] 羯：音"揭"。羠：音"夷"。皆羊之去势者。羯羠，不均强悍，不平顺也。[11] 全晋之时：晋未分为赵、韩、魏之时也。[12] 赵武灵王始胡服骑射以教百姓。[13] 陈掾：犹言经营驰逐也。因代人民，不知经济，所以纤啬习事之杨，平阳人能经营其间，自得所欲矣。[14] 温：今河南温县。轵：今河南济源县南，皆属汉河内郡。上党：秦郡，见前《秦始皇本纪》三十六郡注。[15] 中山：汉国，在今河北。[16] 沙丘：今河北平乡县东北，商纣时大聚乐戏于沙丘之台。中山人民，迄今犹留其淫乐之风也。[17] 懁：音"绢"，躁也。[18] 仰机利：谓乘机而逐利也。[19] 椎剽：谓椎杀人而剽劫也。[20] 奸冶：邪淫饰美也。[21] 美：一作"弄"，一作"推"。[22] 跕：音"帖"。跕屣：曳屣也。[23] 漳河上游分为二，一曰清漳，一曰浊漳，皆出山西境，至河南合而为一。[24] 涿：今河北涿鹿县地。[25] 郑、卫二地，皆在今河南。[26] 濮上：即今河南滑县地。野王：战国韩地，今河南沁阳县，因秦拔濮阳，徙其君于野王。[27] 勃：指渤海。碣：指碣石山也。[28] 上谷、辽东：皆秦郡名，见前《秦始皇本纪》三十六郡注。[29] 踔：音"卓"，高远也。[30] 雕捍：极言性捷捍如雕也。[31] 乌桓、夫余：二者皆国名。乌桓在今山西、河北境，夫余跨今辽宁及蒙古境。[32] 秽貉：国名，跨今辽宁及朝鲜地。真番：汉郡名，武帝灭朝鲜后置，今辽宁东境。[33] 临菑：见前《淮阴侯列传》注。[34] 五民：谓士、农、工、商、贾也，一说谓五方之民。当从前说为是。[35] 邹：即今山东邹县。洙：水名，为

泗水支流。泗水出山东陪尾山。[36] 觳：音"促"。觳觳：廉谨之意。[37] 芒、砀：二山名，皆在今江苏砀山县东南。[38] 巨野：县名，即今山东巨野县，属巨野，言至于巨野也。[39] 睢阳：汉县名，在今河南商丘县南，故宋地。[40] 成阳：在今山东濮县东南。[41] 雷泽：泽名，亦在山东濮县东南。[42] 亳：今河南商丘县地。[43] 畜：与"蓄"同。

越、楚[1]则有三俗。夫自淮北沛、陈、汝南、南郡[2]，此西楚也。其俗剽轻，易发怒，地薄，寡于积聚。江陵故郢都[3]，西通巫、巴[4]，东有云梦之饶[5]。陈在楚夏之交[6]，通鱼盐之货，其民多贾。徐、僮、取虑[7]，则清刻矜已诺。彭城以东，东海、吴、广陵[8]，此东楚也。其俗类徐、僮。朐、缯以北，俗则齐[9]。浙江南则越[10]。夫吴自阖庐、春申、王濞三人招致天下之喜游子弟[11]，东有海盐之饶，章山之铜[12]，三江、五湖之利[13]，亦江东一都会也。衡山、九江、江南、豫章、长沙[14]，是南楚也，其俗大类西楚。郢之后徙寿春[15]，亦一都会也。而合肥受南北潮[16]，皮革、鲍[17]、木输会也。与闽中、于越杂俗[18]，故南楚好辞，巧说少信。江南卑湿，丈夫早夭。多竹木。豫章出黄金，长沙出连、锡，然堇堇物之所有，取之不足以更费[19]。九疑、苍梧以南，至儋耳者[20]，与江南大同俗，而杨越多焉[21]。番禺亦其一都会也[22]，珠玑、犀、玳瑁、果、布之凑[23]。

[1] 越灭吴,有江淮以北。楚又灭越,兼有吴越之地,故言"越楚"。[2] 沛：汉郡名，在今江苏、安徽境。汝南：亦汉郡名，大部在河南。南郡：秦郡，见前《秦始皇本纪》三十六郡注。[3] 江陵：汉时县，本春秋楚渚宫地。[4] 巫、巴：二郡名，在江陵之西。[5] 云梦：见前《淮阴侯列传》注。[6] 夏：即夏禹所居阳城，今改为告城镇，在河南登封县东南。陈南为楚，西北为夏，故曰"楚夏之交"也。[7] 徐：国名，故城在今安徽泗县北。僮：

秦时县，故城在泗县东北。取虑：读如"秋闾"，亦秦时县，故城在今江苏睢宁县西南。[8] 东海：汉郡名，在今山东、江苏境。吴：秦会稽郡首县。广陵：本汉国故城，今江苏江都县。[9] 朐、缯：皆汉县名，属东海郡。二县以北之俗与齐同。[10] 浙江：水名，今浙江省即其流域。浙江以南之俗同于越。[11] 阖庐：名光，夫差父也，弑王僚自立为吴王。春申：战国时楚黄歇也，封今之上海，因号春申君，今上海之黄浦江，故尚称春申江也。王濞：高祖兄子名濞，封吴，为吴王。自三人招致天下喜游子弟，吴中风俗遂与之俱化已。[12] 章山：为秦鄣郡之山，在今苏、皖、浙三省境，山多产铜。[13] 三江：吴淞江、娄江、东江也。五湖：太湖、长荡湖、射湖、菱湖、滆湖也。[14] 衡山：汉时国名，在今湖南。九江：秦时郡名，见前《秦始皇本纪》三十六郡注。江南：即汉时丹阳郡。豫章：汉郡名，即今江西之南昌也。长沙：汉时国名，即今湖南长沙。[15] 寿春：即今安徽寿县，楚考烈王自陈徙都寿春，仍号郢。故曰郢之后徙寿春也。[16] 合肥：即今安徽合肥县。合肥在江淮二水之间，南受江潮，北受淮潮，故称合肥。[17] 鲍：湿之咸鱼也。[18] 闽中：今福建地。于越：浙东一带，永嘉县等处。[19] 堇堇：物之罕少也。更：偿也。言所出少，取之为难，不足偿所费也。[20] 九疑：山名，在湖南。苍梧：属九疑。儋耳：汉郡名，即今广东海南岛。[21] 扬越：古百越之一，其族居江、浙、闽、粤，如于越在浙江，闽越在福建，南越在广东，骆越在安南，而扬越则居江西。故江南之俗，多与扬越同也。[22] 番禺：广东省首县。[23] 果：指荔枝、香蕉、龙眼等。布：为葛布也。凑：聚集也。

颍川、南阳，夏人之居也[1]。夏人政尚忠朴，犹有先王之遗风。颍川敦愿[2]。秦末世，迁不轨之民于南阳。南阳西通武关、郧关[3]，东南受汉、江、淮。宛亦一都会也[4]。俗杂[5]，好事业，多贾。其任侠，交通颍川，故至今谓之"夏人"[6]。

[1] 颍川、南阳:二者皆郡名,在今河南。夏禹居阳城,改封阳翟。阳翟:今禹县,属颍川郡。后禹又居南阳。故曰颍川、南阳,夏人所居也。[2] 颍川人民敦愿,实为夏人忠朴之遗风。[3] 郿关:当作"鄘关",地当汉中,亦作"鄘"。[4] 宛:南阳郡首县,即今之南阳县。[5] 秦迁不轨之民于南阳,故其地风俗,因之杂乱也。[6] 宛人因交通便利而多贾,又喜与颍川交通,故至汉时犹称为夏人也。

夫天下物所鲜所多,人民谣俗[1],山东食海盐,山西食盐卤[2],领南、沙北[3],固往往出盐,大体如此矣。总之,楚越之地,地广人希,饭稻羹鱼[4],或火耕而水耨[5],果陏蠃蛤[6],不待贾而足,地势饶食,无饥馑之患,以故呰窳[7]偷生,无积聚而多贫。是故江淮以南,无冻饿之人,亦无千金之家。沂[8]、泗水以北,宜五谷桑麻六畜,地小人众,数被水旱之害,民好畜藏,故秦、夏、梁、鲁,好农而重民。三河、宛、陈亦然,加以商贾。齐、赵设智巧,仰机利。燕、代田畜而事蚕。由此观之,贤人深谋于廊庙,论议朝廷,守信死节,隐居岩穴之士,设为名高者安归乎?归于富厚也。是以廉吏久,久更富,廉贾归富[9]。富者,人之情性所不学而俱欲者也。故壮士在军,攻城先登,陷阵却敌,斩将搴旗[10],前蒙矢石,不避汤火之难者,为重赏使也。其在闾巷少年,攻剽椎埋,劫人作奸,掘冢铸币,任侠并兼,借交报仇,篡逐幽隐,不避法禁,走死地如骛[11],其实皆为财用耳。今夫赵女郑姬,设形容,揳[12]鸣琴,揄长袂[13],蹑利屣[14],目挑心招,出不远千里,不择老少者,奔富厚也。游闲公子,饰冠剑,连车骑,亦为富贵容也。弋射渔猎,犯晨夜,冒霜雪,驰阬谷,不避猛兽之害,为得味也。博戏驰逐,斗鸡走狗,作色相矜,必争胜者,重失负也。医方诸食技术之人,焦神极能,为重䊵也[15]。

吏士舞文弄法，刻章伪法，不避刀锯之诛者，没于赂遗也[16]。农工商贾畜长，固求富益货也。此有知尽能索[17]耳，终不余力而让财矣。

[1]谣俗：即民间之风俗也。[2]盐卤：即盐池。[3]领南：谓五岭以南。沙北：谓沙漠之北。二处亦食海盐。[4]饭稻羹鱼：以稻作饭，以鱼作羹也。[5]耨：刺地除草之器。火耕：烧田间杂草以杀虫也。水耨：稻种后，其中有草出也，当悉芟之，灌以水则草死而稻无损也。[6]果隋：亦作"果堕"，木实也。蠃：蛤蚌，属蛙类也。[7]呰：音"紫"。窳：音"庚"。呰窳：苟且懒惰之谓。[8]沂水出山东境。此言所谓贤人隐士者，亦徒欲为富厚计耳。[9]此言廉者不多求于人，故人不厌其取，而吏久则更富，贾在终成富也。[10]搴：音"愆"，拔也。[11]骛：驰也。[12]揲：吉掴切，击也。[13]揄长袂：引长袖也。[14]蹑利屣：蹈舞履也。[15]稯：粮也。[16]没：言心志汩没也。赂：遗财贿也。[17]索：穷也。谓穷尽其智能以求财也。

谚曰："百里不贩樵，千里不贩籴[1]。"居之一岁，种之以谷，十岁树之以木，百岁来之以德[2]。德者，人物之谓也[3]。今有无秩禄之奉，爵邑之入，而乐与之比者。命曰"素封[4]"。封者，食租税，岁率户二百。千户之君则二十万，朝觐聘享出其中[5]。庶民农工商贾，率亦岁万息二千[6]，百万之家则二十万，而更[7]徭租赋出其中。衣食之欲，恣所好美矣。故曰，陆地牧马二百蹄[8]，牛蹄角千[9]，千足羊[10]，泽中千足彘[11]，水居千石鱼陂[12]，山居千章之材[13]。安邑[14]千树枣，燕、秦千树栗，蜀、汉、江陵千树橘，淮北、常山[15]已南，河济之间千树萩[16]；陈、夏千亩漆，齐、鲁千亩桑麻，渭川[17]千亩竹，及名国万家之城，带郭千亩[18]，亩钟之田[19]，若千亩卮茜[20]，千畦姜韭[21]。此其人皆与千户侯等。然是富给之资也，不窥市井，不行异邑，坐而待收，身有处士之义，而取给焉[22]。若至家贫亲老，妻子软弱，岁时无以祭祀，进醵[23]饮食，被服不足以自通，如此不惭耻，则无所比矣。是以无财作力，少有斗智[24]，既饶争时[25]，此其大经也。今治生不待危身取给，则贤人勉焉。是谓本富为上，末富次之，奸富最下。无岩处奇士之行，而长贫贱，好语仁义，亦足羞也。

[1] 言百里之内必有樵者，故不必贩薪。千里之内必有耕者，故不必贩谷。极言货殖须度地以贩运也。[2] 此言为一年之计在种谷，为十年之计在树木，为百年之计在以德。故货殖须择时也。[3] 德者：盖得人得物之谓也。[4] 素：空也。素封：谓不仕之人，自有田园收养之给，如封君者也。[5] 朝觐聘享：谓臣子朝觐聘享之费也。[6] 率：读作"律"。言有资产一万者，岁息亦二千。[7] 更：汉时赋役之名也。[8] 一马四足，二百蹄，盖马五十匹也。[9] 牛之蹄角，共有千数，计百六十七头也。马贵牛贱，以此为率。[10] 一羊四足，千足，计得羊二百五十头也。[11] 千足彘：彘二百五十也。[12] 陂：谓泽障也。养鱼于陂，岁得鱼千石也。[13] 章：谓大材也。言得大木千株也。[14] 安邑：汉县名，在今山西夏县北。[15] 常山：汉郡名，在今河北。[16] 荻：与"楸"同，木名。[17] 渭川：水名，源出甘肃鸟鼠山。[18] 谓附郭之田千亩也。[19] 钟：古量名。受六斛四斗，言每亩出米一钟之田也。[20] 茜：音"千"，草名，一名红蓝，花可染缯。[21] 千畦：二十五亩。[22] 然以富给之故，能不窥市井为工贾，不至异邑为商人，安坐而取给之，岂不身有处士之义也。[23] 醵：音"遽"，谓合钱饮酒也。[24] 资少，谓斗智巧与人争也。[25] 资饶，乃能逐时以争利也。

凡编户之民[1]，富相什，则卑下之，伯则畏惮之，千则役，万则仆，物之理也。夫用贫求富[2]，农不如工，工不如商，刺绣文不如依市门，此言末业贫者之资也[3]。通邑大都，酤一岁千酿[4]，醯酱千瓨[5]，酱千甔[6]，屠牛羊，彘千皮，贩谷粜千钟[7]，薪藁千车[8]，船长千丈，木千章，竹竿万个[9]，其轺车百乘[10]，牛车千两，木器髤者千枚[11]，铜器千钧[12]，素木铁器若卮茜千石[13]，马蹄躈千[14]，牛千足[15]，羊彘千双，僮手指千[16]，筋角丹沙千斤，其帛絮细布千钧，文采千匹，榻布皮革千石[17]，漆千斗，糵麹盐豉千答[18]，鲐鲞千斤[19]，鲰千石[20]，鲍千钧，枣栗千石者三之[21]，狐貂裘千皮[22]，羔羊裘千石，旃席千具，佗[23]果菜千钟，子贷金钱千贯，节驵会[24]，贪贾三之，廉贾五之[25]，此亦比千乘之家，其大率也[26]。佗杂业不中什二，则非吾财也[27]。请略道当世千里之中贤人所以富者，令后世得以观择焉。

[1] 编户之民：指平民也。[2] 用：因也。[3] 此言无恒产之平民，不得不争末业而为工商也。[4] 酤：卖酒也。一岁千酿：言一岁中酿千瓮之酒以售之也。[5] 醯：醋也。瓨：音"杠"，长颈土瓶也。[6] 酱：当作"浆"。甔：音"端"，大罂也。[7] 粜：音"挑"，卖谷也。[8] 薪：柴也。藁：稻草也。[9] 万个：即万竿也，今通称木曰枚，竹曰个。[10] 轺：音"遥"。轺车：谓轻车，一马车也。[11] 髤：音"休"，以漆漆物也。[12] 钧：古衡名，三十斤也。[13] 素木：未漆之木器也。百二十斤为石。[14] 躈：音"窍"，尻骨。一曰蹴也。盖一马四蹄一口，蹄口共千，则二百匹也。[15] 一牛四足，千足：谓二百五十匹也。[16] 僮：僮仆也。手指千：盖一人十指，百僮也。[17] 榻布：粗厚之布，与皮革同，故并列之。[18] 糵：音"臬"。糵麹：所以酿酒者。豉：音"侍"，豆豉也。答：与"合"同，器名也。[19] 鲐：音"台"。河豚鱼之别名。鲞：音"荠"，与"鲜"同，即刀鱼也。[20] 鲰：杂小鱼也。[21] 千石者三之：即三千石也。[22] 貂：即"貂"，毛长寸许，

色黄或紫黑，极轻暖，甚珍贵。[23] 佗：即"他"字。[24] 驵：音"祖"。会：与"侩"通。驵会，买卖居间之人。节：节物之贵贱也。[25] 廉贾五之：即前廉贾归富之道也。[26] 大率：音"律"，大概也。[27] 佗杂业不得十之二之利，非吾所谓美财也。

蜀卓氏之先，赵人也，用铁冶富。秦破赵，迁卓氏。卓氏见房略，独夫妻推辇，行诣迁处。诸迁虏少有余财，争与吏，求近处，处葭萌[1]。唯卓氏曰："此地狭薄。吾闻汶山之下[2]，沃野，下有蹲鸱[3]，至死不饥。民工于市，易贾。"乃求远迁。致之临邛[4]，大喜[5]，即铁山鼓铸，运筹策，倾[6]滇蜀之民，富至僮千人。田池射猎之乐，拟于人君。

[1] 葭萌：地名，今四川昭化县境。[2] 汶山：今四川茂县境。[3] 蹲鸱：大芋也。[4] 临邛：秦县名，在汶山下，即今四川之邛崃县。[5] 卓氏始欲至汶山下食芋营商，及后至临邛，更得铁山，故大喜也。[6] 倾：倾陷也。

程郑，山东迁虏也，亦冶铸，贾椎髻之民[1]，富埒卓氏[2]，俱居临邛。

[1] 椎髻：谓一撮之髻也，其形如椎，西南夷之装饰也。[2] 埒：音"劣"，相等也。

宛孔氏之先，梁人也，用铁冶为业。秦伐魏，迁孔氏南阳。大鼓铸，规陂池，连车骑，游诸侯，因通商贾之利，有游闲公子之赐与名。然其赢得过当，愈于纤啬[1]，家致富数千金，故南阳行贾，尽法孔氏之雍容[2]。

[1] 孔氏交游广，连车骑游于诸侯以资给之，兼通商贾之利。然所获过于所费，故较纤啬致富者为愈。[2] 所以南阳行贾皆取孔氏之宽绰为法，不取悭吝也。

鲁人俗俭啬，而曹邴氏尤甚，以铁冶起富至巨富。然家自父兄子孙约，俯有拾，仰有取，贳贷[1]行贾遍郡国。邹鲁以其故多去文学而趋利者，以曹邴氏也[2]。

[1]贳贷：谓以财物赁人，而取其息也。[2]邹鲁本文学之邦，以曹邴氏俭啬之故，多去文学，而趋商贾之利也。

齐俗贱奴虏，而刁间[1]独爱贵之。桀黠奴，人之所患也，唯刁间收取，使之逐渔盐商贾之利，或连车骑，交守相，然愈益任之。终得其力，起富数千万。故曰"宁爵毋刁"，言其能使豪奴自饶而尽其力[2]。

[1]刁间：人之姓名。[2]爱而任之，能使黠奴自足，各尽其力也。

周人既纤[1]，而师史尤甚[2]，转毂以百数，贾郡国，无所不至。雒阳街[3]居在齐、秦、楚、赵之中，贫人学事富家，相矜以久贾，数过邑，不入门[4]，设任此等，故师史能致七千万。

[1]纤：俭啬也。[2]师史：人姓名。[3]街：四通道也。[4]贫人学富家，以久贾于外相夸，虽数过雒阳，不入家门。

宣曲[1]，任氏之先，为督道仓吏[2]。秦之败也，豪杰皆争取金玉，而任氏独窖仓粟[3]。楚汉相距荥阳也，民不得耕种，米石至万，而豪杰金玉，尽归任氏，任氏以此起富。富人争奢侈，而任氏折节为俭，力田畜。田畜人争取贱贾[4]，任氏独取贵善[5]。富者数世。然任公家约，非田畜所出，弗衣食，公事不毕，则身不得饮酒食肉。以此为闾里率，故富而主上重之。

[1]宣曲：地名，今陕西长安县西南。[2]督道：仓之所在地也。[3]窖：穴地藏物也。[4]贾：与"价"同。谓人争取价贱者以买之也。[5]言任氏独取其贵而善者买之，不与人争贱价也。

塞之斥也[1]，唯桥姚[2]已致马千匹，牛倍之，羊万头，粟以万钟计。

[1] 斥：开也。此言汉开边塞，更令广宽，故桥姚得恣其畜牧也。[2] 桥姚：人姓名。

吴楚七国兵起时，长安中列侯封君，行从军旅，赍贷子钱[1]，子钱家[2]以为侯邑国在关东，关东成败未决，莫肯与。唯无盐氏出捐千金贷[3]，其息什之[4]。三月，吴楚平，一岁之中，则无盐氏之息什倍，用此富埒关中。

[1] 赍：音"跻"，持也。贷：借也。子钱：谓息金也。[2] 子钱家：指专贵放款取利之家也。[3] 独有无盐氏肯出千金借给于人也。[4] 什之：谓息金较常例高十倍也。

关中富商大贾，大抵尽诸田，田啬、田兰。韦家、栗氏，安陵、杜杜氏[1]，亦巨万。此其章章[2]尤异者也。皆非有爵邑奉禄，弄法犯奸而富，尽椎埋[3]去就，与时俯仰，获其赢利，以末致财，用本守之，以武一切，用文持之，变化有概，故足术[4]也。若至力农畜，工虞商贾，为权利以成富，大者倾郡，中者倾县，下者倾乡里者，不可胜数。

[1] 安陵：汉县名，在今陕西咸阳县东。杜：秦县名，在今陕西长安县东南。安陵、杜杜氏：安陵及杜二县名之杜姓也。[2] 章章：明著也。[3] 椎埋：当是"推移"二字之误。[4] 概：量也。术：与"述"同。

夫纤啬筋力[1]，治生之正道也，而富者必用奇胜。田农拙业，而秦阳以盖一州[2]。掘冢，奸事也，而曲叔以起[3]。博戏，恶业也，而桓发用之富。行贾，丈夫贱行也，而雍乐成以饶[4]。贩脂[5]，辱处也，而雍伯千金。卖浆[6]，小业也，而张氏千万。洒削[7]，薄技也，而郅氏鼎食[8]。胃脯[9]，简微耳，浊氏连骑。马医浅方，张里击钟[10]。此皆诚壹之所致。由是观之，富无经业[11]，则货无常主，能者辐凑，不肖者瓦解。千金之家，比一都之君，巨万者乃与王者同乐。岂所谓"素封"者邪？非也？

　　[1] 纤啬筋力：谓勤俭筋力也。[2] 秦阳：人姓名。盖一州：谓一州中第一富人也。[3] 曲叔：亦人姓名。[4] 雍：地名。乐成：人姓名。一说，雍姓，乐成名。未知孰是。[5] 脂：膏之凝者。[6] 浆：一作"酱"。[7] 洒削：谓磨磨刀之业也。[8] 郅：音"窒"。鼎食：贵人之食也。[9] 脯：音"甫"，干肉也。此言指羊胃为脯之业也。[10] 击钟：鸣钟佐食也。此亦贵人食时之仪也。[11] 经业：犹常业也。

货殖列传概论

　　总之，楚越之地，地广人希，饭稻羹鱼，或火耕而水耨[1]，果隋蠃蛤[2]，不待贾而足，地势饶食，无饥馑之患，以故呰窳[3]偷生，无积聚而多贫。是故江淮以南无冻饿之人，亦无千金之家[4]。沂、泗水以北，宜五谷桑麻六畜，地小人众，数被水旱之害，民好畜藏，故秦、夏、梁、鲁，好农而重民。三河[5]、宛、陈[6]亦然，加以商贾。齐、赵设智巧，仰机利。燕、代田畜而事蚕。由此观之，贤人深谋于廊庙，论议朝廷，守信死节，隐居岩穴之士，设为名高者，安归乎？归于富厚也。是以廉吏久，久更富，廉贾归富。富者，人之情性所不学而俱欲者也。故壮士在军，攻城先登，陷阵却敌，斩将搴旗，前蒙矢石，不避汤火之难者，为重赏使也。其在闾巷少年，攻剽椎埋[7]，劫人作奸，掘冢铸币，任侠并兼，借交报仇，篡逐幽隐，不避法禁，走死地如骛，其实皆为财用耳。今夫赵女郑姬，设形容，揳鸣琴，揄长袂，蹑利屣，目挑心（按："心"字，原注本为"己"字，疑误，据原本上篇《货殖列传》与中华书局本改之）招，出不远千里，不择老少者，奔富厚也。游闲公子，饰冠剑，连车骑，亦为富贵容也。弋射渔猎，犯晨夜，冒霜雪，驰阬谷，不避猛兽之害，为得味也。博戏驰逐，斗鸡[8]走狗[9]，作色相矜，必争胜者，重失负也。医方诸食技术之人，焦神极能，为重糈也[10]。吏士舞文弄法，刻章伪书，不避刀锯之诛者，没于赂遗也。农工商贾畜长，固求富益货也。此有知尽能索耳，终不余力而让财矣。谚曰："百里不贩樵，千里不贩籴。"居之一岁，种之以谷；十岁，树之以木；百岁，来之以德。德者，人物之谓也。今有无秩禄之奉，爵邑之入，而乐与之比者。命曰"素封[11]"。封者食租税，岁率户二百。千户之君，则二十万，朝觐聘享出其中。庶民农工商贾，率亦岁万息二千，百万之家，则二十万，而更徭租赋出其中。衣食之欲，恣所好美矣。故曰，陆地牧马二百蹄[12]，牛蹄角千[13]，千足羊，泽中千足彘[14]，水居千石鱼陂[15]，山居千章[16]之材。安邑千树枣；燕、秦千树栗；蜀、汉[17]、江陵[18]千树橘；淮北、常山已南，河济[19]之间千树萩[20]；陈、夏千亩漆；齐、鲁千亩桑麻；渭川千亩竹；及名国万家之城，带郭千亩，亩钟[21]之田，若千亩卮茜[22]，千畦[23]姜韭。此其人皆与千户侯等。然是富给之资也，不窥市井，不行异邑，坐而待收，身有处士之义而取给焉。若至家贫亲老，妻子软弱，岁时无以祭祀，进醵饮食，被服不足以自通，如此不惭耻，则无所比矣。是以无财作力，少有斗智[24]，既饶争时[25]，此其大经也。今治生不待危身取给，则贤人勉焉。是故本富为上，末富次之，奸富最下。无岩处奇士之行，而长贫贱，好语仁义，亦足羞也。

[1] 烧草，下水种稻，草与稻并生，高七八寸。因悉芟去，复下水灌之，草死独稻长，所谓火耕水耨也。[2] 隋：音"杜"，重叠之也。今南方尚言物之堆叠曰"隋"。果隋：言重叠包裹也。楚、越水乡，富螺蛤鱼鳖，民多采捕，积聚堆叠包裹，煮而食之。[3] 音"紫愈"，苟且惰懒之谓。[4] 言江淮以南有水族，民多食物，朝夕取给以偷生而已。不为积聚，乃多贫也。[5] 汉以河内、河南、河东为"三河"。[6] 汉郡名。[7] 用椎杀人而埋之。[8] 以鸡相斗也。《左传》季郈之鸡斗，季氏介其鸡，郈氏为之金距。[9] 谓纵猎也。[10] 音"胥"，精米也。[11] 谓无爵邑之入，禄秩之奉，则曰"素封"。素：空也。[12] 马有四足，二百蹄即五十匹也。[13] 百六十七头也。[14] 各五百头也（按：应与前《货殖列传》篇注同，为二百五十头。）[15] 言陂泽养鱼，一岁收得

千石鱼卖也。[16] 方也。千章之材：言方章者千枚。[17] 谓蜀郡与汉中也。[18] 县名,汉置,今属湖北省。[19] 谓黄河、济水也。[20] 读如"秋",草名,蒿类,茎高丈余,叶白似艾而多歧。或谓之牛尾蒿。[21] 古量名,能容六斛四斗。[22] 卮：音"支",鲜支也。茜：音"倩",一名红蓝,其花染缯赤黄也。[23] 二十五亩。[24] 言少有钱财,则斗智巧而求胜也。[25] 既饶足钱财,乃逐时争利也。

太史公自序

　　昔在颛顼[1],命南正重以司天,北正黎以司地[2]。唐虞之际,绍重黎之后,使复典之[3],至于夏商,故重黎世序天地[4]。其在周,程伯休甫其后也[5]。当周宣王时,失其守,而为司马氏。司马氏世典周史。惠襄之间,司马氏去周适晋[6]。晋中军随会奔秦,而司马氏入少梁[7]。

　　[1]颛顼:音"专旭",古帝名,为黄帝孙。按:颛:专也。顼:正也。言能专正天人之道,故曰"颛顼"。[2]正:一官之长。重:帝少昊之子。黎:颛顼之后裔也。[3]典:谓主其事曰"典"。[4]序:次序也。[5]程:古国名,在秦咸阳东。伯:封爵。休甫:其字也,休甫为司马氏先。司马氏实为黎后。按此兼称为重黎后者,盖司马迁言先代天官,重司天,故兼引而称之也。[6]周惠王、襄王时,有子颓、叔带之难,故司马氏去而奔晋。[7]晋兵制分上中下三军,盖是时随会为中军将也。少梁:古国名,时属晋,后为魏邑。秦时又更名夏阳,今陕西韩城县南境。

　　自司马氏去周适晋,分散,或在卫,或在赵,或在秦。其在卫者相中山[1]。在赵者以传剑论显,蒯聩其后也[2]。在秦者名错,与张仪争论,于是惠王使错将伐蜀,遂拔,因而守之[3]。错孙靳,事武安君白起[4]。而少梁更名曰夏阳。靳与武安君阬赵长平军[5],还而与之俱赐死杜邮[6],葬于华池[7]。靳孙昌,昌为秦主铁官,当始皇之时。蒯聩玄孙卬,为武信君将[8],而徇朝歌[9]。诸侯之相王卬于殷[10]。汉之伐楚,卬归汉,以其地为河内郡。昌生无泽,无泽为汉市长。无泽生喜,喜为五大夫[11],卒,皆葬高门[12]。喜生谈,谈为太史公[13]。

　　[1]中山:战国国名,今河北定县地。[2]蒯聩:刺客之名也。[3]张

仪与错争论于秦惠王前，仪欲伐韩，错谓不如伐蜀。惠王是错，因使伐蜀遂拔，使错而守之。[4] 白起：善用兵，为秦将以功封武安君。[5] 长平：赵邑名，今山西高平县西北。白起败赵兵于长平，坑杀赵降卒四十万。[6] 杜邮：秦地名，今陕西咸阳县东，白起后与秦相范雎不睦，寻赐死。靳亦被害。[7] 华池：地名，今陕西韩城县西南。[8] 蒯聩之玄孙名印，武臣自号"武信君"，项梁亦号"武信君"，二人时代皆不同。[9] 朝歌：地名，今河南淇县东北。[10] 项羽时封印为殷王，都朝歌。[11] 五大夫：爵位名，秦制以赏有功，汉因之在第九级。[12] 高门：原名，按迁碑，高门在夏阳西北，去华池三里。[13] 汉之太史。古者主天官者皆上公。自周至汉，其职转卑，无公称，然朝会坐位，犹居公上。尊天之道，其官属仍以旧名尊称之。以上二段序先世。

太史公学天官于唐都[1]，受《易》于杨何[2]，习道论于黄子[3]。太史公仕于建元、元封之间[4]，愍学者之不达其意而师悖[5]，乃论六家之要指[6]曰：《易大传》："天下一致而百虑，同归而殊涂[7]。"夫阴阳、儒、墨、名、法、道德，此务为治者也，直所从言之异路，有省不省耳[8]。尝窃观阴阳之术，大祥而众忌讳[9]，使人拘而多所畏[10]；然其序四时之大顺，不可失也。儒者博而寡要，劳而少功，是以其事难尽从；然其序君臣父子之礼，列夫妇长幼之别，不可易也。墨者俭而难遵[11]，是以其事不可遍循[12]；然其强本节用，不可废也。法家严而少恩；然其正君臣上下之分，不可改矣。名家使人俭[13]，而善失真；然其正名实，不可不察也。道家使人精神专一，动合无形，赡足万物。其为术也，因阴阳之大顺，采儒墨之善，撮名法之要，与时迁移，应物变化，立俗施事，无所不宜，指约而易操，事少而功多。儒者则不然。以为人主天下之仪表也，主倡而臣和，主先而臣随。

如此则主劳而臣逸。至于大道之要，去健羡[14]，绌聪明，释此而任术。夫神大用则竭，形大劳则敝。形神骚动，欲与天地长久，非所闻也。

[1] 天官：即天文之谓也。唐都：汉方士姓名，与武帝改正朔，造太初历。[2] 杨何：菑川人，官至中大夫。[3] 黄子：亦称黄生，擅黄老术。[4] 建元：为武帝始立之年号。元封：为武帝第六次所改之年号也。[5] 悖：惑也。言各习师说惑于所见也。[6] 六家：指阴阳、儒、墨、名、法、道德也。[7] 此为《易·系辞》，"大传"即"系辞"也。[8] 按：六家同归于正，然所从之道殊途，学或有传习省察，或有不省者耳。[9] 祥：善也。谓吉凶先见之兆也。众忌讳：谓禁忌之众也。[10] 言拘束于日时，令人有所畏忌也。[11] 墨翟之术尚俭。[12] 遍循：言难尽用也。[13] 按：名家知礼是俭也。"俭"恐"检"字之误。[14] 健羡：贪欲之谓也。

夫阴阳四时、八位、十二度、二十四节[1]，各有教令，顺之者昌，逆之者不死则亡，未必然也，故曰，使人拘而多畏。夫春生夏长，秋收冬藏，此天道之大经也，弗顺则无以为天下纲纪，故曰"四时之大顺，不可失也"。夫儒者以六艺为法，六艺经传以千万数，累世不能通其学，当年不能究其礼，故曰"博而寡要，劳而少功"。若夫列君臣父子之礼，序夫妇长幼之别，虽百家弗能易也。墨者亦尚尧舜，道言其德行曰："堂高三尺，土阶三等，茅茨不翦，采椽不刮。食土簋，啜土铏，粝粱之食，藜藿之羹[2]。夏日葛衣，冬日鹿裘。"其送死，桐棺三寸，举音不尽其哀。教丧礼必以此为万民之率。使天下法，若此，则尊卑无别也。夫世异时移，事业不必同，故曰"俭而难遵"。要曰强本节用，则人给家足之道也。此墨子之所长，虽百家弗能废也。法家不别亲疏，不殊贵贱，一断于法，则亲亲尊尊之恩绝矣[3]。

可以行一时之计，而不可长用也，故曰"严而少恩"。若尊主卑臣，明分职，不得相逾越，虽百家弗能改也。名家苛察缴绕[4]，使人不得反其意，专决于名，而失人情，故曰"使人俭而善失真"。若夫控[5]名责实，参伍不失[6]，此不可不察也。道家无为，又曰无不为[7]，其实易行[8]，其辞难知[9]。其术以虚无为本，以因循为用[10]。无成势，无常形，故能究万物之情。不为物先，不为物后[11]，故能为万物主。有法无法，因时为业[12]；有度无度，因物与合[13]。故曰："圣人不朽，时变是守[14]。"虚者，道之常也，因者，君之纲也[15]。群臣并至，使各自明也。其实中其声者谓之端，实不中其声者谓之窾[16]。窾言不听，奸乃不生，贤不肖自分，白黑乃形。在所欲用耳，何事不成。乃合大道，混混[17]冥冥。光耀天下，复反无名。凡人所生者神也，所托者形也。神大用则竭，形大劳则敝，形神离则死。死者不可复生，离者不可复反，故圣人重之。由是观之，神者，生之本也，形者，生之具也[18]。不先定其神，而曰我有以治天下，何由哉[19]？

[1] 八位：即八卦之方位也。十二度：星之十二躔次也。二十四节：就中气也，即立春、雨水等二十四节候也。[2] 屋盖曰"茨"。茅茨：以茅覆屋也。采：木名，即栎木。不刮：以栎为椽，不用刮削之工也。土：即瓦器也。簋以盛饭，铏以盛羹。粝：粗米也。粱：粟也。藜：与"蔾"同，亦作"蒺蔾"。藿：豆叶也。[3]《礼》：亲亲，父也。尊尊，君也。[4] 缴：音"叫"。缴绕：犹言缠绕，不通大体也。[5] 控：引也。[6] 参错交互，明知彼此事情也。[7] 无为者：清净也。无不为者：生育万物之谓也。[8] 能各守其分，故实易行也。[9] 幽深微妙，故难知也。[10] 任自然也。[11] 因物为制也。[12] 因时之物成法为业。[13] 因万物之形成度与合也。[14] 二语出《鬼谷子》，言圣人教迹不朽灭者，以顺时变化也。[15] 言因

万民之心以教,惟君执其纲而已。[16] 声:名也。窽:空也。以言实不称名,空有虚声也。[17] 混混:元气神著之貌也。[18] 声气者神也,支体者形也。[19] 以上二段,序父谈所学。

太史公既掌天官,不治民。其子曰迁[1]。迁生龙门[2],耕牧河山之阳[3]。年十岁,则诵古文[4]。二十而南游江淮,上会稽,探禹穴[5],窥九疑[6],浮于沅湘[7];北涉汶泗[8],讲业齐鲁之都[9],观孔子之遗风,乡射邹峄[10];厄困鄱薛彭城[11],过梁楚而归[12]。

[1] 迁:字子长。[2] 龙门:山名,在今夏阳县,迁夏阳人也。[3] 河山之阳:谓黄河之北,龙门山之南也。[4] 古文:指《左传》、《国语》等书。[5] 禹穴:即禹墓,在浙江会稽山。[6] 九疑:山名,在今湖南宁远县南。亦谓舜葬于此。与上二说,未知孰是。要之,会稽、九疑为古圣葬处,有古册文,故探窥之。[7] 沅、湘:二水名,皆在今湖南。[8] 涉:渡也。汶、泗:二水名,皆在今山东。[9] 讲业:谓就学也。齐都,即今山东临淄县。鲁都,即今山东曲阜县。[10] 乡射:古州长于春秋时,以礼会民于州而射,曰"乡射"。邹:今山东邹县。峄:山名,峄(按:"峄"字原注本作"乡"字,疑误,故改之。)山在邹县。[11] 厄困:谓艰苦也。鄱、薛、彭城:皆地名,昔属鲁。[12] 梁:地名,今河南。楚:今湖北也。

于是迁仕为郎中,奉使西征巴蜀以南,南略邛、筰、昆明[1],还报命。是岁天子始建汉家之封[2],而太史公留滞周南[3],不得与从事[4],故发愤且卒。而子迁适使反,见父于河洛之间[5]。太史公执迁手而泣曰:"余先,周室之太史也。自上世常显功名,于虞夏典天官事。后世中衰,绝于予乎?汝复为太史,则续吾祖矣。今天子接千岁之统,封泰山,而余不得从行,是命也夫,命也夫!余死,汝必为太史;为太史,无忘吾所欲论著矣。且夫孝，始于事亲，中于事君，终于立身。扬名于后世，以显父母，此孝之大者。夫天下称诵周公[6]，言其能论歌文武之德，宣周召之风[7]，达太王王季之思虑[8]，爰及公刘[9]，以尊后稷也[10]。幽厉之后[11]，王道缺，礼乐衰，孔子修旧起废，论《诗》、《书》，作《春秋》，则学者至今则之。自获麟以来，四百有余岁[12]，而诸侯相兼，史记放绝。今汉兴，海内一统，明主贤君忠臣死义之士，余为太史，而弗论载，废天下之史文，余甚惧焉，汝其念哉[13]！"迁俯首流涕曰："小子不敏，请悉论先人所次旧闻，弗敢阙。"

[1]邛、筰、昆明：皆见前《西南夷列传》注。武帝元鼎六年，平西南夷，为五郡。迁之出使，即此时也。明年即为元封元年。封禅毕而迁归报命。[2]天子：指汉武帝。封：谓封禅也。泰山上筑土为坛以祭天，报天之功为封。山下小山上除地，报地之功为禅。[3]周南：今陕西以东之地也。[4]封禅国之大典，谈为太史，而不得与从事。[5]河洛之间：在今河南地。[6]周公：名旦，武王之弟，相成王。[7]周：即周公。召公：名奭。与周室同姓姬氏，二人夹扶王室，称为贤相。[8]太王：名亶父，文王之祖也。王季：名季历，文王之父也。[9]公刘：周之始祖。后稷之后，能修后稷之业，迁于豳。周室之兴自此始。[10]后稷：舜时农官，弃掌其事，因以名之曰"弃"。十五传至武王，遂灭商而有天下。[11]幽、厉：西周末年二无道之主也。按：厉王在前，幽王在后。[12]孔子作《春秋》，至鲁获麟而绝笔，其时为鲁哀公十四年，至汉元封元年，凡三百七十一年。[13]至此而始出著书本意。

卒三岁而迁为太史令，䌷史记石室金匮之书[1]。五年而当太初元年[2]，十一月甲子朔旦冬至，天历始改[3]建于明堂，诸神受纪[4]。

[1] 绅：音"抽"，缀集也。史记：记载国家历来帝王兴废之书。石室金匮：皆汉时国家藏书之处。[2] 自迁为太史后五年，适武帝改历为太初元年，时迁年四十二岁。[3] 汉因秦法，以十月为岁首。是岁，始用夏正，以正月为岁首。[4] 告于百神，与天下更始也。一说改历于明堂，班之于诸侯。诸侯群神之主，故曰诸神受纪。

太史公[1]曰："先人[2]有言：'自周公卒五百岁而有孔子。孔子卒后，至于今五百岁，有能绍明世[3]，正《易》传，继《春秋》，本《诗》、《书》、《礼》、《乐》之际？'意在斯乎！意在斯乎！小子何敢让焉[4]。"上大夫壶遂曰："昔孔子何为而作《春秋》哉？"太史公曰："余闻董生[5]曰：'周道衰废，孔子为司寇，诸侯害之，大夫壅之。孔子知言之不用，道之不行也，是非二百四十二年之中[6]，以为天下仪表，贬天子，退诸侯，讨大夫，以达王事而已矣。'子曰：'我欲载之空言，不如见之于行事之深切著明也[7]。'夫《春秋》，上明三王之道，下辨人事之纪，别嫌疑，明是非，定犹豫，善善恶恶[8]，贤贤贱不肖，存亡国，继绝世，补敝起废，王道之大者也。《易》著天地阴阳四时五行，故长于变；《礼》经纪人伦，故长于行；《书》记先王之事，故长于政；《诗》记山川谿谷禽兽草木牝牡雌雄，故长于风；《乐》乐所以立，故长于和；《春秋》辩是非，故长于治人。是故《礼》以节人，《乐》以发和，《书》以道事，《诗》以达意，《易》以道化，《春秋》以道义。拨乱世反之正，莫近于《春秋》。《春秋》文成数万，其指数千。万物之散聚，皆在《春秋》。《春秋》之中，弑君三十六[9]，亡国五十二[10]，诸侯奔走，不得保其社稷者，不可胜数。察其所以，皆失其本已[11]。故《易》曰'失之毫厘，差以千里[12]'。故曰，臣弑君，子弑父，非一旦一夕之故也，其渐久矣。故有国者不可以不知《春秋》，前有谗而弗见，后有贼而不知。为人臣者不可以不知《春秋》，守经事而不知其宜，遭变事而不知其权。为人君父而不通于《春秋》之义者，必蒙首恶之名。为人臣子而不通于《春秋》之义者，必陷篡弑之诛，死罪之名。其实皆以为善，为之不知其义[13]，被之空言而不敢辞[14]。夫不通礼义之旨，至于君不君，臣不臣，父不父，子不子。夫君不君，则犯[15]；臣不臣，则诛；父不父，则无道；子不子，则不孝。此四行者，天下之大过也。以天下之大过予之，则受而弗敢辞。故《春秋》者，礼义之大宗也。夫礼禁未然之前，法施已然之后；法之所为用者易见，而礼之所为禁者难知。"

[1] 此言太史公，指迁也。[2] 先人：迁称父谈也。一说为先代贤人也。[3] 绍明世：谓继孔子而明世教也。[4] 言述先人之成业，何敢自嫌值五百岁，因鄙陋而让人为之也。[5] 董生：仲舒也。汉文帝时人。[6] 是非：谓褒贬诸侯之得失也。[7] 数语见《春秋纬》。空言：指褒贬是非，空立此文而乱臣贼子惧也。孔子言徒立空言设褒贬，不如附见当时僭逆之人臣，因就笔削褒贬，深切著明而书之，以为将来之戒也。[8] 善善及子孙，恶恶止其身也。[9] 经只三十四，传计之，则三十七。[10] 五十二之数，因兼传而言，然止四十一。[11] 弑君亡国，奔走之人君及臣子，皆是失仁义之道本耳。[12] 二语见《易纬》。[13] 其实心本为善，因不知其义理，则陷于罪咎也。[14] 因不知其义被人加以恶名，故不敢辞也。如晋赵盾不知讨弑君之贼，遂已蒙弑君之名也。[15] 犯：为臣下所干犯也。一说违犯礼义也。

壶遂曰："孔子之时，上无明君，下不得任用，故作《春秋》，垂空文以断礼义，当一王之法。今夫子上遇明天子，下得守职，万事既具，咸各序其宜，夫子所论，欲以何明？"太史公曰："唯唯，否否[1]，不然。余闻之先人曰：'伏羲至纯厚，作《易》八卦。

尧舜之盛，《尚书》载之，礼乐作焉。汤武之隆，诗人歌之。《春秋》采善贬恶，推三代之德，褒周室，非独刺讥而已也。'汉兴以来，至明天子，获符瑞，建封禅，改正朔，易服色，受命于穆清[2]，泽流罔极，海外殊俗，重译款塞[3]，请来献见者，不可胜道。臣下百官，力诵圣德，犹不能宣尽其意。且士贤能而不用，有国者之耻；主上明圣而德不布闻，有司之过也。且余尝掌其官，废明圣盛德不载，灭功臣世家贤大夫之业不述，堕先人所言，罪莫大焉。余所谓述故事，整齐其世传，非所谓作也，而君比之于《春秋》，谬矣。"

[1] 唯唯：谦应也。否否：不然也。[2] 受命：受天命清和之气也。于：音"乌"，叹辞也。穆：美也。言天子有美德而教化清也。[3] 重译：更译其言也。以所居远，言语不通，经重译始能明也。款：叩也。言皆叩塞门来服从也。

　　于是论次其文。七年而太史公遭李陵之祸[1]，幽于缧绁[2]。乃喟然而叹曰："是余之罪也夫！是余之罪也夫！身毁不用矣。"退而深惟[3]曰："夫《诗》、《书》隐约[4]者，欲遂其志之思也。昔西伯拘羑里，演《周易》[5]；孔子厄陈蔡，作《春秋》；屈原放逐，著《离骚》；左丘失明，厥有《国语》[6]；孙子膑脚，而论兵法[7]；不韦迁蜀，世传《吕览》[8]；韩非囚秦，《说难》、《孤愤》[9]；《诗》三百篇，大抵圣贤发愤之所为作也。此人皆意有所郁结，不得通其道也，故述往事，思来者。"于是卒述陶唐以来，至于麟止[10]，自黄帝始[11]。

[1] 七年：盖天汉三年也。自太初元年至是年，适为七年。李陵：李广孙，汉使征匈奴，兵败降奴。迁言与忠，武帝下迁腐刑。[2] 缧绁：拘系罪人之索也。[3] 深惟：深思也。[4] 隐约：义隐微而言约也。迁思欲依《诗》、

《书》之隐约以成其志意也。[5] 演：绎其义也。言商纣怒文王，囚之羑里。文王即于狱中演《易》义也。[6] 左丘：即左丘明，春秋鲁之太史，作《左传》，又作《国语》，后人因其失明，故称"盲左"。一说，《国语》非左丘所作。[7] 孙子：战国齐人孙膑也，与庞涓同学，涓嫉其能，以法刑断其两足。后著有兵法书。[8] 不韦：即吕不韦。[9]《说难》、《孤愤》：书之篇名。皆韩非子所著。上举各人，皆必遭厄塞后始有著述。迁恐后人不识其意，特多引为证例也。[10] 武帝元狩三年获麟，迁作《史记》，故于是年。盖孔子作《春秋》，绝笔于获麟，迁窃以孔子自比也。[11]《史记》第一篇《五帝本纪》，首叙黄帝。自与壶遂问答至此，并序受先人之教，续先世之遗业而为是书，故所谓"自序"也。